Normes, disciplines et manuels scolaires

Exploration
Education: Recherches en sciences de l'éducation

La pluralité des disciplines et des perspectives en sciences de l'éducation définit la vocation de la collection Exploration, celle de carrefour des multiples dimensions de la recherche et de l'action éducative. Sans exclure l'essai, Exploration privilégie les travaux investissant des terrains nouveaux ou développant des méthodologies et des problématiques prometteuses.

Collection de la Société Suisse pour la Recherche en Education, publiée sous la direction de Rita Hofstetter, d'Isabelle Capron Puozzo, Bernard Schneuwly et Bernard Wentzel.

Sylvain Wagnon (Éd.)

Normes, disciplines et manuels scolaires

PETER LANG

Bruxelles • Berlin • Bern • New York • Oxford • Warszawa • Wien

Information bibliographique publiée par « Die Deutsche Nationalbibliothek »
« Die Deutsche Nationalbibliothek » répertorie cette publication dans la « Deutsche Nationalbibliografie » ; les données bibliographiques détaillées sont disponibles sur Internet sous ‹http://dnb.d-nb.de›.

Cet ouvrage a obtenu le soutien de la commission de recherche de la Faculté d'éducation de l'Université de Montpellier, du Centre d'étude, de documentation et de recherche en histoire de l'éducation de la Faculté d'éducation de l'Université de Montpellier (Cedrhe), de l'équipe de recherche en histoire sociale de l'éducation (Ehrise) de l'Université de Genève et du laboratoire LIRDEF des Universités de Montpellier et Paul-Valery de Montpellier.

Nous tenons à remercier pour leur soutien logistique le laboratoire Ehrise de l'Université de Genève et le centre d'étude du Cedrhe de l'Université de Montpellier. Notre gratitude s'adresse également aux trois experts anonymes pour leurs précieux commentaires et leurs propositions constructives.

ISSN 0721-3700
ISBN 978-2-87574-461-6
ISBN 978-2-87574-463-0 EPUB
DOI 10.3726/b19294

ISSN 2235-6312 ebook
ISBN 978-2-87574-462-3 eBook

D/2021/5678/87

© P.I.E. PETER LANGs.a. Éditions scientifiques internationales Brussels, 2022
avenue Maurice, B-1050 Bruxelles, Belgiumbrussels@peterlang.com ;
www.peterlang.com

Tous droits réservés.
Cette publication est protégée dans sa totalité par copyright.
Toute utilisation en dehors des strictes limites de la loi sur le copyright est interdite et punissable sans le consentement explicite de la maison d'édition. Ceci s'applique en particulier pour les reproductions, traductions, microfilms, ainsi que le stockage et le traitement sous forme électronique.

Table des matières

Sylviane Tinembart et Sylvain Wagnon
INTRODUCTION LES MANUELS SCOLAIRES, LA FORME SCOLAIRE ET LES NORMES DISCIPLINAIRES 7

Première partie
Manuels, disciplines scolaires et culture scolaire

Nathalie Denizot et Laetitia Perret
LES MANUELS DE LITTÉRATURE ET LA FABRICATION D'UNE CULTURE SCOLAIRE (1880-2000) : L'EXEMPLE DE MONTAIGNE 21

Renaud d'Enfert
LES MANUELS SCOLAIRES ET L'HISTOIRE DES DISCIPLINES : ENJEUX ET PROBLÈMES 37

Marie-France Rossignol
ROMANTISME ET RÉALISME DANS LES MANUELS DE FRANÇAIS DE SECONDE PROFESSIONNELLE (2009-2019) 53

Seconde partie
Les manuels scolaires et l'évolution de la forme scolaire

Anouk Darme-Xu
OUVRAGES ET MANUELS SCOLAIRES DE GRAMMAIRE DANS LA CONSTITUTION DE LA DISCIPLINE *FRANÇAIS* (SUISSE ROMANDE, 1830-1910) ... 79

Aurélie De Mestral et Viviane Rouiller
ENSEIGNANTS, CONCEPTEURS DE MANUELS ET ARTISANS DE LA FORME SCOLAIRE 99

Giorgia Masoni et Sylviane Tinembart
LES ACTEURS DE L'ÉDITION SCOLAIRE, CHEVILLES OUVRIÈRES DE LA FORME SCOLAIRE 119

Troisième partie
Manuels et normes scolaires

Rebecca Laffin
Les tâches finales dans trois manuels d'allemand de terminale : perspective actionnelle et normes disciplinaires 143

Xavier Riondet
Normes disciplinaires, scolaires et sociales : valoriser la coopération par les manuels scolaires pendant l'Entre-deux-guerres ? 159

Claire Guille-Biel Winder et Édith Petitfour
Analyse de propositions d'enseignement de notions géométriques en CM1 dans les manuels scolaires 177

Céline Camusson
Quels supports et quelles ressources pour enseigner/apprendre ? 195

Auteurs 213

Résumés 217

Sylviane Tinembart et Sylvain Wagnon

INTRODUCTION
LES MANUELS SCOLAIRES, LA FORME SCOLAIRE ET LES NORMES DISCIPLINAIRES

Normes, disciplines et manuels scolaires : un triptyque complémentaire

Interface entre les multiples acteurs de l'éducation et de l'institution scolaire, enseignants, élèves, parents, auteurs et éditeurs, le manuel scolaire est un outil connu et reconnu. Dans un premier ouvrage collectif, nous avions précisé les enjeux et les perspectives du manuel, défini comme un objet d'étude et de recherche (Wagnon, 2019). Vecteur de connaissances, de concepts et de valeurs, mais aussi et avant tout interprétation des programmes officiels, force est de constater que le manuel engage une nécessaire réflexion globale sur l'enseignement, son histoire, son présent et ses perspectives (Perret-Truchot, 2015). Dans ce second opus, nous avons donc choisi d'analyser le manuel scolaire comme un outil de compréhension des normes disciplinaires et de la forme scolaire.

Il s'agit tout d'abord d'interroger les articulations entre le manuel scolaire et les normes disciplinaires (Denizot, 2016). Le choix de ce premier axe de réflexion nous amène nécessairement à une étude des usages du manuel scolaire par les différents acteurs des disciplines scolaires. À l'intérieur même d'une discipline, les manuels forgent-ils des conditions, des voies d'accès aux savoirs et créent-ils un rapport spécifique à ceux-ci ? Ces questionnements directement issus des débats perceptibles entre les chercheurs présents dans notre premier ouvrage, il paraissait nécessaire d'y répondre ici pour rendre visibles, à partir d'exemples issus de l'espace français et de la Suisse romande, les liens entre le manuel scolaire, les normes disciplinaires et la forme scolaire. Si la question des manuels comme instruments d'un ordre scolaire est posée (Caspard, 1984 ; Choppin, 1992), quelles visions des disciplines véhiculent-ils ? Le manuel scolaire est-il un élément de normalisation des pratiques enseignantes ?

Le second axe de notre réflexion, en lien direct avec celui des normes scolaires, est la confrontation entre le manuel et la notion de forme scolaire. Si l'une des caractéristiques du manuel scolaire est de présenter les connaissances et activités de manière à faciliter leur apprentissage par l'élève (Gerard & Roegiers, 2003), nous avons également souhaité préciser ses influences non seulement sur les savoirs, les compétences et les apprentissages au sens large, mais également sur l'organisation spatiale et temporelle de la classe.

Le manuel scolaire, interface incontournable de l'acte éducatif

Témoins de leur temps et objets de recherche (Wagnon, 2019), les manuels scolaires doivent être appréhendés de manière globale (Choppin, 1980). Pionnier dans leur étude, Choppin a démontré que le manuel était une fausse évidence historique (2008), recouvrant une diversité de formats et d'usages avec sa dimension institutionnelle, politique, sociale, culturelle et pédagogique (Choppin, 1993). Outils de mise en œuvre des programmes, traits d'union entre l'institution, les enseignants, les élèves et les parents, les manuels restent des piliers de l'élaboration d'une culture scolaire, pour reprendre le terme de Chervel (1998).

Comme le précise Nóvoa, étudier l'histoire de l'acte éducatif se fait en recherchant les sources capables de « pénétrer dans le noyau des processus de connaissance et d'apprentissage » (1997, p. 13). Or, l'histoire de la culture scolaire (Chervel, 1988, 1998, 2006 ; Denizot, 2021 ; Julia, 1995 ; Wagnon, 2019) ou des pratiques pédagogiques pose simultanément la question de l'espace-classe, du quotidien de cette classe et des outils de ce territoire scolaire spécifique (Héry, 1999, 2005, 2007).

Le manuel scolaire se situe aux confluences de l'émergence des disciplines scolaires et de la forme scolaire moderne. Progressivement, la place qu'occupe peu à peu le livre dans les classes devient centrale :

> Les manuels deviennent des dépositaires et vecteurs des savoirs scolaires : dépositaires en tant que véritables institutions dans lesquelles et à travers lesquelles se négocient la sélection, la construction et la transformation des savoirs qui s'y incarnent ; vecteurs en tant que véhicules de transmission de ces savoirs et outils de leur appropriation par les exercices et activités, lesquelles sont « mises en musique » par les discours des enseignants. (Hofstetter & Schneuwly, 2019, p. 43)

Ainsi, les manuels scolaires, par leur pérennité, restent les supports pédagogiques symboles de l'école et de son histoire et on peut légitimement s'interroger sur leur longévité. S'agit-il d'une capacité hors norme de leur part à se renouveler ou sont-ils le symptôme d'une certaine inertie pédagogique ?

Par exemple, en Suisse romande dès la fin du 19e siècle, l'augmentation massive de leur édition et l'accroissement de leur production en réponse aux besoins exprimés par les enseignants et soutenus par les départements cantonaux de l'Instruction publique suscitent même des ambitions, voire des vocations. Des instituteurs se muent alors en auteurs et en éditeurs (Tinembart,

2019) alors que les autorités scolaires entrevoient aussi la garantie d'harmoniser l'enseignement et de mettre en œuvre les prescriptions quant aux différentes disciplines (Heinze, 2011). En comparant les contenus d'enseignement, les recherches mettent en lumière la mutation progressive des matières d'enseignement en disciplines scolaires dans un long processus de disciplinarisation (De Mestral, 2018 ; Extermann, 2013 ; Masoni, 2019 ; Monnier, 2015 ; Rouiller, 2018 ; Tinembart & Darme, 2016). Les responsables au niveau de l'État estiment alors légitime de maîtriser le processus éditorial des manuels et de les officialiser. Pour ce faire, ils mandatent des auteurs, des illustrateurs, des imprimeurs et des libraires pour concevoir des manuels correspondant aux programmes officiels et aux différents degrés de la scolarité. Ces ouvrages sont souvent spécifiques à chaque discipline d'enseignement, revêtent peu à peu un caractère obligatoire et sont distribués progressivement à tous les élèves, entrainant ainsi une forte progression du marché de l'édition scolaire.

Au début du 20e siècle alors même que les manuels étaient fournis et utilisés de plus en plus massivement dans les classes, les pédagogues d'éducation nouvelle, comme Célestin Freinet, ont critiqué l'omniprésence des manuels, supports qui empêcheraient une réflexion autonome des élèves (Go, 2007 ; Go & Riondet, 2018 ; Reverdy, 2017). Même si le mot d'ordre « plus de manuel scolaire » était avant tout une volonté d'en questionner les usages plutôt que de bannir ces moyens d'enseignement en tant que tels, cette réaction était alors bien une offensive contre un enseignement traditionnel hérité du siècle précédent (Freinet, 1964).

Depuis les années 1960, les manuels ont fortement évolué dans la forme et le fond. La possibilité technique d'une iconographie couleur de qualité, l'introduction des études documentaires dans la pédagogie des diverses matières enseignées transforment les manuels scolaires. Ils ne sont plus des livres d'auteurs mais d'équipes (Radtka, 2017) et leur poids dans le marché économique de l'édition est conséquent (12 et 18 % du chiffre d'affaires de l'édition française[1]).

Les recherches n'ont fait que confirmer que le manuel scolaire est l'un des moyens d'enseignement les plus utilisés par les enseignants ainsi qu'un des outils qui influencent le plus fortement les pratiques enseignantes (Johnsen, 1993). Cependant, son influence ne résiderait pas uniquement dans son statut de référence du savoir et de démarche didactique de sa transmission, mais il peut être aussi un instrument d'autorité, dans son utilisation en classe par l'enseignant et au niveau de son contenu (Lebrun, 2006, 2007). Ainsi, en France,

---

1 https://www.sne.fr/economie/chiffres-cles/

la place et le rôle des manuels sont aujourd'hui au cœur d'une analyse globale du CSEN (Conseil scientifique de l'éducation nationale)[2], des débats, des choix pédagogiques pour l'enseignement de la lecture et des recommandations ministérielles qui s'y rapportent[3]. La place des manuels scolaires dans la préparation des cours est posée (Maître, Huchette & Bruillard, 2018).

Si la fin des manuels scolaires est souvent pronostiquée face à l'extension des ressources en ligne, ils sont toujours là, sous forme papier ou numérique. Leurs contenus sont parfois contestés pour leurs partis pris. Ils demeurent indéniablement un enjeu politique, de pouvoir et une question socialement vive (Alpe & Barthes, 2013 ; Brugeilles & Gromer, 2008 ; Thénard-Duvivier, 2008). Par leur impossible neutralité, ils ont véhiculé et véhiculent, hier comme aujourd'hui, des stéréotypes et des valeurs (Bruter, 2010 ; Citron, 1987 ; De Cock & Picard, 2009 ; Falaize, 2016 ; Granvaud, 2006) et restent des témoins d'une histoire scolaire (Mollier, 1996). Des témoins mais aussi des acteurs de cette histoire scolaire des 19e et 20e siècles en faisant partie de la panoplie de référence des élèves (Condette & Castagnet-Lars, 2020 ; Krop & Lembré, 2020). Les manuels scolaires restent les symboles d'une certaine culture scolaire, d'une histoire des disciplines (Cardon-Quint & d'Enfert, 2017), d'une organisation scolaire et d'une façon d'enseigner (Bechetti-Bizot, 2017 ; Bruillard, 2010 ; Ogier, 2007). La question est bien de poser un regard critique sur le manuel scolaire en contextualisant son élaboration, son contenu et sa diffusion permettant ainsi une meilleure connaissance de la société qui l'a produit.

Le manuel scolaire et l'évolution de la forme scolaire

En quoi le manuel scolaire est-il alors une source primordiale, et encore peu utilisée, pour comprendre l'histoire et l'actualité de la forme scolaire ?

Pour répondre à cette question, il convient tout d'abord d'expliciter les modalités de la forme scolaire prise comme une organisation spécifique des apprentissages scolaires (Maulini & Perrenoud, 2005). Pour Thévenaz-Christen (2008), sa force et la complexité à la faire évoluer sont illustrées par le poids et l'importance des disciplines scolaires dans les apprentissages. Or, comme elle définit des espaces éducatifs spécifiques, des temporalités, des organisations d'apprentissages et des relations enseignants-enseignés spécifiques, le manuel

---

2 https://www.reseau-canope.fr/fileadmin/user_upload/Projets/conference_role_experimentation_domaine_educatif/MANUELS_CSEN_VDEF.pdf.

3 https://cache.media.eduscol.education.fr/file/100_reussite_/01/2/RA18_C2_FRA_choix_manuel_lecture_CP_925012.pdf.

scolaire peut participer à sa compréhension. De même, *a contrario*, la forme scolaire interroge le rôle et les fonctions du manuel scolaire. Les regards historiques, sociologiques et philosophiques des différentes contributions de cet ouvrage ne font que confirmer cette puissance des relations entre manuel et forme scolaire, tous les deux restant des axes d'étude à privilégier pour mieux comprendre certains mécanismes d'enseignement.

En effet depuis quelques années, la notion de forme scolaire théorisée par le sociologue Vincent retrouve une actualité qu'il convient de préciser (Vincent, 1980, 2008). Pour le sociologue, la forme scolaire est un espace spécifique symbolisé par la salle de classe (Vincent, Courtebas & Reuter, 2013). C'est également une relation entre l'enseignant et l'élève qui s'articule autour d'une forme de transmission verticale et qui privilégie les savoirs disciplinaires sur les compétences transversales (Monjo, 1998).

Pour Vincent (2008),

> la forme scolaire, ce que Durkheim appelait l'école à proprement parler, apparaît dans tout l'Occident moderne, du 16e au 18e siècle, en se substituant à un ancien mode d'apprentissage par ouï-dire, voir faire et faire avec. [...] la forme scolaire de transmission de savoirs et de savoir-faire, privilégie l'écrit, entraine la séparation de l'« écolier » par rapport à la vie adulte, ainsi que du savoir par rapport au faire. En outre, elle exige la soumission à des règles, à une discipline spécifique qui se substitue à l'ancienne relation personnelle teintée d'affectivité, ce qui crée donc une relation sociale nouvelle (p. 49).

Hofstetter et Schneuwly (2017) estiment néanmoins que « dans la théorisation de la forme scolaire proposée par Vincent, la transmission de savoirs et savoir-faire semble clairement secondaire par rapport à la question de la soumission à des règles qui serait la grande constante, traversant les siècles » (p. 155). En discutant également la définition de Reuter (2010) pour qui la forme scolaire équivaut à une forme particulière de relations, ils considèrent qu'il faut élargir le concept de forme scolaire. Ils estiment ainsi qu'il est insuffisant de s'en tenir à la relation pédagogique et à son fonctionnement à l'interne de l'école, mais qu'il est nécessaire d'envisager la forme scolaire comme un « ensemble social englobant » (p. 162). De fait, il s'agit de considérer le rapport enseignant-élèves, c'est-à-dire « ce qui se passe à ce niveau micro-analytique » en se référant également « aux conditions sociohistoriques méso- et macro-analytique qui le rendent possible » (Hofstetter & Schneuwly, 2009, p. 12).

Hofstetter et Schneuwly (2017) démontrent qu'une transformation voire une reconfiguration de la forme scolaire a lieu au 19e siècle, modifiant les manières d'enseigner et les contenus enseignés. Cette nouvelle forme scolaire dite de la modernité, tout en étant marquée par l'émergence de l'école primaire, s'inscrit dans un contexte influencé par la prise de pouvoir de la bourgeoisie, la Révolution industrielle, les luttes pour la démocratie et l'accession généralisée à l'instruction.

Cette réflexion autour d'une forme solaire moderne a été fondamentalement renouvelée par les analyses menées par Hofstetter et Schneuwly sur les manuels comme emblèmes des reconfigurations disciplinaires de la forme école depuis le 19ᵉ siècle (Hofstetter & Schneuwly, 2017, 2018, 2019). Leurs études approfondies ont été, pour notre nouvel ouvrage, non seulement une base de travail mais aussi une référence pour établir les liens entre la forme scolaire et l'élaboration des disciplines scolaires, ainsi que pour rendre visibles les mutations des savoirs scolaires qu'elles ont entraînées.

Regards croisés et perspectives d'étude

Chaque contribution du présent ouvrage précise, par des points de vue différents et des regards croisés, que le manuel reste un outil majeur de l'enseignement (Lebeaume, 2015). Si le manuel scolaire est l'outil d'une forme scolaire spécifique et le vecteur de normes disciplinaires, peut-il être celui de la transformation de nos systèmes éducatifs ? Vaste question au moment où nous vivons des défis mondiaux politiques et environnementaux majeurs. Prendre le manuel scolaire comme boussole des possibles évolutions serait excessif. Néanmoins, comme nous avons eu l'occasion de le dire précédemment, son importance comme interface culturelle et sociale lui donne une place à part dans toute analyse historique et actuelle de nos systèmes éducatifs. Cet ouvrage vise donc à dégager les éléments conceptuels et contextuels qui constituent le cadrage théorique et les fondements de nos recherches respectives.

Ainsi, alors même que le manuel est un objet scolaire jugé incontournable par la plupart des systèmes éducatifs, l'enjeu de cet ouvrage reste de savoir dans quelle mesure il reflète un rapport spécifique, non seulement aux savoirs, aux normes disciplinaires mais aussi à la forme scolaire.

Les trois parties de cet ouvrage entendent donc aborder de front les différentes questions d'un manuel scolaire porteur de normes scolaires, d'une certaine culture scolaire et de la mutation de la forme scolaire.

Pour engager cette réflexion, il nous fallait dans une première partie poser les bases conceptuelles de ce qu'est un manuel, partie prenante d'une culture scolaire et des disciplines scolaires. À travers l'étude des manuels de littérature, Nathalie Denizot et Laetitia Perret interrogent la fabrication de la culture scolaire en analysant plus spécifiquement l'exemple de Montaigne depuis les

Manuels scolaires, normes et forme scolaire   13

réformes républicaines du 19ᵉ siècle. De son côté, Renaud d'Enfert analyse la contribution des manuels scolaires et de leurs auteurs à la fabrication des normes disciplinaires, mais aussi à leur renouvellement ou à leur transgression, dans une perspective d'histoire sociale des disciplines. Marie-France Rossignol interroge les modes de configuration des savoirs scolaires touchant aux mouvements littéraires du romantisme et du réalisme dans les manuels de français du lycée professionnel.

Dans une seconde partie, à travers l'exemple de la Suisse romande, l'analyse porte sur le manuel et l'évolution de la forme scolaire pour mettre en évidence les influences des divers acteurs, leurs interactions et les transferts culturels liés à la production des manuels, leur mue et leur généralisation progressive, ainsi que leurs effets sur la constitution des disciplines et conséquemment sur l'émergence de la forme scolaire. Anouk Darme-Xu précise le rôle des manuels dans la constitution même de la discipline "français". Aurélie de Mestral et Viviane Rouiller analysent le rôle des enseignants dans cette construction scolaire. Enfin, Sylviane Tinembart et Giorgia Masoni étudient le rôle des différents acteurs de l'édition scolaire comme chevilles ouvrières de la forme scolaire. À travers l'exemple de la Suisse romande, c'est tout un ensemble cohérent et structuré par de multiples acteurs qui se met en place pour faire du manuel l'artisan d'une forme scolaire spécifique.

Dans une troisième partie, le manuel scolaire est analysé comme le vecteur des normes scolaires à partir d'une série d'études de cas. Rebecca Laffin propose d'analyser les tâches finales dans les manuels d'allemand pour saisir comment se définit et se modifie le rapport au savoir des apprenants. Enfin, si les manuels sont les vecteurs de normes scolaires, Xavier Riondet souligne dans une perspective historique, à travers la notion de coopération entre les peuples, comment ils sont traversés par des relations complexes entre normes disciplinaires et normes sociales. Edith Petitfour et Claire Guille-Biel Winder analysent les manuels scolaires de mathématiques, plus particulièrement l'enseignement des notions géométriques, afin d'élucider les choix didactiques et pédagogiques des auteurs et des enseignants. Céline Camusson précise le rôle du manuel dans l'acte d'enseigner et d'apprendre. Sa contribution vise à comprendre la place des manuels, papier et numérique, parmi l'ensemble des supports de classe possibles.

Le manuel scolaire, par ses caractéristiques, reste donc un outil majeur et incontournable de l'enseignement actuel. L'ensemble des contributions souligne bien que, témoin de son temps, le manuel scolaire est aussi révélateur des mutations et des évolutions de nos systèmes éducatifs. Élément constitutif des normes et des disciplines scolaires, son histoire et ses enjeux sont des marqueurs de l'enseignement et de l'éducation d'hier et d'aujourd'hui.

Références bibliographiques

Alpe, Y. & Barthes, A. (2013). De la question socialement vive à l'objet d'enseignement : comment légitimer des savoirs incertains ? *Les dossiers des sciences de l'éducation, 29*, 33-44.

Bechetti-Bizot, C. (2017). *Repenser la forme scolaire à l'heure du numérique : vers de nouvelles manières d'apprendre et d'enseigner* (Rapport n° 2017-056 mai 2017). Ministère de l'Éducation nationale et de la Jeunesse.

Brugeilles, C. & Gromer, S. (Ed.) (2008). *Comment promouvoir l'égalité entre les sexes par les manuels scolaires.* Unesco.

Bruillard, E., (2010). Le passage du papier au numérique : le cas du manuel scolaire. In : G. Gueudet & L. Trouche (Ed.), *Ressources vives. Le travail documentaire des professeurs en mathématiques* (pp. 217-232). Presses universitaires de Rennes.

Bruter, A. (2010). L'enseignement de l'histoire. In F. Jacquet-Francillon, R. d'Enfert & L. Loeffel (Ed.), *Une histoire de l'école* (pp. 319-324). Retz.

Cardon-Quint, C. & d'Enfert, R. (Ed.) (2017). L'histoire des disciplines scolaires : un champ de recherche en mutation. *Revue française de pédagogie, 199*, 5-22.

Caspard, P. (1984). De l'horrible danger d'une analyse superficielle des manuels scolaires. *Histoire de l'éducation, 21*, 67-74.

Chervel, A. (1988). L'histoire des disciplines scolaires. Réflexion sur un domaine de recherche. *Histoire de l'éducation, 38*, 59-119.

Chervel, A. (1998). *La culture scolaire : une approche historique.* Belin.

Chervel, A. (2006). *Histoire de l'enseignement du français du XVIIe au XXe siècle.* Retz.

Choppin, A. (1980). L'histoire des manuels scolaires. Une approche globale. *Histoire de l'éducation, 177*, 1-25.

Choppin, A. (1992). *Manuels scolaires : histoire et actualité.* Hachette.

Choppin, A. (Ed.) (1993). Manuels scolaires, États et sociétés, XIXe-XXe siècles. *Histoire de l'éducation, 58.*

Choppin, A. (2008). Le manuel scolaire, une fausse évidence historique. *Histoire de l'éducation, 117*, 7-56.

Citron, S. (1987). *Le mythe national : l'histoire de France revisitée.* Les éditions de l'atelier.

Condette J.-F. & Castagnet-Lars V. (Ed.) (2020). *Histoire des élèves en France. Volume 1. Parcours scolaires, genre et inégalités (XVIe-XXe siècles).* Presses universitaires du Septentrion.

De Cock, L. & Picard, E. (2009). *La fabrique scolaire de l'histoire : Illusions et désillusions du roman national*. Éditions Agone.

De Mestral, A. (2018). *Enseigner l'histoire en Suisse romande et édifier la nation helvétique ? Évolution d'un savoir scolaire à l'aune des programmes et des manuels (XIXe-XXe siècles)*. Thèse de doctorat. Université de Genève.

Denizot, N. (2016). Le manuel scolaire, un terrain de recherches en didactique ? L'exemple des corpus scolaires. *Le Français aujourd'hui, 194*, 35-44.

Denizot, N., (2021). *La culture scolaire : perspectives didactiques*. Presses Universitaires de Bordeaux

Extermann, B. (2013). *Une langue étrangère et nationale : histoire de l'enseignement de l'allemand en Suisse romande (1790-1940)*. Alphil.

Falaize, B. (2016). *L'histoire à l'école élémentaire depuis 1945*. Presses universitaires de Rennes.

Freinet, C. (1964). Plus de manuels scolaires ! plus de leçons ! *L'éducateur, 7*.

Gerard, F.-M. & Roegiers, X. (2003). *Des manuels scolaires pour apprendre. Concevoir, évaluer, utiliser*. De Boeck.

Go, H. L. (2007). *Freinet à Vence. Vers une reconstruction de la forme scolaire*. Presses universitaires de Rennes.

Go, H. L. & Riondet, X. (2018). Reconstruire la forme scolaire d'éducation : l'alternative freinetienne. In In J.-Y. Seguy (Ed.), *Variations autour de la "forme scolaire". Mélanges offerts à André D. Robert* (pp. 65-80). PUN-EDULOR.

Granvaud, R., (2006). Colonisation et décolonisation dans les manuels scolaires de collège en France. *Cahiers d'histoire. Revue d'histoire critique, 99*, 72-89.

Heinze, C. (2011). *Das Schulbuch im Innovationsprozess. Bildungspolitische Steuerung, pädagogischer Anspruch, unterrichtspraktische Wirkungserwartungen*. Klinkhardt.

Héry, É. (1999). *Un siècle de leçons d'histoire. L'histoire enseignée dans les collèges et les lycées de garçons, 1870-1970*. PUR.

Héry, É. (2005). Les pratiques pédagogiques, objets d'histoire. *Carrefours de l'éducation, 1*(19), 93-105.

Héry, E. (2007). *Les pratiques pédagogiques dans l'enseignement secondaire au 20e siècle*. L'Harmattan.

Hofstetter, R. & Schneuwly, B. (2009). Savoirs en (trans)formation. Au cœur des professions de l'enseignement et de la formation. In R. Hofstetter & B. Schneuwly (Ed.) *Savoirs en transformation* (pp. 7-40). De Boeck.

Hofstetter, R. & Schneuwly, B. (2017). Forme scolaire, un concept trop séduisant ? In A. Dias-Chiarutimi & C. Cohen-Azria (Ed.), *Théories didactiques* de la lecture et de l'écriture : Fondements d'un champ de recherche en cheminant avec Yves Reuter (pp. 153–167). Presses universitaires du Septentrion.

Hofstetter, R. et Schneuwly, B. (2018). Métamorphoses et contradictions de la forme école au prisme de la démocratie. In J.-Y. Seguy (Ed.), *Variations autour de la « forme scolaire ». Mélanges offerts à André D. Robert* (pp. 29–50). Presses Universitaires de Nancy.

Hofstetter, R. & Schneuwly, B. (2019). Les manuels comme emblèmes des reconfigurations disciplinaires de la forme école au 19e siècle ? Essai historiographique. In S. Wagnon (Ed.), *Le manuel scolaire, objet d'étude et de recherche : enjeux et perspectives*. Peter Lang.

Johnsen, E. B. (1993). *Textbooks in the Kaleidoscope. A Critical Survey of Literature and Research on Educational Texts*. Scandinavian University Press.

Julia, D. (1995). La culture scolaire comme objet historique. *Paedagogica Historica, Supplementary Series, I*, 353–382.

Krop, J. & Lembré. S. (Ed.) (2020). *Histoire des élèves en France. Volume 2. Ordres, désordres et engagements (XVIe–XXe siècles)*. Presses universitaires du Septentrion.

Lebeaume, J. (2015). Les manuels scolaires : des sources particulières pour l'investigation curriculaire des enseignements scolaires. In L. Perret-Truchot (Ed.), *Analyser les manuels scolaires : questions de méthodes* (pp. 129–141). Presses universitaires de Rennes.

Lebrun, M. (2006). *Le manuel scolaire, un outil aux multiples facettes*. Presses universitaires du Québec.

Lebrun, M. (2007). *Le manuel scolaire d'ici et d'ailleurs d'hier et d'aujourd'hui*. Presses universitaires du Québec.

Maître, J.-P., Huchette, M. & Bruillard, E. (2018). Comment analyser ce que font les enseignants dans la préparation de leurs cours ? Ébauche d'un cadre conceptuel. *Recherches en Éducation, 33*, 132–145.

Masoni, G. (2019). *Rapsodia del sapere scolastico : storia del manuale e dei suoi attori nel Canton Ticino (1830–1914)*. Thèse de doctorat. Université de Lausanne.

Maulini, O. & Perrenoud, Ph. (2005). La forme scolaire de l'éducation de base : tensions internes et évolutions. In O. Maulini & C. Montandon (Ed.), *Les formes de l'éducation : variété et variations* (pp. 147–168). De Boeck.

Mollier J.-Y. (1996). L'histoire de l'édition, une histoire à vocation. *Revue d'histoire moderne et contemporaine, 43*(2), 329–348.

Monjo, R. (1998). La « forme scolaire » dans l'épistémologie des sciences de l'éducation. *Revue française de pédagogie, 125,* 83–93.

Monnier, A. (2015). Le temps des dissertations. Fabrication d'un exercice scolaire au service de l'intelligence et de la culture des jeunes gens et des jeunes filles à Genève (1836-2004). Thèse de doctorat. Université de Genève.

Nóvoa, Antonio. (1997). La nouvelle histoire américaine de l'éducation. *Histoire de l'éducation, 73,* 3–48.

Ogier, A. (2007). Le rôle du manuel dans la leçon d'histoire à l'école primaire (1870-1969). *Histoire de l'éducation, 114,* 87–119.

Perret-Truchot, L. (Ed.) (2015). *Analyser les manuels scolaires : questions de méthodes.* Presses universitaires de Rennes.

Radtka, C. (2017). Écrire des manuels pour « une » discipline ? Les auteurs de manuels de sciences physiques et de sciences naturelles pour l'école moyenne dans la France des années 1950. *Revue française de pédagogie, 199,* 59–80.

Reuter, Y. (Ed.) (2010). *Dictionnaire des concepts fondamentaux des didactiques.* De Boeck.

Reverdy, C., (2017, 29 août). Forme scolaire : concepts nationaux et internationaux, et réflexions sur l'Éducation nouvelle. *Éduveille.* Repéré à https://eduveille.hypotheses.org/8763

Rouiller, V. (2018). *« Apprendre la langue de la majorité des Confédérés ». Une discipline scolaire, entre enjeux pédagogiques, politiques, pratiques et culturels (1830-1990).* Thèse de doctorat. Université de Genève.

Thénard-Duvivier, F. (2008). L'enseignement des questions socialement vives en histoire et géographie. *Actes du Colloque organisé par le SNES et le CVUH (Paris, 14–15 mars 2008).* ADAPT/SNES éditions.

Thévenaz-Christen, T. (2008). Au cœur de la forme scolaire. La discipline. L'exemple du français parlé. *Revue suisse des sciences de l'éducation, 30*(2), 299–324.

Tinembart, S. (2019). Le manuel scolaire vaudois : fruit d'instituteurs devenus libraires ? In S. Wagnon (Ed.), *Le manuel scolaire, objet d'étude et de recherche : enjeux et perspectives* (pp. 171–186). Peter Lang

Tinembart, S. & Darme, A. (2016). Ouvrages et manuels scolaires de lecture et de grammaire en Suisse romande au 19e siècle. *Le français aujourd'hui,* 3(194). 59–70.

Vincent, G. (1980). *L'École primaire française. Étude sociologique.* Presses universitaires de Lyon.

Vincent, G. (2008). La socialisation démocratique contre la forme scolaire. *Éducation et francophonie, 36*, 47–62.

Vincent, G., Courtebas, B. & Reuter, Y. (2013). La forme scolaire : débats et mises au point. *Recherches en didactique, 13*, 109–135.

Wagnon, S. (Ed.) (2019). *Le manuel scolaire, objet d'étude et de recherche : enjeux et perspectives.* Peter Lang.

Première partie
Manuels, disciplines scolaires et culture scolaire

Nathalie Denizot et Laetitia Perret

LES MANUELS DE LITTÉRATURE ET LA FABRICATION D'UNE CULTURE SCOLAIRE (1880-2000) : L'EXEMPLE DE MONTAIGNE

Notre contribution vise à interroger la fabrication de la « culture scolaire » (Denizot, 2021) à travers les manuels scolaires, en analysant plus spécifiquement les relations qu'entretiennent les exercices et les extraits dans les manuels de littérature du lycée, depuis les réformes républicaines de la fin du 19ᵉ siècle jusqu'aux années 2000. Nous le ferons à travers une étude de cas, en nous centrant sur Montaigne, dans la mesure où cet auteur est entré dans les manuels scolaires, les programmes et les sujets d'examen sous la Troisième République, et qu'il n'en est jamais sorti depuis. Il s'agit donc d'interroger, dans une perspective historico-didactique (Bishop, 2017), la manière dont les manuels, dans diverses configurations disciplinaires, scolarisent une œuvre et/ou un auteur, en analysant les exercices et les extraits comme des procédés mêmes de cette scolarisation. Nous le ferons à travers un corpus raisonné de manuels de différents types (manuels de textes, de composition, de méthodes, etc.), en usage dans les classes de lycée depuis les années 1880.

Après quelques éléments de cadrage, nous analyserons comment les manuels entre 1880 et 1970 ont fait entrer Montaigne dans la culture scolaire – entrée qui n'allait pas de soi –, puis nous verrons comment la période après 1980, une fois Montaigne devenu un classique scolaire incontournable, a fait cohabiter dans les manuels des objectifs disciplinaires plus ou moins opportunistes.

Quelques éléments de cadrage

Pourquoi parler de « culture scolaire » plutôt que de « forme scolaire », comme nous y invite pourtant l'argumentaire de cet ouvrage ? Le concept de « forme scolaire », concept sociohistorique élaboré pour décrire un mode de socialisation scolaire (Vincent, 1980) et qui renvoie à une configuration pédagogique et didactique, connait certes une diffusion et un succès bien au-delà de sa sphère d'élaboration (voir par exemple Seguy, 2018) – au risque parfois d'occulter sa dimension critique, voire, comme le soulignent Schneuwly et Hofstetter (2017), au risque de devenir « anhistorique ». Nous lui préférons ici le concept de « culture scolaire », concept historiographique issu des travaux des historiens des disciplines (notamment Chervel, 1998), et que nous redéfinirons dans une perspective historico-didactique comme l'ensemble des contenus, des pratiques et des valeurs (re)construits et (re)configurés par l'école pour ses propres finalités (Denizot, 2021). Ainsi redéfini, le concept de culture scolaire s'articule à celui de discipline scolaire, et peut être porteur de valeurs positives, voire du « potentiel libérateur, émancipateur de l'école comme lieu de développement de la personne », que Schneuwly et Hofstetter présentent comme l'une des fonctions démocratiques de l'école (2017, p. 157).

Ce travail sur la scolarisation de Montaigne dans les manuels scolaires s'inscrit donc dans un ensemble de recherches qui visent à interroger, dans une perspective historico-didactique, les corpus scolaires en tant que contenus disciplinaires, analysables dans leur épaisseur historique et en prenant en compte les processus de sédimentation, de recyclage, de feuilletage constitutifs de la culture scolaire[1]. Il s'agit d'analyser la fabrication même des corpus littéraires scolaires dans l'histoire de la discipline, et les usages disciplinaires de ces corpus selon les configurations (en termes de segments scolaires, de modalités pédagogico-didactiques, de périodes, etc.). Pour ce faire, les manuels – outils sémiotiques spécifiques et éléments importants de l'outillage pédagogique et didactique, qui incarnent la culture scolaire tout autant qu'ils contribuent à la construire – constituent « un indicateur commun » (Savaton, 2005, p. 210) précieux pour comparer des périodes sur un temps long. Cela dit, leur étude nécessite des approches méthodologiques spécifiques (Perret-Truchot, 2015), qui ne peuvent être réduites à des analyses de leurs discours, mais qui doivent prendre en compte leurs choix en matière d'extraits, d'exercices, mais aussi de mises en scène des textes, d'amphitextualités, etc. (Denizot, 2016).

Notre analyse s'appuie sur une périodisation construite autour des manuels eux-mêmes, et plus précisément autour de grands moments de changements dans les manuels de littérature. Une première période (1880-1920) couvre ainsi la mise en place de la littérature comme discipline (Jey, 1998), qui voit l'apparition de manuels de morceaux choisis organisés selon une logique chronologique, et qui cohabitent avec des manuels d'histoire de la littérature. Une deuxième période (1920-1970) se caractérise par l'installation de grandes collections de manuels de morceaux choisis, organisés explicitement selon une logique d'histoire littéraire (par exemple la collection Chevaillier et Audiat, 1927, première collection à proposer une anthologie par siècle). Si certains

---

1 Par exemple : Denizot (2019) ; Perret (2019) ; pour une synthèse, voir aussi Denizot (2015).

manuels fonctionnent encore selon la complémentarité anthologies/histoires de la littérature, c'est durant cette période qu'apparait la collection Lagarde et Michard[2], envisagée comme une collection de « livres uniques », pour reprendre l'expression même des auteurs dans leurs préfaces, et qui inaugure un nouveau type de manuels, réalisant la fusion entre anthologies et histoires de la littérature[3]. À partir des années 1970, l'abondance de l'offre éditoriale va de pair avec un renouveau éditorial, et de nouvelles anthologies apparaissent dans les années 1980, souvent dirigées par des universitaires (par exemple la collection « Textes et documents » chez Nathan, dirigée par H. Mitterand). Si ces nouvelles anthologies poursuivent cette logique du « livre unique », elles cohabitent cette fois avec des manuels de « méthodes », qui se développent dans les années 1990. Par ailleurs, apparaissent aussi à cette époque des manuels de lycée par classe, comme cela se fait depuis longtemps pour le collège, et qui vont intégrer progressivement des chapitres de méthode ; après 2000, l'apparition des « objets d'étude » dans les programmes de lycée renforce cette tendance des manuels à réunir dans un même ouvrage tout ce qui est utile à l'élève, textes, éléments d'histoire littéraire, mais aussi éléments d'analyse textuelle et de travail méthodologique.

Après 1880. Faire entrer Montaigne dans la culture scolaire
Un auteur en opposition avec la culture scolaire

Le cas de Montaigne permet d'illustrer la façon dont se scolarise dans les manuels un auteur qui n'était pas étudié à l'époque de l'enseignement rhétorique et dont certains aspects ne correspondent pas aux caractéristiques de la littérature enseignée. Si Montaigne n'est pas étudié avant 1880, c'est en grande partie parce que la langue des auteurs du 16ᵉ siècle est trop éloignée de celle du 17ᵉ et ne peut servir de modèle d'écriture dans une culture scolaire empreinte des règles et modèles de l'ordre classique. La Pléiade ne figure ainsi dans les programmes qu'à partir de 1880 (Chervel, 1986), lorsque la notion de classique s'élargit. Quant à Montaigne, il demeure (même après 1880) un auteur dont les valeurs sont difficilement compatibles avec l'école de la Troisième République. Jey (2020) a montré que les *Essais* font l'objet de deux reproches principaux : tout d'abord, une construction déroutante, presque brouillonne, « sans aucun plan » écrivent Des Granges et Charrier (1934, p. 68), ce qui est un défaut

---

2 Six volumes publiés chez Bordas de 1948 à 1962 pour les premières éditions.
3 Voir notamment Fraisse (1997).

majeur dans une culture disciplinaire qui a l'« obsession du "plan" et de l'enchainement des idées » (Denizot, 2013, p. 167) ; ensuite une morale contestable, tournée vers le scepticisme et la défense d'une éducation « toute facile et agréable » (Lanson, 1898, p. 144).

Pourtant, malgré cette absence de tradition scolaire, sur le corpus de 19 manuels parus entre 1880 et 1970, un seul (Lebaigue & Pessoneaux, 1893) n'évoque pas Montaigne ni aucun auteur du 16e siècle. Dès les années 1880, les manuels fabriquent donc un Montaigne scolaire, à travers des extraits, des exercices (dissertation/explication de texte), un discours, une « vulgate » (Kuentz, 1972).

Et c'est bien ce travail ordinaire qui permet de faire rentrer un auteur dans la culture scolaire avec laquelle à priori il est en opposition. Ce processus de scolarisation est bien connu (Belhadjin & Perret, 2020 ; Denizot, 2013), et passe par divers mécanismes qui ne sont pas propres à Montaigne mais concernent tous les auteurs. Si le processus le plus lisible est la sélection des parties de l'œuvre qui la rendent conforme à la culture scolaire, d'autres procédés existent : critique explicite des faiblesses de l'œuvre, atténuation de ses aspects polémiques, modélisation de Montaigne qui devient un classique.

Sélectionner et critiquer

Comme pour tout auteur, la scolarisation de Montaigne passe par un processus de sélection. Les manuels réorganisent les *Essais* en sélectionnant des thèmes et des extraits et en occultant certaines dimensions de l'œuvre. L'histoire, complexe, de la composition des *Essais* est souvent occultée[4], la langue est le plus souvent modernisée. La vulgate scolaire des *Essais* s'organise autour de quatre thèmes principaux. Les deux thèmes les plus fréquents sont l'écriture du « moi » et les questions éducatives. Le projet de se peindre fait l'objet d'exercices, comme des écritures de portraits ou des dissertations discutant le bien-fondé de ce projet. Par exemple, trois manuels, Chanal (1893, p. 263), Braunschvig

---

4   Le manuel Chassang et Senninger est un des rares à se préoccuper de cette question et la citation suivante montre l'extrême complexité qu'il y a à faire figurer dans un extrait les variantes du texte : « nous signalons en note les phrases qui sont des additions de l'édition de 1588 désignées par la lettre B, et celles qui sont des additions de l'exemplaire de Bordeaux, désigné par la lettre C (la lettre A désignant le texte primitif de 1580) ; pour certains extraits où il nous a semblé utile de faire ressortir visuellement l'apport des diverses édictions, le texte de 1580 sera imprimé en caractères romains, le texte de 1588 en caractères italiques noirs et les additions de l'exemplaire de Bordeaux en italiques bistres » (1967, p. 202).

(1927, p. 199), Lagarde et Michard (1954, p. 195) proposent de comparer les deux points de vue opposés de Pascal et de Voltaire, à travers une confrontation de deux citations : « le sot projet que Montaigne a eu de se peindre ! » (Pascal) ; « le charmant projet que Montaigne a eu de se peindre naïvement comme il l'a fait car il a peint la nature humaine » (Voltaire). Quant à l'éducation, elle est au cœur du propos à une époque où les questions éducatives sont abondamment discutées. Jey (2020) a montré qu'elle concernait un tiers des sujets de bac sur Montaigne.

Les deux autres thèmes fréquemment abordés sont sa morale (que les manuels appellent aussi sa philosophie) et ce que les manuels nomment souvent « son art », qui regroupe les questions de la composition, du style, du genre dont relèvent les *Essais*. Ces quatre éléments sont ceux qui apparaissent le plus souvent, dans les exercices, les sous-titres de chapitres ou les titres d'extraits. Toutefois, Montaigne se scolarise plus autour de thèmes récurrents que d'extraits canoniques, signe probable d'une scolarisation plus récente. L'extrait le plus fréquent est « La librairie de Montaigne », III, 3, mais uniquement dans 7 manuels sur 19. De même, l'extrait célèbre sur son amitié avec La Boétie (I, p. 27) ne figure que dans 4 manuels. Dans notre corpus, si l'éducation est toujours évoquée, c'est rarement à travers un extrait identique, les manuels sélectionnant des passages différents des chapitres 25 ou 26 du premier livre.

Scolariser une œuvre ne signifie pas pour autant qu'elle est débarrassée de tout son contenu polémique : les manuels sélectionnent aussi des extraits dont ils soulignent qu'ils ne rentrent pas dans la culture scolaire. Leur discours juge alors explicitement les faiblesses de l'œuvre, et révèle ainsi en quoi elle heurte cette culture. Les premiers manuels regrettent le manque de composition. Certains le déplorent, avec des jugements qui pourraient être ceux d'une mauvaise copie. Lebaigue (1902) écrit ainsi « un grave défaut dépare les aimables qualités des *Essais*, c'est le dédain de la composition » (p. XCV). Montaigne est en effet un auteur difficilement modélisant pour le plan de l'explication de texte. C'est ce qu'affirme Gazier (1888) dans l'introduction de l'unique texte expliqué dans ce manuel : « L'auteur n'a pas songé à enchaîner étroitement ses pensées, et l'on remarquera qu'il saute plus d'une fois d'une idée à une autre sans que la transition soit marquée » (p. 138). Des Granges (1925) est encore plus explicite : « On doit en le lisant se plier à son allure [...] mais en l'expliquant il faut rétablir l'ordre » (p. 31). L'exigence de la belle page allant de pair avec une exigence morale, les critiques explicites sont aussi nombreuses concernant la morale sceptique. Lebaigue (1902) souligne que le doute n'est pas une valeur scolaire : « Il ne s'arrêtera pas au vrai point [...] il alla jusqu'au doute » (p. XCV). C'est sur les conceptions éducatives que les critiques sont les plus fréquentes, et plusieurs manuels soulignent que cette éducation individuelle et aristocratique ne peut être un modèle. Lanson (1898) considère ses « idées [...] inapplicables » car elles nuisent à la formation de l'élève dont « on ne fera ainsi qu'un causeur agréable » (p. 144). Les exercices amènent aussi les élèves à prendre leurs distances avec ces aspects de l'œuvre. Les manuels utilisent pour cela un questionnement guidant et posent des questions comportant leur réponse. À travers la réponse attendue peut ainsi se lire la critique de la morale sceptique : « un scepticisme aussi radical vous semble-t-il justifié ? » (Chassang & Senninger, 1967, p. 21).

Les conceptions éducatives de Montaigne seront quant à elles interrogées autour de la morale scolaire de l'effort, par exemple dans ce corrigé d'une composition d'élève : « Ne faut-il pas faire de plus fortes réserves sur cette idée d'une éducation toute facile et agréable, l'effort n'a-t-il pas par lui-même une valeur morale ? » (Lanson, 1898, p. 144). Mais un auteur, pour être scolarisé, doit aussi être tiré vers les valeurs de l'école. Les manuels vont alors atténuer certaines dimensions polémiques de l'œuvre.

Atténuer

L'atténuation prend quatre formes principales. Les deux premières concernent surtout le scepticisme.

D'une part, les manuels minimisent la morale sceptique en la renommant et en la faisant glisser vers une morale de l'équilibre. Il ne s'agit « pas au fond d'une philosophie du doute, mais d'une philosophie du bonheur » (Braunshwig, 1927, p. 211). Montaigne est en réalité un « optimiste » (Chevaillier & Audiat, 1927, p. 318), qui fait preuve de « bon sens » (Lebaigue, 1902, p. XCV) car « loin d'être un mol oreiller où il s'endormirait, le doute est un stimulant » (Lagarde & Michard, 1954, p. 227).

D'autre part, les manuels font de Montaigne un génie singulier, ce qui limite la portée de sa morale. La formule est explicite chez Gendrot et Eustache (1952) : « Ce n'est plus un stoïcien qui écrit, ni un sceptique, c'est Montaigne » (p. 239). Singulariser Montaigne, c'est singulariser sa morale : « Montaigne ne prétend pas nous imposer une leçon, il nous convie à vivre avec lui ses tentatives, ses observations, ses réflexions » (Lagarde & Michard, 1954, p. 194). Dans nombre de manuels, ce génie singulier est présenté comme un homme de bonne compagnie, et non un maitre. C'est le cas dans ce sujet de dissertation chez Bornecque, Druesne et Rogier (1921) : « Expliquez ces mots de Mme de Sévigné sur Montaigne : "Ah ! l'aimable homme ! Qu'il est de bonne compagnie ! C'est mon ancien ami, mais à force d'être ancien, il m'est nouveau" » (p. 18). Singulariser Montaigne, c'est aussi singulariser son écriture qui n'est pas un modèle, par exemple chez Gazier (1888) : « Montaigne a précisément affecté de ne pas faire un livre, un traité plus ou moins méthodique, il a voulu s'entretenir avec lui-même et avec ses amis » (p. 138).

Les deux autres formes d'atténuation portent d'ailleurs sur les questions de composition.

D'une part, les manuels réassignent génériquement l'œuvre. Les *Essais* posent le double problème d'un genre encore mal défini, dans et hors l'école, et d'une œuvre considérée comme désordonnée. Les *Essais* deviennent alors une causerie, une conversation, terme récurrent dans les manuels (Gazier, 1888 ; Braunschvig, 1927 ; Gendrot & Eustache, 1952 ; Chassang & Senninger, 1967). Le désordre devient signe d'une liberté qui justifie les « heureux écarts » (Chevaillier & Audiat, 1927, p. 321) de la prose de Montaigne. Cette liberté, associée à une langue que les manuels qualifient souvent de pittoresque (Marcou, 1888 ; Ducros, 1891, qui cite Nisard ; Des Granges et Charrier, 1934 ; Calvet, 1946 ; Chassang & Senninger, 1967) explique que certains manuels (Des Granges & Charrier, 1934 ; Gendrot & Eustache, 1952) considèrent que les *Essais* relèvent de la poésie. Le sujet de dissertation proposé par Chanal en 1893, « Dans quel sens Montesquieu a-t-il pu dire que Montaigne est un grand poète ? » (p. 262), montre bien que cette question fait partie de la vulgate scolaire dès les débuts de la Troisième République. La question de l'autobiographie, qui n'est pas encore un genre scolaire, n'est jamais posée, sauf pour la marginaliser chez Braunschwig : « L'intérêt psychologique de l'ouvrage dépasse de beaucoup celui d'une simple autobiographie » (1927, p. 199).

D'autre part, l'absence de composition devient absence de pédantisme, qui fait partie des défauts à éviter dans les exercices. Le manuel d'explication de texte de Gazier (1888) conclut ainsi son introduction méthodologique « des écueils à éviter et particulièrement du pédantisme » (p. 119). Le manuel de composition de Lanson (1898) a un discours similaire. Montaigne peut alors, contre toute attente, devenir un modèle d'écriture scolaire, par exemple chez Lebaigue (1902), qui écrit que « ce style [...] ne sent jamais le travail ni les procédés de l'art » (p. XCV), ou chez Lagarde et Michard (1954) soulignant que « le naturel consiste pour lui en un laisser-aller apparent : pas de composition rigoureuse [...] nul n'est moins compassé, moins pédant » (p. 213). Cette formule souligne néanmoins les tensions entre un discours critique et un discours laudateur.

Modéliser

Certaines formules paradoxales soulignent en effet les difficultés qu'il y a à faire de Montaigne un modèle, comme chez Marcou (1888) : « si nul livre n'est plus décousu, sans incohérence, nulle trame de style n'est plus serrée, sans roideur » (p. 31), ou chez Chassang et Senninger (1967) qui parlent de « spontanéité calculée » (p. 203). Le paradoxe est parfois évacué, certains exercices invitant l'élève à admirer la maitrise de la composition, alors même que le manuel en a souligné le manque de rigueur. Dans l'extrait « la librairie de Montaigne », Lagarde et Michard (1954) écrivent : « Montrez avec quelle aisance Montaigne passe d'un sujet à un autre sans jamais perdre le fil conducteur » (p. 200). Dans les deux rééditions ultérieures de 1985, l'injonction à admirer disparait, mais l'affirmation de la cohérence de la composition demeure : « Étudiez comment Montaigne passe d'une idée à une autre sans perdre le fil conducteur » (p. 200) ; « Dégager le fil conducteur, étudier l'enchainement des idées » (Nouschi, 1985, p. 48). La formule de Gendrot et Eustache (1952) invite explicitement à admirer une écriture caractérisée comme classique : « On admirera la logique et la clarté de la page, la variété d'un style » (p. 243).

Modéliser un auteur, c'est en effet le rapprocher de la littérature classique telle que l'école la définit : dans quelques manuels, le rapprochement avec les classiques se fait à travers la catégorie des « moralistes du XVIe siècle » dont Montaigne est parfois l'unique représentant (Calvet, 1946 ; Des Granges, 1925 ; Des Granges & Charrier, 1934 ; Lagarde & Michard, 1954 ; Lebaigue, 1902 ; Mitterand, 1974). Montaigne est bien plus rarement qualifié de philosophe, ce qui le rapprocherait du 18e siècle, encore peu légitime. Mais c'est surtout à travers son appartenance à l'humanisme de la Renaissance qu'il est rapproché du 19e siècle. En effet, si les premiers manuels privilégient la métaphore de la « Renaissance », c'est parce que l'importance qu'elle accorde aux Anciens en fait la préparation de l'Âge classique. De même, lorsqu'ils utilisent le terme « humanisme », ils entendent par-là les Humanités. Les biographies de Montaigne insistent alors sur sa parfaite connaissance des Anciens, et soulignent sa maitrise du latin dès l'enfance (Des Granges, 1925 ; Lagarde & Michard, 1954 ; Marcou, 1888 ; Robert, 1889). Le terme humanisme concurrence celui de Renaissance à partir des années 1950, et privilégie quant à lui un 16e siècle qui annonce non pas le 17e, mais une philosophie plaçant l'*homme* au *centre* du monde et de la création. Montaigne figure alors souvent en fin de volume lorsque le manuel est consacré au 16e siècle, dans une rubrique « l'humanisme à la fin du 16e siècle » (Gendrot & Eustache, 1952) mais on trouve encore « la Renaissance mûrie » (Chassang & Senninger, 1967). Montaigne peut alors devenir un « précurseur du classicisme » (Lagarde & Michard, 1954, p. 214) « annon[çant] l'honnête homme du 17ᵉ siècle » (Chassang & Senninger, 1967, p. 207 ; Lagarde & Michard, 1954, p. 234). Il devient même un « classique », comme dans cet exercice chez Gendrot et Eustache (1952) : « C'est déjà l'esprit classique qui triomphe » (p. 243).

Après 1980. Travailler sur Montaigne ou travailler avec Montaigne ?

Après 1980, Montaigne est clairement devenu un classique à part entière, et les *Essais* sont présents dans tous les manuels, y compris d'ailleurs, comme on le verra, les manuels « de méthode », mais l'usage qu'on fait des extraits peut être divers, et peut conduire à des formes de relecture qui recatégorisent génériquement l'œuvre.

Double culture et double usage

Le renouvèlement éditorial à l'œuvre depuis les années 1970, et qui va de pair avec une explosion des titres et des éditeurs, donne naissance en ce qui concerne l'offre de manuels pour les classes de lycée à plusieurs grandes anthologies. Certaines sont dirigées par des universitaires (la collection dirigée par Mitterand chez Nathan, celle dirigée par Décote chez Hatier), et leurs auteurs essaient visiblement de réduire l'écart entre la « double culture » universitaire et scolaire (pour reprendre l'expression de Jey, 2015), qui a longtemps caractérisé les auteurs des manuels scolaires[5] ; d'autres (notamment celle proposée par Biet, Brighelli & Rispail) essaient de renouveler ce que peut être un manuel de textes, en cassant les codes habituels, notamment hérités de la série des Lagarde et Michard. Dans tous les cas, ces anthologies mettent le vagabondage de Montaigne au cœur de son projet littéraire, soulignant non plus la cohérence de la composition, mais sa liberté, son « mouvement », pour reprendre l'expression de Starobinski (1982) – expression que l'on retrouve notamment chez Mitterand (1988)[6]. Deux anthologies (Décote, 1988 ; Mitterand, 1988) signalent d'ailleurs

---

5 « Les auteurs des manuels de la fin du 19ᵉ siècle sont le plus souvent des universitaires ou des critiques érudits ; pourtant, dans leurs manuels, le projet pédagogique fait passer au second plan certaines de leurs études, menées dans d'autres instances, nettement moins marquées idéologiquement, et parfois en contradiction avec celles de la culture scolaire. » (Jey, 2015, p. 122).

6 « La présentation en "morceaux choisis" dénature profondément les *Essais*. En effet, choisir un morceau en privilégiant, nécessairement, tel "thème", tel "sujet", c'est casser le mouvement du chapitre dans lequel ce texte s'insère, mouvement erratique,

les différentes strates du texte, suivant ainsi les éditions critiques de référence des *Essais*, et Mitterand fait même le choix de ne pas regrouper les extraits par thème, mais de les proposer dans l'ordre des chapitres du livre original, donnant ainsi à voir et à lire ce que Biet, Brighelli et Rispail (1984, p. 219) – qui font pourtant le choix de regrouper thématiquement les extraits proposés – nomment « les ordres du désordre ». Par ailleurs, les anthologies problématisent la question de l'« essai » à travers des introductions ou des notices qui explicitent le terme, ou à travers des sujets de composition française comme par exemple dans la collection Mitterand (1988) : « La notion d'*essai*. Vous rédigerez une brève synthèse sur cette notion en dégageant le lien qui unit l'*essai* comme expérience personnelle, épreuve du jugement, et l'écriture même des *Essais* […]. » (p. 548). Il s'agit clairement de mettre à la disposition des enseignants une forme de vulgarisation de certains travaux universitaires sur Montaigne, et de rendre possibles des parcours de lecture et un travail *sur* Montaigne, à travers les exercices canoniques que sont l'explication de texte, le commentaire, l'étude comparée, la composition française, etc.

Dans les manuels de méthode des années 1980–1990, la présence de Montaigne est plus discrète, mais la plupart de ces ouvrages en proposent au moins un extrait, accompagné d'exercices. Cette présence est particulièrement intéressante, puisqu'elle montre que Montaigne est devenu suffisamment « classique » pour qu'on le trouve même dans des manuels axés sur les méthodes ; il ne s'agit pas seulement d'un auteur de l'histoire littéraire à connaître (ce qui est l'objectif premier dans les anthologies), mais également un auteur qui permet de travailler sur différents objets de la classe de français : sur l'argumentation, pour le passage sur les cannibales (I, 31) qui se scolarise alors, avec des questions d'étude d'un texte argumentatif type baccalauréat (Éterstein & Lesot, 1995, p. 231), ainsi que pour un passage sur l'institution des enfants, pour lequel Labouret et Meunier (1995, p. 109) proposent un travail d'écriture sur un texte argumentatif ; sur les « éléments de la communication » (d'après Jakobson), qui sont travaillés chez Sabbah (1999, p. 15) notamment à travers l'adresse au lecteur ; sur « Récit et discours », chez Crepin, Loridon et Pouzalgues-Damon (1988, p. 47). Il faut noter d'ailleurs que les manuels de méthode proposent peu d'extraits en dehors des sentiers déjà balisés, et que l'on y retrouve la même « vulgate » (Kuentz, 1972) que dans les anthologies. Et surtout, il n'y a dans ces ouvrages de méthodologie pas véritablement de travail spécifique à Montaigne,

---

fuyant, impossible à réduire aux plans et aux enchaînements d'une rhétorique bien ordonnée » (p. 429).

qu'il s'agisse par exemple d'un travail sur la langue ou sur le genre des *Essais* (dans le travail sur le texte argumentatif, ce n'est pas tant le « genre » que le « type » qui est visé, dans une logique très classique dans ces années 1980-1990). C'est donc un usage très opportuniste de Montaigne qui est proposé ici, ce qui est caractéristique de ce genre de manuels, où ce sont justement les « méthodes » qui priment, et pas les auteurs : même pour des auteurs patrimoniaux, la logique n'est pas du tout patrimoniale, et reste assez loin, en termes de savoirs construits, du Montaigne des anthologies de cette même période.

Recatégorisation générique des Essais

Ce double usage d'un auteur, qui conduit à travailler à la fois *sur* et *avec* lui (ou pour le dire autrement, qui en fait à la fois un objet et un outil de l'enseignement et de l'apprentissage), s'intrique de manière beaucoup plus complexe lorsque les manuels, essentiellement à partir des années 1990, fusionnent en un même ouvrage le travail sur les textes, sur l'histoire littéraire, sur la langue et sur les méthodes. Ces nouveaux manuels uniques, destinés le plus souvent à un niveau spécifique (seconde ou première), sont davantage contraints dans leur choix de textes, puisque leur pagination n'est pas extensible et qu'ils couvrent à chaque fois l'ensemble du programme et des siècles.

Si l'on compare ainsi deux éditions d'un même manuel chez Nathan (dirigé par Pagès et Rincé en 1996, puis par Rincé seul en 2005), appartenant donc à une même collection[7], une recatégorisation générique de Montaigne est clairement à l'œuvre après les programmes de 2000, qui privilégient un travail sur les genres. En 1996, dans le manuel de première, Montaigne est étudié dans le cadre de l'humanisme, et les extraits choisis mettent en avant sa « pensée de la mort », marquée par la « philosophie du temps » en ces périodes de guerre de religion (p. 64), mais aussi sa sagesse et la liberté de son écriture, notamment à travers une lecture suivie du chapitre 13 du livre III (De l'expérience). En 2005, le manuel propose quatre points de vue sur Montaigne, selon les parties dans lequel il est placé, et qui correspondent à différents objets d'étude du programme de première : l'humanisme, l'argumentation, le biographique et les réécritures. Pour l'humanisme, ce sont des passages concernant l'éducation qui sont privilégiés, aux côtés de pages de Rabelais, ce qui est en cohérence avec les

---

7   La collection, « objet construit par le chercheur [...] peut permettre de nommer et d'identifier l'ensemble des refontes successives de manuels, même lorsque les équipes (et parfois les directeurs d'ouvrage) varient d'une édition à l'autre » (Denizot, 2016, p. 36).

problématiques choisies par le manuel pour ce mouvement littéraire : « l'élan vers la connaissance » et « l'homme en quête de lui-même » : l'image des *Essais* qui se dessine ici est celle d'un traité d'éducation.

Dans le chapitre consacré à l'argumentation, Montaigne voisine cette fois avec des auteurs aussi divers que Pascal, Bernanos, Bloy ou Valéry, et cette amphitextualité[8] donne à lire un Montaigne essayiste, représentant un genre difficilement saisissable. Quant aux deux extraits proposés par le manuel dans le chapitre consacré au biographique (l'adresse au lecteur et l'autoportrait du chapitre 17, livre II) – tous deux absents de l'édition de 1996 –, ils permettent une lecture moins philosophique du texte en privilégiant son aspect biographique. L'écriture du moi n'est plus ici simplement un thème parmi d'autres dans les *Essais* : l'œuvre est devenue une « autobiographie », comme l'indique un intertitre (p. 323) et comme le suggère aussi l'amphitextualité de l'autoportrait, qui voisine avec un extrait des *Confessions* de Rousseau et avec le *Triple autoportrait* de Norman Rockwell.

Cette recatégorisation des *Essais* – relus comme une « autobiographie » et non plus seulement comme un « essai » –, très répandue après les programmes des années 2000 qui ont instauré le « biographique » comme nouvel objet d'étude de la classe de première, conduit à une sélection de passages qui correspondent davantage à la définition moderne de l'autobiographie (inspirée de Lejeune[9], pour lequel le modèle est plutôt Rousseau), et notamment l'Avis au lecteur, qui voisine chez Sabbah (2005) avec l'incipit des *Confessions* ainsi qu'avec les aveux d'Augustin et de Rousseau (le vol des poires chez le premier, des pommes chez le second), ou bien encore le portrait de Montaigne (celui du chapitre 17 du livre II), qui ouvre le chapitre consacré aux « formes de l'autobiographie » chez Aubrit, Aviérinos, Labouret et Prat (2005).

De nouvelles amphitextualités font désormais dialoguer Montaigne, non plus seulement avec les auteurs humanistes et classiques, mais avec Rousseau, Augustin, Beauvoir ou Angot. Les manuels construisent ainsi un nouveau point de vue sur l'œuvre, intéressant mais partial. Il ne s'agit plus tant de réassigner génériquement l'œuvre pour la légitimer (comme cela a pu être le cas dans la première moitié du 20e siècle, voir *supra*), mais de la recatégoriser pour la mettre au service des nouvelles finalités disciplinaires et des nouveaux objets d'enseignement.

---

8 Sur ce concept, qui vise à décrire les solidarités textuelles dans lesquels sont pris les textes, voir par exemple Denizot (2015).
9 Voir notamment Lejeune (1975/1996).

Conclusion

Ce que les manuels construisent ainsi depuis plus d'un siècle, c'est un Montaigne scolaire, avec une dimension certes opportuniste, mais qui a aussi permis à l'œuvre de Montaigne de devenir classique, puis de survivre aux changements de programme et de se maintenir jusqu'à nos jours. Les manuels permettent ainsi de mieux comprendre comment un auteur se scolarise, c'est-à-dire entre dans la culture scolaire, par des extraits et des exercices, et en s'intégrant voire en s'adaptant aux exercices et aux discours déjà présents. Indépendamment de sa valeur littéraire, toujours relative (peut-on dire de Bossuet, qui a presque disparu des manuels, qu'il est pour autant un écrivain mineur ?), il ne survit qu'en suivant l'évolution de la culture disciplinaire ainsi que les finalités propres aux diverses configurations de la discipline.

Références bibliographiques

Manuels cités

Aubrit, J.-P., Aviérinos, M., Labouret, D. & Prat, M.-H. (Ed.) (2005). *Français 1ère*. Bordas.

Biet, C., Brighelli, J.-P. & Rispail, J.-L. (1984). *Collection Textes et contextes. XVIe–XVIIe siècles*. Magnard.

Bornecque, H., Druesne, L. & Rogier, L.-E. (1921). *Commentaire de pages choisies du XVIe au XXe siècles*. F. Rieder & Cie éd.

Braunschvig, M. (1927). *Notre Littérature étudiée dans les textes, I, Des origines à la fin du XVIIe siècle*. A. Colin.

Calvet, J. (1946). *Morceaux choisis des auteurs français* (16e édition). J. de Gigord.

Chanal, E. (1893). *La composition enseignée par l'exemple*. Delaplane.

Chassang, A. & Senninger, Ch. (1967). *Recueil de textes littéraires français, XVIe siècle*. Hachette.

Chevaillier, J. & Audiat, P. (1927). *Les textes français, XVIe siècle, classe de 3e, 2e et 1ère*. Hachette.

Crepin, F., Loridon, M. & Pouzalgues-Damon E. (1988). *Français. Méthodes et techniques*. Nathan.

Décote, G. (Ed.) (1988). *Itinéraires littéraires. Moyen âge–XVIe siècle*. Hatier.

Des Granges, Ch.-M. (1925). *Morceaux choisis des auteurs français*. Hatier.

Des Granges, Ch.-M. & Charrier, Ch. (1934). *La lecture expliquée, Notions d'histoire littéraire, Morceaux choisis, Modèles de lecture expliquée, Questions d'examen* (16e édition). Hatier.

Ducros, M.-L. (1891). *Morceaux choisis des Prosateurs et Poètes français, depuis la formation de la langue à nos jours, cours supérieur*. Librairie classique de F.E André Guédon.

Éterstein, C. & Lesot, A. (1995). *Les techniques littéraires au lycée*. Hatier.

Gazier, A. (1888). *Traité d'explication française ou méthode pour expliquer littéralement les auteurs français* (4ᵉ édition). Belin.

Gendrot, F. & Eustache, F. M. (1952). *Auteurs français. XVIᵉ siècle*. Classiques Hachette.

Labouret, D. & Meunier, A. (1995). *Les méthodes du français au lycée*. Bordas.

Lagarde, A. & Michard, L. (1954). *Les Grands Auteurs français du programme, Collection Textes et Littérature. XVIᵉ siècle*. Bordas.

Lanson, G. (1898). *Études pratiques de composition française, sujets préparés et commentés* (3ᵉ édition). Hachette.

Lebaigue, M.-Ch. (1902). *Morceaux choisis de littérature française, auteurs des XVIIᵉ, XVIIIᵉ, et XIXᵉ siècles précédés d'extraits des auteurs du XIᵉ au XVIᵉ siècle, prose et poésie, Cours supérieur* (29ᵉ édition). Belin.

Lebaigue, Ch. & Pessoneaux, R. (1893). *La lecture expliquée, Recueil de Morceaux choisis* (4ᵉ édition). Belin.

Marcou, Fr.-L. (1888). *Morceaux choisis des classiques français des XVIᵉ, XVIIᵉ, XVIIIᵉ et XIXᵉ siècles à l'usage des classes de troisième, seconde et rhétorique, Prosateurs*. Garnier frères.

Mitterand, H. (Ed.) (1974). *Littérature et langages. 4. La littérature et les idées*. Nathan.

Mitterand, H. (Ed.) (1988). *Littérature. Textes et documents. Moyen âge. XVIᵉ siècle*. Nathan.

Nouschi, D. (1985). *Exercices et références littéraires. Pour une nouvelle pédagogie. Les exercices portent sur la collection Lagarde & Michard, XVIᵉ-XVIIᵉ*. Bordas.

Pagès, A. & Rincé, D. (Ed.) (1996). *Lettres. Textes. Méthodes. Histoire littéraire. 1ʳᵉ*. Nathan.

Rincé, D. (Ed.) (2005). *Français Littérature 1ʳᵉ*. Nathan.

Robert, L. (1889). *Cours de lecture expliquée, textes choisis des auteurs français du XVIᵉ au XIXᵉ siècle, expliqués et annotés*. A. Colin

Sabbah, H. (1999). *Le français méthodique au lycée*. Hatier.

Sabbah, H. (Ed.) (2005). *Littérature 1ᵉʳᵉ*. Hatier.

Bibliographie

Belhadjin, A. & Perret, L. (2020). *L'extrait ou comment se scolarise la littérature*. Peter Lang.

Bishop, M.-F. (2017). Une question de méthode : l'approche historico-didactique en français. In A. Dias-Chiaruttini & C. Cohen-Azria (Ed.), *Théories-didactiques de la lecture et de l'écriture* (pp. 225-239). Presses universitaires du Septentrion.

Chervel, A. (1986). *Les auteurs français, latins et grecs au programme de l'enseignement secondaire de 1800 à nos jours*. INRP-Publications de la Sorbonne.

Chervel, A. (1998). *La culture scolaire. Une approche historique*. Belin.

Denizot, N. (2013). La dissertation : un genre scolaire argumentatif ? *Pratiques, 157-158*, 165-176.

Denizot, N. (2015). Étudier les corpus littéraires scolaires dans les manuels : panorama des recherches et apports de la didactique du français. In L. Perret-Truchot (Ed.), *Analyser les manuels scolaires : questions de méthode* (pp. 33-50). Presses Universitaires de Rennes.

Denizot, N. (2016). Le manuel scolaire, un terrain de recherches en didactique ? L'exemple des corpus scolaires. *Le français aujourd'hui, 194*, 35-44.

Denizot, N. (2019). Quels statuts génériques pour la lettre et l'épistolaire dans l'enseignement secondaire français (1880-1970) ? In N. Denizot & C. Ronveaux (Ed.), *La lettre enseignée. Perspective historique et comparaison européenne* (pp. 15-28). Grenoble : UGA.

Denizot, N. (2021). *La culture scolaire : perspectives didactiques*. Presses Universitaires de Bordeaux.

Fraisse, É. (1997). *Les anthologies en France*. PUF.

Jey, M. (1998). *La littérature au lycée : Invention d'une discipline (1880-1925)*. Université de Metz.

Jey, M. (2015). La transmission des textes : la culture scolaire. In C. Masseron, J.-M. Privat & Y. Reuter (Ed.), *Littérature, linguistique et didactique du français* (pp. 117-124). Presses du Septentrion.

Jey, M. (2020). Montaigne. Regards croisés de René Doumic, de Gustave Lanson et de Ferdinand Brunetière. In : J.-C. Monferran et H. Védrine (Ed.), *Le XIXe siècle, lecteur du XVIe siècle* (pp. 185-203). Classiques Garnier.

Kuentz, P. (1972). L'envers du texte. *Littérature, 7*, 3-26.

Lejeune, P. (1975/1996). *Le pacte autobiographique* (nouvelle édition augmentée). Seuil.

Perret-Truchot, L. (Ed.) (2015). *Analyser les manuels. Questions de méthodes*. Presses Universitaires de Rennes.

Perret, L. (2019). La correspondance comme genre scolaire : le cas de Voltaire et des épistolières du XVIIIe siècle. In N. Denizot & C. Ronveaux (Ed.), *La lettre enseignée. Perspective historique et comparaison européenne* (pp. 29–44). UGA.

Savaton, P. (2005). Place des manuels scolaires dans les travaux de recherche français en didactique des SVT. Analyse d'un corpus de thèses. In É. Bruillard (Ed.), *Manuels scolaires, regards croisés* (pp. 203–219). CRDP de Basse-Normandie.

Schneuwly, B. & Hofstetter, R. (2017). Forme scolaire, un concept trop séduisant ? In A. Dias-Chiaruttini & C. Cohen-Azria (Ed.), *Théories-didactiques de la lecture et de l'écriture* (pp. 153–167). Presses universitaires du Septentrion.

Seguy, J.-Y. (2018). *Variations autour de la « forme scolaire ». Mélanges offerts à André D. Robert*. Presses universitaires de Nancy/Éditions universitaires de Lorraine.

Starobinski, J. (1982). *Montaigne en mouvement*. Gallimard.

Vincent, G. (1980). *L'école primaire française. Étude sociologique*. Presses universitaires de Lyon / Éditions de la Maison des Sciences de l'homme.

Renaud d'Enfert

Les manuels scolaires et l'histoire des disciplines : enjeux et problèmes

L'objectif de cette contribution est double. D'une part, et ce sera l'objet de la première partie, elle vise à interroger la contribution des manuels scolaires (et de leurs auteurs) à la fabrication des normes disciplinaires, mais aussi à leur renouvellement ou à leur transgression. Car si les manuels « contribuent à fixer, rigidifier les savoirs à transmettre », ils représentent également pour leurs auteurs un « espace de liberté » qui permet « de transgresser ces normes et de promouvoir des contenus alternatifs » (Gispert, 2008, p. 260). D'autre part, alors que bien souvent l'histoire des manuels scolaires se concentre exclusivement sur leurs contenus textuels, elle se veut une invitation à porter davantage l'attention sur ces acteurs essentiels de la fabrication des normes disciplinaires que sont les auteurs de manuels, dans une perspective d'histoire sociale – et pas seulement culturelle – des disciplines (Cardon-Quint & d'Enfert, 2017)[1]. Aussi la deuxième partie de cette contribution s'attachera-t-elle à montrer à la fois les enjeux et les bénéfices d'une telle approche. Pour cela, on s'appuiera à chaque fois sur des exemples ou des travaux relevant essentiellement de l'histoire de l'enseignement des mathématiques.

Manuels scolaires et normes disciplinaires : l'exemple de la règle de trois au 19ᵉ siècle

On voudrait donc, dans cette première partie, montrer dans quelle mesure les manuels scolaires peuvent contribuer à enraciner dans la culture scolaire (voire dans la culture « tout court ») des notions, des méthodes, des pratiques d'enseignement, avant que celles-ci ne se retrouvent explicitement inscrites dans les programmes d'enseignement ou dans les recommandations officielles, et ne deviennent ainsi des « normes prescrites »[2]. Il s'agit également de montrer que,

---

1 Sur l'articulation entre histoire des manuels et histoire des disciplines, voir (Viñao, 2010, pp. 85–86).
2 De même que l'on distingue classiquement curriculum prescrit et curriculum réel, il convient selon nous de différencier « normes prescrites » et « normes réelles » : si les premières renvoient plutôt aux textes prescriptifs (à commencer par les programmes officiels), les secondes renvoient davantage aux pratiques enseignantes et aux usages

dans ce processus d'enracinement, les manuels scolaires ne sont pas seuls, et qu'ils participent d'un mécanisme bien plus large de légitimation et d'imposition des normes disciplinaires. Pour cela, on s'appuiera sur un exemple puisé dans l'histoire de l'enseignement de l'arithmétique, en examinant la façon dont, au cours du 19ᵉ siècle, les manuels scolaires ont contribué à imposer une nouvelle méthode de résolution des problèmes de règle de trois, dite « méthode de réduction à l'unité », jusqu'à son institutionnalisation dans les programmes d'enseignement.

Selon une définition assez largement partagée au 19ᵉ siècle, la règle de trois est une « opération par laquelle on trouve le quatrième terme d'une proportion dont les trois premiers sont connus » (Etevenard, 1801, p. 126)³. Ainsi, la recherche du prix de 18 mètres de drap sachant que 12 mètres ont coûté 60 francs relève-t-elle de la règle de trois. Mais alors que, traditionnellement, ce type de problème était résolu au moyen de la théorie des proportions en écrivant une égalité de rapports (12/18 = 60/ x, d'où x = 18×60/12), la méthode de réduction à l'unité revient dans cet exemple à calculer le prix d'un mètre de drap et à en déduire le prix de 18 mètres. Pour ses promoteurs, cette méthode présente de nombreux avantages puisque seule la connaissance des quatre opérations de l'arithmétique et un raisonnement élémentaire sont requis. Ainsi, pour le mathématicien Antoine-André-Louis Reynaud qui en revendique la paternité (il l'aurait inventée en 1800), « la simplicité et la clarté de cette méthode la mettent à la portée des personnes les moins intelligentes » (1810, pp. xxxvi–xxxvii). C'est précisément pour cette simplicité, mais aussi parce qu'elle permet de faire raisonner les élèves sur des problèmes d'arithmétique (et corrélativement de se départir d'un emploi jugé trop machinal du calcul des proportions), que la méthode de l'unité va être largement promue et diffusée dans l'enseignement primaire tel qu'il est conçu et mis en place au 19ᵉ siècle, notamment dans les manuels scolaires où elle va s'imposer comme une norme disciplinaire quasi-incontournable avant même de figurer explicitement dans les programmes. Mais il s'agit

---

effectifs sur le terrain des classes. À bien des égards, les manuels scolaires se situent entre ces deux pôles. D'un côté, ils s'attachent, de façon plus ou moins rigoureuse, à décliner les programmes officiels ; de l'autre, ils entérinent, au moins en partie, des pratiques d'enseignement déjà plus ou moins répandues, et ce d'autant plus qu'ils sont bien souvent issus d'une expérience didactique effective (Chervel, 2008, pp. 771–775). Pour Lebeaume, les manuels scolaires « ne correspondent ni au curriculum formel ou prescrit, ni au curriculum réel ou effectif, mais au curriculum proposé ou potentiel » (Lebeaume, 2015, p. 131).

3   Voir également, à titre d'exemple, le *Cours d'arithmétique* de Mutel (1832, p. 136).

bien davantage d'une norme scolaire que d'une norme savante, dans la mesure où elle fabriquée par l'école et pour l'école.

À lire les seuls textes officiels (programmes, circulaires et instructions, etc.), la méthode de réduction à l'unité n'aurait été introduite dans l'enseignement que dans la seconde moitié du 19ᵉ siècle : en 1852 dans l'enseignement secondaire (classe de quatrième), lors de la réforme Fortoul dite « de la bifurcation » ; et au tournant des années 1860-1870 dans l'enseignement primaire, pour les élèves en fin de cursus (cours supérieur ou troisième division), d'abord à Paris (1868) puis au niveau national (1871, 1882) (d'Enfert, 2003)[4]. Pourtant, elle semble déjà bien pratiquée au début des années 1860, si l'on en croit un rapport d'inspection pour le département de l'Eure-et-Loir : « La méthode de réduction à l'unité est devenue aujourd'hui un instrument que les élèves de nos bonnes écoles [primaires] savent tous manier avec intelligence »[5]. Lors de l'exposition universelle de 1862, elle est d'ailleurs présentée comme la principale innovation survenue en matière d'enseignement de l'arithmétique :

> L'arithmétique n'a pas vu se produire, dans ces derniers temps, d'ouvrages de nature à faire faire des pas à l'enseignement. [...] C'est donc seulement par les détails que les traités d'arithmétique pourraient différer les uns des autres. Cependant, ceux qui savent combien les détails ont de l'importance dans l'enseignement, ne pensent pas qu'on doive désespérer d'améliorer nos méthodes. On en voit une preuve dans l'heureuse influence qu'a eue dans l'enseignement l'introduction de la méthode dite de réduction à l'unité [...]. Depuis l'adoption presque générale de cette méthode, il ne s'est pas fait de progrès saillant dans l'enseignement de l'arithmétique (Chevalier, 1862, pp. 66-67).

De fait, un rapide survol des manuels scolaires publiés au cours du 19ᵉ siècle rend compte d'une toute autre chronologie que celle fournie par la lecture des textes officiels : si, sans surprise, on retrouve dès le début du siècle la méthode de réduction à l'unité dans les manuels publiés par son « inventeur » (Reynaud, 1821), il apparaît également que, à partir des années 1820, celle-ci est progressivement intégrée dans de nombreux manuels d'arithmétique dédiés à l'enseignement primaire, sans forcément d'ailleurs être nommée comme telle. Souvent présentée comme une alternative à l'emploi des proportions, on la rencontre ainsi en 1823 dans l'*Arithmétique des campagnes à l'usage des écoles primaires*,

---

4 La méthode de réduction à l'unité est évoquée dans une instruction de 1855 relative au brevet de capacité primaire, mais ce texte n'a pas de caractère prescriptif (d'Enfert, 2003, p. 143).
5 Archives nationales, F/17/9219 : Rapports généraux sur l'enseignement primaire. Académie de Paris, 1859-1860.

« pour l'enseignement élémentaire dans les départements de la Moselle et des Ardennes » (Anonyme, 1823), en 1831 dans l'*Arithmétique des écoles primaires* de Claude-Lucien Bergery (1831, p. 112), en 1834 dans des *Éléments d'arithmétique ancienne et décimale* publiés anonymement (1834, pp. 162–163), en 1836 dans les *Leçons élémentaires d'arithmétique* d'un certain J.-J. Baget (1836, pp. 218–219), en 1843 dans un *Petit cours d'arithmétique élémentaire* composé par un instituteur, ancien élève de l'école normale de la Somme (Pauchet-Court, 1843, p. 88), etc. On pourrait poursuivre l'énumération en citant par exemple les *Éléments d'arithmétique théorique* d'Eugène-Auguste Tarnier (1853, p. 175), un best-seller publié sous le Second Empire, et ainsi de suite.

Ce rapide inventaire, absolument pas systématique puisqu'il est seulement fondé sur l'examen d'un petit ensemble de manuels facilement consultables sur internet, rend compte d'une dynamique éditoriale qu'il faudrait à l'évidence mieux documenter. D'abord, en essayant de la quantifier, afin de voir dans quelle mesure et à quel rythme les manuels qui intègrent la méthode de réduction à l'unité occupent une place croissante – puis éventuellement hégémonique – dans l'offre éditoriale globale du 19e siècle. Ensuite, en regardant dans quelle mesure ces mêmes manuels obtiennent l'approbation des instances officielles, soit localement (c'est le cas du manuel de Baget, « agréé » par le recteur de l'académie d'Amiens), soit nationalement en s'appuyant par exemple, pour la période antérieure à 1850, sur les listes des ouvrages autorisés dans l'instruction primaire par le ministère de l'Instruction publique[6].

Il reste que les manuels scolaires ne sont pas les seuls vecteurs de la popularisation et de la légitimation de la méthode de réduction à l'unité. On observe en effet un mouvement plus large, qui se déploie à travers divers canaux éditoriaux et ne se réduit donc pas à celui des manuels, même si ces canaux sont largement interdépendants. Les personnels d'inspection forment ainsi un premier canal, que ce soit par le biais des inspections elles-mêmes ou par celui des conférences pédagogiques qui fleurissent sous la monarchie de Juillet. C'est ainsi qu'en 1841, l'inspecteur primaire du Finistère indique au recteur de son académie que lors des conférences pédagogiques tenues à Quimper cette année-là, il a « fait ressortir, par de nombreuses applications, tout l'avantage de la méthode de l'unité encore trop peu répandue »[7]. La presse pédagogique

---

6 Voir notamment (Ministère de l'Instruction publique, 1851). Pour les années 1880 et suivantes, on peut notamment consulter les listes départementales élaborées avec la participation des instituteurs en vertu de l'arrêté du 16 juin 1880.

7 Archives nationales, F/17/11621 : Conférences d'instituteurs primaires, 1837–1841. Voir d'Enfert (2003, pp. 109–110).

constitue un autre vecteur de diffusion, en publiant des problèmes résolus employant cette méthode ou des articles qui lui sont spécialement consacrés, comme on l'observe dans les principaux journaux d'instituteurs du 19ᵉ siècle (J.F.A., 1842 ; Sonnet, 1837 ; L.E.F., 1877, 1878). Mais il faut aussi compter avec les publications extra-scolaires, comme par exemple les grands dictionnaires de la seconde moitié du 19ᵉ siècle, qui font entrer des notions a priori « scolaires » dans un espace social plus large que le seul espace de la classe. C'est ainsi que le *Grand dictionnaire universel* de Pierre Larousse (1866-1877, t. 13, pp. 856-857) consacre une partie de son article « Règle » à la règle de trois, dans laquelle la méthode de réduction à l'unité est présentée concurremment à celle employant le calcul des proportions, à l'instar d'ailleurs de ce que l'on peut observer dans certains manuels.

À partir des années 1870, la méthode de réduction à l'unité (y compris dans sa présentation formelle) va ainsi devenir la norme pour la résolution des problèmes relevant de la règle de trois, à l'école primaire comme dans les petites classes du secondaire, et ce d'autant qu'elle est désormais officiellement prescrite. On la retrouve notamment dans les best-sellers de la Troisième République, comme les manuels d'arithmétique de Pierre Leyssenne (1875, p. 241) qui totalisent 6 millions d'exemplaires vendus en 1892, 15 millions en 1920 (Mollier, 1993). Si bien qu'au 20ᵉ siècle, il n'est même plus besoin de la nommer, tant dans les manuels que dans les programmes scolaires, car elle est assimilée à la règle de trois elle-même. Son emploi, bien que régulièrement critiqué car jugé trop machinal, restera la norme jusqu'à la réforme des mathématiques modernes qui lui substitue au tournant des années 1960-1970 les « tableaux de proportionnalité » (d'Enfert, 2015a).

L'exemple de l'introduction la méthode de réduction à l'unité témoigne ainsi de la manière dont les manuels scolaires peuvent contribuer à la fabrication et à l'imposition d'une nouvelle norme disciplinaire, préalablement à son officialisation par les programmes. Si ce phénomène peut paraître assez ponctuel puisqu'il ne porte que sur un chapitre particulier de l'enseignement de l'arithmétique, il n'en a pas moins marqué des générations d'élèves (puis d'adultes) pendant près de deux siècles. D'autres tentatives de renouvellement des normes disciplinaires, *via* les manuels scolaires, n'ont pas connu la même fortune, peut-être justement parce qu'elles proposaient des changements beaucoup plus globaux et radicaux, comme avec ces manuels de géométrie qui parurent dans le sillage de la réforme de l'enseignement secondaire (masculin) des mathématiques de 1902-1905 en cherchant à rompre avec l'enseignement classique de la géométrie, issu de la tradition d'Euclide (Domage, 2013).

L'étude de la contribution des manuels scolaires à la fabrication et à l'évolution des normes disciplinaires ne doit toutefois pas éclipser ceux qui en sont les principaux artisans, à savoir les auteurs.

Manuels scolaires et histoire des disciplines : se tourner vers les auteurs

Dans un article paru récemment, Radtka citait judicieusement le journal *Tintin* présentant en 1958 les manuels scolaires et leurs auteurs : « Ces livres, ce sont aussi des hommes » (2017a, p. 59). Pourtant, force est de constater que les recherches sur les manuels scolaires n'accordent guère de place à ces acteurs centraux de la production des disciplines scolaires que sont les auteurs de manuels. Un rapide examen des titres recensés dans la Bibliographie d'histoire de l'éducation française suggère en effet que, sur la période 1990-2014, la quasi-totalité des recherches relevant de l'histoire des manuels scolaires porte sur leurs contenus, tandis qu'une petite minorité seulement (environ 5 %) est consacrée à leurs auteurs[8]. Aussi, alors que l'histoire des disciplines scolaires porte aujourd'hui un intérêt croissant pour les acteurs de leur fabrication (Cardon-Quint & d'Enfert, 2014, 2017), on voudrait montrer dans cette deuxième partie, à partir d'exemples puisés dans l'histoire de l'enseignement mathématique, les potentialités d'une histoire des manuels scolaires qui considèrent ceux-ci, non pas seulement comme des objets textuels mais aussi comme des productions humaines, et l'intérêt qu'il y a à en étudier les auteurs[9].

Il faut en effet voir les manuels scolaires comme le fruit d'une entreprise *a priori* créative de la part de leurs auteurs. En effet, l'objectif d'un manuel scolaire n'est guère différent de celui d'un traité savant, qui est d'exposer « d'une manière systématique un sujet ou un ensemble de sujets concernant une matière » (*Le Petit Robert*, cité par Armatte, 1991, p. 163)[10]. Composer un manuel scolaire, aussi élémentaire soit-il, c'est rassembler, classer, sélectionner, ordonner un certain nombre de connaissances pour les mettre à disposition d'un public déterminé. Chaque manuel scolaire résulte ainsi d'un travail de synthèse et de mise en ordre qui conjugue parti pris épistémologique et intentions didactiques et

---

8 Recensement effectué sur la base des 401 titres répertoriés à l'aide du mot-clef « Manuel scolaire ». La Bibliographie d'histoire de l'éducation française est consultable sur le site http://bhef.ish-lyon.cnrs.fr/.

9 Cette deuxième partie reprend les idées développées initialement dans d'Enfert (2012) et partiellement publiées dans d'Enfert (2014).

10 Voir aussi Bensaude-Vincent, Garcia Belmar & Bartomeu Sanchez (2003, p. 5).

dont dépend la nature des contenus comme l'ordre de leur exposition. Il constitue à ce titre une production originale, avec ses spécificités propres, même s'il peut exister des ressemblances, parfois nombreuses, avec les ouvrages concurrents. Notons d'ailleurs que, bien souvent, les auteurs eux-mêmes indiquent dans leurs préfaces, non sans rhétorique, avoir cherché à innover ou même à faire œuvre originale, ce dont témoignent titres et préfaces. Il en va ainsi, par exemple, de Pierre Leyssenne, qui explique que sa *Première année d'arithmétique* « n'est pas une simple réédition des ouvrages analogues » : « nous nous sommes inspirés, en la composant, des besoins réels de l'enseignement élémentaire, et nous avons essayé d'introduire dans les méthodes actuelles les améliorations que nous avons souvent entendu réclamer » (1883, préface). L'enjeu consiste alors à voir dans quelle mesure et de quelle façon les auteurs mettent effectivement en œuvre leur volonté de faire du neuf, et s'émancipent (ou non) des normes disciplinaires dominantes en proposant des contenus et des approches renouvelés, compte tenu des divers impératifs auxquels ils sont soumis, depuis le respect des programmes d'enseignement ou d'examen jusqu'aux exigences de l'éditeur.

Mais on n'analyse pas avec le même regard un manuel d'arithmétique pour l'école primaire (ou pour l'enseignement secondaire) selon qu'il a été composé par un instituteur ou un professeur agrégé, un universitaire ou un ingénieur. Aussi convient-il, au-delà de l'analyse textuelle même fortement contextualisée, d'identifier et de caractériser les auteurs de manuels scolaires et d'expliquer ce qui les a conduits à publier de tels ouvrages. Ainsi, il semble pertinent de s'intéresser à leur parcours de formation, à leur(s) activité(s) professionnelle(s), à leur(s) domaine(s) de spécialité, aux réseaux de sociabilité savante ou professionnelle dans lesquels ils s'insèrent. Et s'il s'avère que la plupart des auteurs de manuels scolaires sont des enseignants, ceux-ci ne forment pas pour autant un groupe homogène, tant par la nature de la formation disciplinaire qu'ils ont reçue, que par les établissements où ils exercent ou les matières qu'ils enseignent. Il ne fait guère de doute, par exemple, qu'un enseignant formé au sein de l'ordre primaire au 19e siècle et dans la première moitié du 20e (école normale primaire puis, éventuellement, école normale supérieure d'enseignement primaire de Saint-Cloud ou Fontenay) n'a pas exactement la même culture disciplinaire (avec ses savoirs, ses savoir-faire, ses pratiques, ses habitudes de travail, ses représentations) qu'un autre passé par le lycée puis par une faculté ou l'École normale supérieure. De même, certains auteurs peuvent exercer dans plusieurs types d'établissements scolaires à la fois, à l'instar Gabriel-Frédéric Olivier, régent de mathématiques au collège de Troyes qui, au milieu de la décennie 1830, enseigne également à l'école primaire supérieure (annexée au collège) et à l'école normale d'instituteurs de la ville[11]. Il arrive également que des auteurs mènent parallèlement plusieurs activités professionnelles, comme Jean-Émile Rabineau (1847), à la fois architecte-voyer et professeur de mathématiques à l'école d'apprentis de la Société industrielle de Nantes dans les années 1840. Notons qu'il n'est en rien nécessaire d'être enseignant pour publier un manuel scolaire : l'imprimeur-libraire lillois Simon-François Blocquel est ainsi l'auteur de divers ouvrages « à l'usage des écoles » (ou des pensionnats), parmi lesquels des *Leçons de géographie* (Buqcellos, 1824) et un *Abrégé d'arithmétique décimale* (S..., 1839)[12].

Quoiqu'il en soit, le fait qu'un auteur soit un enseignant de telle ou telle filière du système scolaire ne préjuge en rien de la nature des publics visés par ses manuels : nombreux sont les enseignants de mathématiques exerçant dans le secondaire qui publient des manuels pour l'instruction primaire, à l'instar de J.-J. Baget, rencontré plus haut. De même, jusqu'aux années 1880 au moins, les rares manuels d'arithmétique publiés spécifiquement pour les écoles de filles sont bien plus souvent rédigés par des enseignants que par des enseignantes[13]. Certains auteurs s'adressent d'ailleurs à des publics variés, transgressant les frontières institutionnelles qui séparent les différentes filières scolaires, comme G.-F. Olivier, déjà cité, dont le cours de mathématiques est « à l'usage des collèges, des maisons d'éducation et des écoles industrielles »[14], ou encore Théodore Dieu, professeur à Lyon, qui publie en 1852 des *Éléments d'arithmétique* « pour l'enseignement secondaire et l'enseignement primaire ». On pourrait multiplier les exemples.

Par ailleurs, et alors que l'on tient généralement pour acquis que les enseignants sont des « spécialistes » de leur discipline, il faut avoir à l'esprit qu'il existe toute une gamme d'auteurs qui sont en réalité des enseignants bi- ou polyvalents. Il en va ainsi des instituteurs, bien sûr, mais aussi de nombre d'enseignants exerçant dans les filières post-élémentaires : collèges communaux, établissements secondaires de jeunes filles, écoles primaires supérieures, écoles techniques ou professionnelles, etc.[15]. À ce titre, un auteur peut donc très bien

---

11 *Journal général de l'Instruction publique*, vol. 7, n° 138, 10 novembre 1838, p. 946. Sur l'enseignement des mathématiques à Troyes, voir d'Enfert (2015b).
12 Voir Verdier (2020).
13 Estimation effectuée à partir du catalogue général en ligne de la Bibliothèque nationale de France.
14 *Journal général de l'Instruction publique*, vol. 7, n° 138, 10 novembre 1838, p. 946.
15 Notons qu'il existe encore aujourd'hui, dans l'enseignement du second degré français, des enseignants bivalents : professeurs d'enseignement général des collèges (le corps est en extinction), professeurs des matières générales des lycées professionnels.

publier des manuels dans plusieurs domaines disciplinaires. Parallèlement à son cours de mathématiques, G.-F. Olivier fait ainsi paraître, en français et en latin, des *Thêmes sur la physique, ou Cours de physique amusant et instructif renfermant l'explication des phénomènes les plus curieux de la nature* (1825). On peut alors se demander dans quelle mesure le fait d'enseigner à la fois deux disciplines distinctes mais néanmoins connexes, comme par les mathématiques et les sciences physiques, influe sur la façon de concevoir chacune d'entre elles (par exemple en ce qui concerne le caractère inductif ou déductif de l'enseignement des mathématiques) et peut avoir des répercussions concrètes sur les manuels que publient de tels auteurs.

Au-delà de la caractérisation des auteurs, il convient également de cerner les circonstances qui les ont amenés à publier des manuels scolaires. De même que nombre d'auteurs sont des enseignants, bien des manuels sont issus d'une expérience didactique effective, ce dont témoignent parfois leur titre ou leur préface. Par exemple, E. Guichemerre publie en 1846 un *Cours d'arithmétique élémentaire fait au collège de Laon*. De son côté, Joseph-Théodore Delandre, un instituteur dans la Seine-et-Marne, débute son *Arithmétique proprement dite* en expliquant son origine :

> Après avoir suivi différentes arithmétiques très renommées, et particulièrement celle de M. Bourdon, à laquelle je me suis toujours attaché par goût, comme étant une des plus judicieuses, je ne crus pas mieux faire que de suivre en grande partie cette dernière, pour former une *nouvelle Méthode d'enseigner l'arithmétique décimale*. Cette *Méthode*, ayant été fructifiante à mes élèves, ou ayant parfaitement rempli mes espérances, j'ai pris la résolution de la faire imprimer, afin qu'elle puisse être plus répandue, et qu'elle remplisse par conséquent le but que je me suis proposé : celui d'être utile au public (Delandre, 1841, p. vi, souligné dans le texte).

C'est cette expérience didactique qu'il s'agit alors de documenter et d'analyser pour saisir, dans toute sa complexité – et au-delà des seules indications fournies par les auteurs eux-mêmes –, le contexte d'élaboration de ce qui fait la matière du manuel et en comprendre la genèse, en ayant néanmoins à l'esprit qu'il peut exister, comme l'a noté Ehrhardt (2009), des décalages en termes de contenus comme en termes d'approche entre l'ouvrage publié et l'enseignement réellement dispensé.

Il faut également prendre en compte le fait que l'activité éditoriale d'un auteur ne se limite pas nécessairement aux manuels scolaires. Celle-ci peut également se déployer à travers d'autres types de supports, comme les journaux pédagogiques ou scientifiques, ou encore les bulletins de sociétés savantes ou d'associations professionnelles. Au 19e siècle, par exemple, les rédacteurs des principaux journaux d'instituteurs, comme le *Manuel général de l'instruction primaire* ou le *Journal des instituteurs*, sont très souvent des enseignants auteurs de manuels scolaires. Ils y proposent aussi bien des exercices « à l'usage de la classe » que des articles « de fond » touchant aux contenus disciplinaires et à leur pédagogie. Certains, comme le professeur de lycée Emile Burat, y publient même, numéro après numéro, des séries de leçons sous forme de « cours complet », que l'on peut ensuite retrouver rassemblées dans son ouvrage *Cours d'arithmétique élémentaire, à l'usage des écoles primaires et des classes de grammaire des lycées et collèges élémentaire* (1874). Au-delà des revues périodiques, les auteurs de manuels peuvent encore trouver matière à publication dans diverses formes éditoriales : rapports (Ehrhardt & d'Enfert, 2019), encyclopédies, dictionnaires, etc., l'exemple probablement le plus emblématique étant le *Dictionnaire de pédagogie et d'instruction primaire* de Ferdinand Buisson, auquel ont contribué de nombreux auteurs de manuels scolaires (Dubois, 2000). Il n'est pas rare non plus que les auteurs de manuels publient des écrits non disciplinaires, voire non scolaires, en lien avec d'autres types d'engagements, politiques par exemple (Leyssenne, 1869). Il y a donc là, pour chaque auteur, tout un réseau de textes et toute une dynamique éditoriale à reconstituer, au sein desquels les manuels scolaires prennent alors tout leur sens.

Enfin, publier un manuel scolaire est un acte rarement désintéressé. Outre d'éventuels émoluments, les auteurs peuvent aussi en retirer des bénéfices en termes de carrière ou de reconnaissance sociale ou intellectuelle. Le nombre de tirages ou de rééditions, les recommandations par les instances hiérarchiques locales ou nationales, les recensions publiées dans la presse pédagogique mais aussi scientifique, ou tout simplement les citations dont ils font l'objet, constituent à cet égard de bons outils pour évaluer le rayonnement des auteurs et la notoriété qu'ils retirent de leur production scolaire. De même, on peut se demander dans quelle mesure leur appartenance à des sociétés savantes, philanthropiques (comme la Société pour l'instruction élémentaire) ou professionnelles (comme les associations de spécialistes pour ce qui est du 20e siècle) participe aussi de la construction de cette notoriété.

Conclusion

Étudier les auteurs impose d'examiner d'autres sources que les seuls manuels scolaires : archives des établissements d'exercice et dossiers de carrière quand il s'agit d'enseignants, mais aussi correspondance et papiers personnels, sans oublier les journaux pédagogiques, professionnels ou savants, ou encore la presse locale. Certes, ces sources sont parfois difficiles d'accès et souvent dispersées. Mais divers travaux récents, dans le domaine de l'enseignement scientifique et notamment mathématique, montrent que la tâche n'est pas insurmontable et qu'elle peut s'avérer fructueuse. On pense par exemple au travail engagé par Legros et Moyon (2017) sur Pierre Leyssenne, ainsi qu'à ceux de Catherine Radtka sur le « tournant pédagogique » du mathématicien Albert Châtelet et son activité éditoriale, comme auteur et directeur de collection, aux éditions Bourrelier (2017b, 2018). Au-delà des études portant sur des auteurs particuliers, on observe également une tendance au développement d'études de nature prosopographique. Ainsi, dans son ouvrage sur les manuels d'arithmétique du 19ᵉ siècle pour l'école primaire, Legros (2019) consacre un long développement aux auteurs (y compris anonymes) de la soixantaine d'ouvrages constituant son corpus, qui montre la présence croissante des instituteurs jusqu'au Second Empire puis son déclin à la fin de celui-ci, les enseignants du secondaire connaissant dans le même temps une évolution inverse[16]. De son côté, Radtka (2017a) s'est attachée à identifier les auteurs des manuels de sciences pour l'enseignement « moyen » dans les années 1950 et a pu mettre en évidence des caractéristiques et des trajectoires professionnelles différenciées mais aussi des engagements disciplinaires distincts selon qu'il s'agit des sciences physiques ou des sciences naturelles.

Signalons également l'intérêt qu'il peut y avoir à étudier l'activité éditoriale des acteurs de l'enseignement à l'échelle locale, comme celle de la ville. Comme le souligne Norbert Verdier, « considérer l'offre locale d'enseignement permet de repérer des acteurs, individuels ou institutionnels, et de s'intéresser ainsi à leur éventuelle production éditoriale pas toujours facile à identifier par les sources usuelles des historiens du livre » (Verdier, 2020, p. 128). Le projet « Maths in Metz » sur l'enseignement et la recherche à Metz entre 1750 et 1870 a ainsi permis d'identifier et de caractériser nombre d'acteurs locaux, généralement enseignants, impliqués dans la production de manuels de mathématiques et de comprendre le contexte et les conditions de production de ces manuels (Bruneau & Rollet, 2017). « Publient-ils des articles ou des ouvrages et, s'ils le font, peut-on identifier une activité de publication lors de la période messine ? », s'est notamment interrogé Rollet à propos des enseignants du lycée de la ville (2017). Dans tous les cas, l'étude des auteurs de manuels scolaires, couplée à celle de leur production éditoriale et des conditions de cette production, permet d'« appréhender ce vivier d'auteurs que représente le monde des enseignants »

---

16 Sans doute une enquête prosopographique de grande ampleur, comme le suggère Moyon (2019), mériterait-elle d'être engagée pour confirmer et compléter ces premiers résultats.

et de faire apparaître des « petits auteurs » (et donc de « petits manuels ») bien souvent ignorés par l'historiographie (Verdier, 2020) mais aussi de saisir cet aspect encore trop peu étudié de leur activité professionnelle qu'est la réalisation de manuels scolaires. On peut dès lors espérer une meilleure connaissance du milieu enseignant, de ses savoirs, de ses pratiques et de ses capacités d'innovation.

Références bibliographiques

Manuels scolaires et publications du 19ᵉ siècle

Anonyme (1823). *Arithmétique des campagnes à l'usage des écoles primaires, ouvrage prescrit pour l'enseignement élémentaire dans les départements de la Moselle et des Ardennes*. Bachelier/Vve Thiel.

Anonyme (1834). *Elémens d'arithmétique ancienne et décimale contenant toutes les opérations du calcul, depuis l'addition jusques et compris les Règles de trois, et les opérations des fractions. Ouvrage rédigé sur un nouveau plan et suivi d'un abrégé de sténographie, ou l'art d'crire aussi vite que la parole, mis à la portée de tout le monde* [s.n.].

Baget, J.-J. (1836). *Leçons élémentaires d'arithmétique raisonnée, à l'usage des écoles primaires, des classes élémentaires et des aspirans aux brevets de capacité*. Lecointe/Hachette.

Bergery, C.-L. (1831). *Arithmétique des écoles primaires ou Leçons populaires sur le calcul*. P. Wittersheim.

Buqcellos [Blocquel, S.] (1824). *Leçons de géographie*. Delarue.

Burat, E. (1874). *Cours d'arithmétique élémentaire, à l'usage des écoles primaires et des classes de grammaire des lycées et collèges*. Belin.

Chevalier, M. (1862). *Exposition universelle de Londres de 1862. Rapports des membres de la section française du jury international publiés sous la direction de M. Michel Chevalier*. Tome 6. Imprimerie et librairie centrales des chemins de fer de Napoléon Chaix et Cie.

Delandre, J.-T. (1841). *Arithmétique proprement dite, ou les Quatre règles fondamentales de l'arithmétique décimale, théorique, pratique, à l'usage des écoles primaires*. F. Lhuillier.

Dieu, T. (1852). *Éléments d'arithmétique, rédigés suivant les nouveaux programmes pour l'enseignement secondaire et l'enseignement primaire*. Bachelier.

Etevenard, M. (1801). *Cours d'arithmétique à l'usage du commerce*. Ballanche et Barret.

Guichemerre, E. (1846). *Cours d'arithmétique élémentaire, fait au collège de Laon*. E. Maréchal.

J.F.A. (1842). Lettres à un instituteur sur la manière d'enseigner l'arithmétique, *Manuel général de l'instruction primaire*, 2(7), 197-202.

L.E.F. [Faucheux, Louis-Étienne] (1877-1878). De la résolution des problèmes en arithmétique. *Journal des instituteurs*, [1877] 49, 825-826 ; 50, 841-842 ; 51, 858-859 ; [1878] 1, 5-6 ; 3, 36-37 ; 4, 53-54.

Larousse, P. (1866-1877). *Grand dictionnaire universel du XIXe siècle*. Larousse.

Leyssenne, P. (1869). *Élections de 1869. Sentinelles, prenez garde à vous !* A. Le Chevallier.

Leyssenne, P. (1875). *La deuxième année d'arithmétique*. A. Colin.

Leyssenne, P. (1883). *La première année d'arithmétique (calcul écrit, calcul oral) : ouvrage destiné aux écoles primaires*. A. Colin (1re édition 1878).

Ministère de l'Instruction publique (1851). Liste officielle des ouvrages qui ont été autorisés depuis l'année 1802 jusqu'au 1er septembre 1850 pour le service de l'instruction primaire, avec indication de la date d'autorisation. *Bulletin administratif de l'instruction publique*, 2, 234-286.

Mutel, A. (1832). *Cours d'arithmétique à l'usage des aspirants à l'École polytechnique*. Périsse/Bachelier.

Olivier, G.-F. (1825). *Thèmes sur la physique, ou Cours de physique amusant et instructif ; renfermant l'explication des phénomènes les plus curieux de la nature*. Maire-Nyon.

Pauchet-Court, S. (1843). *Petit cours d'arithmétique élémentaire en 33 leçons, accompagné d'exercices pratiques de problèmes gradués*. Têtu/Caron-Vitet.

Rabineau, J.-E. (1847). *Arithmétique à l'usage de l'École industrielle de Nantes*. Vve C. Mellinet.

Reynaud, A.-A.-L. (1810). *Elémens d'algèbre, précédés d'une introduction à l'algèbre*. Courcier.

Reynaud, A.-A.-L. (1821). *Traité d'arithmétique à l'usage de la marine et de l'artillerie, par Bezout, avec des notes et des tables de logarithmes*. Vve Courcier, 1821.

S... [Blocquel, S.] (1839). *Abrégé d'arithmétique décimale : contenant toutes les opérations de calcul depuis l'addition jusques et compris les règles de trois et les opérations des fractions auquel on a joint des tableaux de réductions des mesures anciennes et nouvelles*. Moronval.

Sonnet, H. (1837). De l'emploi des proportions dans les problèmes d'arithmétique. *Manuel général de l'instruction primaire*, 11(4), 16-23.

Tarnier, E.-A. (1853). *Éléments d'arithmétique théorique* (2e édition). Hachette.

Bibliographie

Armatte, M. (1991). Une discipline dans tous ses états : la statistique à travers ses traités (1800-1914). *Revue de synthèse, 112(2)*, 161-206.

Bensaude-Vincent, B., Garcia Belmar, A. & Bartomeu Sanchez, J. R. (2003). *L'émergence d'une science des manuels : les livres de chimie en France (1789-1852)*. Éditions des Archives Contemporaines.

Bruneau, O. & Rollet, L. (Ed.) (2017). *Mathématiques et mathématiciens à Metz (1750-1870). Dynamiques de recherche et d'enseignement dans un espace local*. Éditions universitaires de Lorraine.

Cardon-Quint, C. & d'Enfert, R. (Ed.) (2014). Les associations de spécialistes : militantisme et identités professionnelles (XXe-XXIe siècle). *Histoire de l'éducation, 142*.

Cardon-Quint, C. & d'Enfert, R. (Ed.) (2017). L'histoire des disciplines scolaires : un champ de recherche en mutation. *Revue française de pédagogie, 199*.

Chervel, A. (2008). *Histoire de l'enseignement du français du XVIIe au XXe siècle*. Retz.

d'Enfert, R. (2003). *L'enseignement mathématique à l'école primaire, de la Révolution à nos jours. Textes officiels. Tome 1 : 1791-1914*. INRP.

d'Enfert, R. (2012). *Pour une histoire « par en bas » de l'enseignement des sciences (XIXe-XXe siècles) : le cas des mathématiques*. Mémoire d'habilitation à diriger des recherches. Université Paris-Sud.

d'Enfert, R. (2014). The history of mathematics education and textbooks in France in the 19th and 20th centuries. *History of Education and Children's Literature, 9(1)*, 17-26.

d'Enfert, R. (2015a). *L'enseignement mathématique à l'école primaire, de la Révolution à nos jours. Textes officiels. Tome 2 : 1915-2000*. Presses universitaires de Limoges.

d'Enfert, R. (2015b). Circulations mathématiques et offre locale d'enseignement : le cas de Troyes sous la Restauration et la monarchie de Juillet. *Philosophia Scientiae, 19(2)*, 79-94.

Domage, C.-M. (2013). *L'impact de la réforme de 1902 sur l'enseignement de la géométrie. Étude des manuels du premier cycle de l'enseignement secondaire (1902-1914)*. Mémoire de master 2. Université Paris 7 Diderot.

Dubois, P. (2000). Le *Dictionnaire* de F. Buisson et ses auteurs (1878-1887). *Histoire de l'éducation, 85*, 25-47.

Ehrhardt, C. (2009). L'identité sociale d'un mathématicien et enseignant : Sylvestre-François Lacroix (1765-1843). *Histoire de l'éducation*, *123*, 5-43.

Ehrhardt, C. & d'Enfert, R. (2019). The French Sub-Commission of the International Commission on Mathematical Instruction (1908-1914) : Mathematicians committed to the renewal of school mathematics. In A. Karp (Ed.), *National Subcommissions of ICMI and their Role in the Reform of Mathematics Education* (pp. 35-64). Springer.

Gispert, H. (2008). Traités et manuels : influences croisées des sphères sociales, scolaires et académiques dans les sciences. In L. Viennot (Ed.), *Didactique, épistémologie et histoire des sciences : Penser l'enseignement* (pp. 257-279). Presses universitaires de France.

Lebeaume, J. (2015). Les manuels scolaires : des sources particulières pour l'investigation curriculaire des enseignements scolaires. In L. Perret-Truchot (Ed.), *Analyser les manuels scolaires : questions de méthodes* (pp. 129-141). Presses universitaires de Rennes.

Legros, V. (2019). *Apprendre l'arithmétique dans les manuels au XIXe siècle*. Presses universitaires de Limoges.

Legros, V. & Moyon, M. (2017). Instruction arithmétique et éducation morale : un double projet chez Pierre Leyssenne. In R. d'Enfert, M. Moyon & W. R. Valente (Ed.), *Les mathématiques à l'école élémentaire (1880-1970) : études France-Brésil* (pp. 59-82). Presses universitaires de Limoges.

Mollier, J.-Y. (1993). Le manuel scolaire et la bibliothèque du peuple. *Romantisme*, *80*, 79-93.

Moyon, M. (2019). *Des savoirs en circulation : transmissions, appropriations, traductions en histoire des mathématiques*. Mémoire d'habilitation à diriger des recherches. Université de Limoges.

Radtka, C. (2017a). Écrire des manuels pour « une » discipline ? Les auteurs de manuels de sciences physiques et de sciences naturelles pour l'école moyenne dans la France des années 1950. *Revue française de pédagogie*, *199*, 59-80.

Radtka, C. (2017b). Renouveler l'enseignement des mathématiques au primaire dans les années 1930 en France : le Cours d'arithmétique Albert Châtelet aux éditions Bourrelier et son élaboration. In R. d'Enfert, M. Moyon & W. R. Valente (Ed.), *Les mathématiques à l'école élémentaire (1880-1970) : études France-Brésil* (pp. 167-185). Presses universitaires de Limoges.

Radtka, C. (2018). Aspects d'une trajectoire mathématique dans la France d'entre-deux-guerres : l'édition et le tournant pédagogique d'Albert Châtelet. *Philosophia Scientiæ*, *22(1)*, 143-161.

Rollet, L. (2017). Les enseignants de mathématiques du lycée de Metz (1804–1870). In O. Bruneau & L. Rollet (Ed.), *Mathématiques et mathématiciens à Metz (1750–1870). Dynamiques de recherche et d'enseignement dans un espace local* (pp. 231–281). Éditions universitaires de Lorraine.

Verdier, N. (2020). Offre locale en matière éditoriale : usages et publics de livres mathématiques dans la première moitié du XIXe siècle. In R. d'Enfert & V. Fonteneau, *L'offre locale d'enseignement scientifique et technique. Approches disciplinaires (18e–20e siècle)* (pp. 101–121). Éditions universitaires de Lorraine.

Viñao, A. (2010). Les disciplines scolaires dans l'historiographie européenne. Angleterre, France, Espagne. *Histoire de l'éducation*, *125*, 73–98.

Marie-France Rossignol

Romantisme et réalisme dans les manuels de français de seconde professionnelle (2009-2019)

La question de la « manuélisation » (Collinot & Petiot, 1998) de l'histoire littéraire au lycée professionnel (LP) mérite d'être étudiée à plus d'un titre. L'histoire littéraire, jusque-là hors champ des curricula de la filière professionnelle, s'est invitée dans les programmes de français de 2009 : les problématiques soulevées par sa transposition didactique pour le public des séries générales et technologiques touchent désormais les lycéens de baccalauréat professionnel, pour la plupart issus des classes populaires, peu familiers des exigences de la littératie scolaire (Bautier & Rayou, 2009) en général, et du patrimoine littéraire en particulier. En outre, dans un contexte où la discipline « français » en LP ne fait encore l'objet que de recherches émergentes (Belhadjin, De Peretti & Lopez, 2017 ; Lemarchand, 2017 ; Lopez & Sido, 2015 ; Rossignol, 2016), l'analyse des manuels en usage dans ce segment scolaire constitue une entrée privilégiée pour appréhender les configurations disciplinaires construites durant la décennie qui borne la réforme de 2009. Elle permet de marquer un point d'étape dans l'historiographie du français en LP, qui connaît une nouvelle évolution depuis la rentrée 2019 : avec la transformation de la filière professionnelle et la mise en place de nouveaux programmes de français, la place de l'histoire littéraire se trouve révisée, et l'usage des manuels numériques généralisé.

Notre enquête s'est intéressée plus précisément à deux mouvements littéraires du 19e siècle, le romantisme et le réalisme, incontournables sur la scène de la didactique historique (Bishop, 2013). Il était intéressant de retenir le réalisme, qui a partie liée avec l'histoire, et avec l'histoire de la littérature, discipline émergente au 19e qui a contribué à la légitimation des études littéraires (Thorel-Cailleteau, 1998). La reconnaissance de l'enseignement de la littérature en filière professionnelle nécessitait sans doute la caution de ce courant. Romantisme et réalisme se trouvent prescrits au niveau seconde, ce qui permet de regarder les modes d'acculturation des savoirs littéraires en LP dès la première année du cursus du baccalauréat professionnel. Nous avons émis l'hypothèse que ces connaissances requéraient dans les manuels une configuration particulière afin d'en favoriser l'accès à un public majoritairement issu des classes populaires, peu connivent avec la littérature patrimoniale, et de guider des pratiques enseignantes encore peu expertes. Un corpus regroupant les dernières éditions des manuels disponibles dans l'offre éditoriale, publiées entre 2009 et 2017, a été réuni pour interroger comment, conformément aux instructions de 2009, leurs discours didactiques ont incorporé les savoirs et pratiques littéraires liés à ces deux mouvements.

Après avoir fourni quelques éléments contextuels sur l'enseignement de l'histoire et de la lecture littéraires, et sur la place des manuels scolaires en LP, nous présenterons les enjeux, le corpus, la méthodologie et les principaux résultats de la recherche. Deux objets sont privilégiés : la manière dont le discours auctorial explicite sélectionne et met en scène les notions littéraires dans le texte du savoir ; la mise au jour du discours implicite que véhiculent l'offre et les activités de lecture ainsi que les activités connexes d'écriture-langue, d'oral et d'histoire des arts. Les observations conduisent à dégager les singularités de la « manuélisation » des courants romantique et réaliste en LP ainsi que les conceptions de la littérature et de son enseignement qui les sous-tendent.

Se saisir de l'histoire littéraire au lycée professionnel : le rôle des manuels

Les manuels constituent une « source essentielle pour saisir les différents états de la discipline 'français' » (Lopez, 2017, p. 16), retracer son historiographie ainsi que les évolutions du champ didactique. Les travaux universitaires qui se sont emparés des manuels de la filière professionnelle (Lemarchand, 2017 ; Lopez, 2017)[1] restent rares. Cette entrée permet pourtant d'appréhender la spécificité du français dans ce segment scolaire.

L'avènement de l'histoire littéraire au LP

Deux formes de disciplinarisation du français et de scolarisation de la littérature dans le secondaire se distinguent globalement entre la fin du 19ᵉ siècle et 1960 : pour la voie générale, un enseignement des lettres traditionnellement destiné à former des élites, auréolé de prestige, relevant d'une connivence lettrée longtemps éloignée de toute finalité utilitaire ; pour la filière professionnelle, une discipline dominée dans un cursus majoritairement voué aux spécialités professionnelles, visant, sur le modèle de l'école primaire, la formation de

---

1 Lopez a étudié les manuels en usage dans les centres d'apprentissage de 1950 à 1960. Lemarchand a mené une étude de cas sur *L'étranger* de Camus, œuvre la plus étudiée dans les manuels de baccalauréat professionnel.

l'homme, du citoyen, et du travailleur. Le français offre la fréquentation d'écrivains inscrits au répertoire de la culture ouvrière, et familiarise les élèves avec les auteurs du patrimoine littéraire classique dans le but de les doter d'une certaine culture générale (Belhadjin, De Peretti & Lopez, 2017, p. 10). Cependant, l'enseignement de la littérature et de l'histoire littéraire ne figure pas dans les plans d'étude.

L'institution du baccalauréat professionnel en 1985 marque un rapprochement du LP avec les lycées des autres séries qui se traduit dans les programmes de français de 2009. Les curricula sont rénovés en profondeur : émancipant la discipline de l'objectif jusque-là prépondérant de former au métier, les instructions renforcent la place de la littérature et invitent à en penser les modes d'enseignement. Mouvements, genres, registres et périodes littéraires se trouvent explicitement mentionnés. Trois objets d'étude sont introduits pour chaque niveau, déclinés en « capacités », « connaissances » et « attitudes ». Le domaine « connaissances » articule champ littéraire et champ linguistique. Cinq périodes d'histoire littéraire sont prescrites en seconde, dont le romantisme et le réalisme. Leur inscription dans le même objet d'étude, « Parcours de personnages »[2], fait écho à deux objets d'étude du programme de seconde générale et technologique[3].

Les textes officiels se trouvent assortis de copieux documents d'accompagnement à destination des professeurs[4]. L'enseignement de la littérature constitue une nouveauté pour un public d'élèves majoritairement éloignés des réquisits de la culture scolaire (Bonnéry, 2007), mais également pour les enseignants. Dans la filière professionnelle, le français, avec la création après-guerre du Certificat d'Aptitude au Professorat de Lycée Professionnel (CAPLP), est assuré par des

---

2   Cet objet d'étude fait l'objet de trois questions : *Les héros littéraires d'hier sont-ils les héros d'aujourd'hui ? En quoi l'histoire du personnage étudié, ses aventures, son évolution aident-elles le lecteur à se construire ? Les valeurs qu'incarne le personnage étudié, ses aventures sont-elles celles de l'auteur, celles d'une époque ?*

3   Il s'agit des objets d'étude « Le roman et la nouvelle au 19e siècle : réalisme et naturalisme » et « La poésie du 19e au 20e siècle : du romantisme au surréalisme ». La coïncidence avec « Parcours de personnages » n'est que le signe apparent d'une modélisation sur l'enseignement général puisque certains objets d'étude en LP restent inscrits dans le domaine sociétal, telle « Construction de l'information » (Belhadjin, De Perretti & Lopez, 2017).

4   « L'objet d'étude 'Parcours de personnages' vise à construire les notions de personnage, de héros et d'anti-héros à travers l'étude d'œuvres ainsi qu'à doter l'élève de connaissances littéraires sur deux mouvements du 19e siècle, le romantisme et le réalisme. » (Éduscol, 2009).

professeurs bivalents lettres-histoire et lettres-langue qui ont en charge deux, voire trois disciplines. Ces praticiens, dont la majorité se trouve à l'origine spécialiste de l'autre valence – histoire-géographie, anglais, espagnol – n'ont reçu pour la plupart aucune formation universitaire initiale en lettres (de Beaudrap, Clénet & Houssais, 2007)[5]. À la rentrée 2009, leur maîtrise de la didactique de l'histoire et de la lecture littéraires se limite le plus souvent aux pratiques traditionnelles auxquelles ils ont été eux-mêmes exposés lors de leur scolarité au lycée. Or l'histoire littéraire, lestée d'une longue tradition de cours magistral, résistante à la didactisation, nécessite une réflexion pédagogique élaborée.

Le manuel scolaire : un outil structurant en LP

Dans un tel contexte, les manuels ont eu un rôle déterminant à jouer dans le processus d'acculturation de l'histoire littéraire en LP. Leur usage est déjà surdéterminé dans la filière professionnelle, avec la nécessité de réguler chez des lycéens, qui ne disposent guère de ressources documentaires chez eux, une pratique efficace des livres scolaires, en classe et hors la classe. Les éditeurs ont dû répondre à leurs besoins et à celui des enseignants bivalents démunis, en quête d'ouvrages de référence solidement documentés. Les auteurs des manuels ont eu à travailler la richesse textuelle et iconographique des ouvrages pour éveiller l'intérêt des élèves pour la littérature patrimoniale et guider les praticiens. Les éditeurs contemporains disposent de moyens nombreux et variés pour y parvenir. Cependant, dans le cas des manuels destinés à l'enseignement professionnel, le choix de mettre en scène des pages « composites », pluri sémiotisées, offre un risque accru de faire obstacle à la construction des compétences attendues (Bautier, Crinon, Delarue-Breton & Marin, 2012).

Ces différents enjeux invitent à regarder de près comment les auteurs s'attachent à formuler un discours adapté à la spécificité des élèves et des enseignants, et à développer la pratique encore novice de la lecture de textes littéraires patrimoniaux du 19e siècle.

Enquêter les manuels-élève de l'offre éditoriale 2009-2019

Quelles modalités d'incorporation et de configuration des notions d'histoire littéraire sur le romantisme et le réalisme sont adoptées par les manuels scolaires ? Quelles pratiques littéraires sont proposées pour en assurer l'apprentissage ?

---

5 Ce déficit de formation en littérature se retrouve aussi chez les enseignants contractuels, plus nombreux en LP que dans les autres segments du secondaire.

Un corpus de neuf manuels-élève a été rassemblé et exploité afin de fournir des éléments de réponse.

La représentativité du corpus

Pour le niveau seconde, l'offre éditoriale comprend des ouvrages issus de neuf maisons d'édition différentes : sur la décennie correspondant à la réforme de 2009, certaines ont sorti un seul manuel, en 2009 (Bertrand-Lacoste et Magnard) et 2011 (Casteilla) ; d'autres ont proposé plusieurs éditions dont les dernières sont parues en 2013 (Belin, Delagrave, Foucher, Le Robert), en 2014 (Hachette technique), et 2017 (Nathan technique). Notre échantillon a retenu le manuel le plus récent de chaque éditeur, dans un souci de représentativité de l'ensemble de l'offre, et selon le postulat que les dernières versions présentent le discours didactique le plus élaboré, amélioré grâce aux bilans effectués sur les manuels précédents et aux retours des praticiens qui en ont fait usage[6].

Ces manuels consacrent en moyenne une soixantaine de pages à l'objet d'étude (cf. annexe 1, Tableau 1), soit pour cinq d'entre eux un tiers du manuel (de 30 à 33 %) ; pour deux autres, le volume se situe à un quart ; un enfin se situe à 41 %[7].

Le dépouillement des manuels

Sur le plan méthodologique, le parti a été adopté d'effectuer le recensement des éléments présents dans les manuels plutôt que de modéliser à partir de définitions empruntées à des ouvrages d'histoire littéraire de référence ou des manuels de seconde générale et technologique. L'objectif ne visait pas à établir l'orthodoxie des notions « manuélisées » ni à mesurer l'écart avec le reste du second cycle, pistes qui n'aboutiraient qu'à se fourvoyer dans une conception déficitaire d'une histoire littéraire aux savoirs savants simplifiés, voire tronqués. Il s'agissait de mettre au jour la dynamique éditoriale qui institue l'histoire de la littérature, les différents moyens retenus pour la didactiser, et la spécificité de sa scolarisation en LP. Le discours auctorial explicite et implicite a ainsi fait l'objet

---

6   La plupart des manuels mentionnent le nom des auteurs : les équipes sont constituées en très grande majorité de professeurs bivalents lettres-histoire en exercice. Les directions sont assurées par des inspecteurs du secondaire général, du secondaire professionnel ou des formateurs.

7   Ce dernier pourcentage concerne la section consacrée à la seconde du manuel édité par Le Robert, qui propose un livre unique de la seconde à la terminale. Les autres ouvrages sont uniquement dédiés au niveau seconde.

d'une série de collectes. La consultation d'usuels d'histoire littéraire (Thorel-Cailleteau, 1998) a guidé dans un second temps le classement des données.

Le discours auctorial explicite : les textes du savoir

La mise en scène du discours auctorial explicite a été étudiée selon les différentes modalités de mise en exergue du courant littéraire dans l'économie générale du livre : nombre de parcours ou séquences, de groupements de textes et de parcours[8] dans une œuvre ; présence de séquences mixtes[9] (cf. annexe 1) ; occurrences des termes *romantisme, romantique, réalisme, réaliste* dans les titres ou sous-titres du sommaire. La structuration interne a été enquêtée à partir de phénomènes amphitextuels (Perret-Truchot, 2015) : pages de lancement à visée problématisante ; pages bilan de connaissances ; pages consacrées à l'histoire des arts ; encadrés ; notices biographiques ou médaillons d'auteurs ; listes de mots-clés.

Le texte du savoir a été analysé quantitativement[10] et qualitativement. Les données recueillies ont été classées selon les mêmes catégories pour les deux courants : origine du nom du mouvement, genèse, périodisation, périmètre, rayonnement dans différents arts, théoriciens, principes et thématiques, portée sociale et politique, inscription dans les genres littéraires, particularités de l'écriture littéraire, et formes de sa survivance à l'époque contemporaine. En cohérence avec l'objet d'étude, les définitions du personnage romantique et du personnage réaliste ont été comparées.

---

8   Sept manuels organisent l'objet d'étude en séquences. Deux ouvrages, Foucher et Magnard, font le choix d'une présentation par « parcours », accueillant plusieurs corpus documentaires et activités permettant à l'enseignant de construire ses propres séquences. Cet usage est à distinguer de son sens dans l'expression « parcours dans une œuvre » qui correspond à une sélection de morceaux choisis dans un même ouvrage littéraire.

9   Par exemple, une séquence intitulée « Splendeurs et misères des personnages au 19e siècle » propose deux corpus, un sur les « Romantiques d'hier et aujourd'hui », et un sur « Le personnage réaliste, un être ordinaire ».

10 L'approche quantitative est figurée dans l'annexe 2 (cf. Figures 1 et 2) par la longueur des segments du graphique à barres empilées : chaque segment indique la mesure de la représentation de la catégorie dans le manuel.

Le discours auctorial implicite : offre de lecture et activités didactiques

Le dépouillement de l'offre de lecture s'est effectué par classement des auteurs, des œuvres et du nombre d'extraits retenus, organisés soit en groupement de textes, soit en parcours dans une œuvre. Il a permis de déterminer à quel panthéon d'écrivains et à quel répertoire d'œuvres était exposé le public de LP (cf. annexes 3 et 4, Tableaux 2 et 3).

Les activités de lecture ont fait l'objet d'une enquête à partir d'autres catégories. L'appareillage des textes a été analysé : la longueur de l'extrait, le type de titre le chapeautant – absent au profit de la seule numérotation, référentiel (reprise du titre de l'œuvre ou du nom du personnage), ou problématisé. La présence d'une question problématisante à l'échelle de la séquence ou de la séance a été également prise en compte. Des paratextes de deux ordres – contextualisation narrative ou énoncé problématisé – ont été distingués. Les questionnaires de lecture sur les extraits ont été regardés selon la nature des consignes, les types de questions posées, la progressivité et l'explicitation de la démarche, les tâches attendues – de haut ou de bas niveau. Les cas de co-textualité mettant en relation textes du 19e et extraits contemporains ont été relevés. Sur le plan iconographique, deux catégories d'images ont été différenciées : celles à valeur uniquement illustrative et celles mises en dialogue avec l'extrait par l'intermédiaire d'une consigne d'analyse comparative. Une dernière exploitation a examiné les activités connexes permettant la découverte du courant littéraire au-delà des seules pratiques de lecture : écriture-langue ; oral ; histoire des arts. Pour la première, des éléments quantitatifs – nombre de pages dédiées – ont été croisés avec des relevés qualitatifs – consignes des activités, bilan d'un parcours dans une œuvre, évaluation de compétences d'écriture. Les activités orales ont été appréciées à partir des pages supports et de la nature des consignes proposées. Les pratiques en histoire des arts ont été appréhendées en fonction des pages dédiées, de la richesse des documents iconographiques, et de la formulation des consignes d'analyse.

Des configurations de savoirs littéraires hétérogènes

La collecte des données est abondante, signe de la vigueur avec laquelle les auteurs de manuels se sont emparés des notions d'histoire littéraire pour les mettre en scène. Pour documenter l'objet d'étude, les sections des ouvrages ne proposent pas uniquement des séquences ou parcours centrés sur les courants littéraires prescrits. On recense au total onze séquences ou parcours pour le réalisme, six pour le romantisme. Cette richesse s'accompagne d'une certaine hétérogénéité dans l'affichage et le contenu des connaissances.

Le romantisme : égotisme et valeurs

La mise en scène éditoriale s'effectue selon des modalités très variées. Sur le plan de la structuration, les séquences ou parcours conviant le romantisme, dédiés ou mixtes, accueillent onze groupements de textes et quatre parcours dans une œuvre. Un ouvrage adopte une facture équilibrée offrant à la fois groupement de textes et extraits d'un même ouvrage littéraire. Quatre autres lui accordent une place très lisible, avec une séquence autonome déclinée en un ou deux groupements de textes. Deux autres proposent une offre de lecture conséquente – au moins trois groupements de textes et/ou parcours dans l'œuvre – sans bannière séquentielle propre. Un manuel n'alloue qu'une place modeste, réduite à un unique groupement de textes inscrit dans une séquence mixte. Un dernier fait l'impasse sur le romantisme, traitant uniquement le réalisme (cf. annexe 1).

L'affichage du texte de savoir se trouve inégalement mis en exergue. Il reste très discret pour deux manuels, qui confient le repérage de l'histoire littéraire aux seuls titres ou sous-titres du sommaire et à un unique encadré de dimension réduite, même si l'un d'eux propose plusieurs notices biographiques. Cette approche suppose des habiletés de haut niveau chez l'élève ou une médiation experte de l'enseignant pour guider la construction des notions. Une série de trois manuels joue à la fois des titres et des pages dédiées pour baliser et exposer les connaissances. Reste un groupe de trois ouvrages (Belin, Casteilla, et Nathan technique) où la mise en scène est particulièrement lisible et élaborée : leurs sections comportent au sommaire au moins un titre principal, plusieurs sous-titres, et ménagent quatre à six espaces dédiés de types différents. Le risque de désorienter l'élève par le morcèlement du texte du savoir est contrebalancé par un jalonnement progressif des notions, synthétisées sur au moins une page-bilan.

La sélection des contenus présente des disparités quantitatives et qualitatives (cf. annexe 2, Figure 1). Cinq manuels proposent des textes de savoir relativement riches : trois ouvrages fournissent des informations concernant une très large majorité des items recensés, et investissent récit et théâtre romantiques ; deux offrent des caractérisations également nombreuses, mais le genre dramatique reste absent de l'offre de lecture. Un manuel opte pour des éléments définitoires en nombre plus restreint, tout en conservant les principaux traits du mouvement. Trois choix éditoriaux interrogent davantage : un livre escamote le romantisme, deux autres mentionnent certains éléments essentiels, mais sans contextualisation historique ni lien établi avec des formes de romantisme actuelles. Les six autres ouvrages effectuent au contraire une mise en dialogue invitant les élèves à comprendre comment l'histoire littéraire aide à appréhender la littérature et la culture contemporaines.

L'observation des éléments notionnels retenus montre que le romantisme apparaît globalement davantage comme un courant de sensibilité et d'expression artistiques que comme un courant d'idées adossé à des positions théoriques et politiques : seuls quatre manuels l'inscrivent en réaction avec les mouvements culturels précédents ou précisent sa genèse ; les théoriciens ne sont mentionnés que quatre fois. La révolte romantique ainsi que la critique politique et sociale dont elle est porteuse sont peu sollicitées : trois manuels l'indiquent explicitement, un quatrième y fait une rapide allusion. Enfin, l'aspect littéraire semble minoré dans la mesure où les particularités de l'écriture romantique ne sont mentionnées qu'à quatre reprises.

Le programme invitait les auteurs de manuels à développer des focales sur le héros romantique, quitte à moins détailler les notions sur le courant lui-même. Or les textes de savoir sur le héros indiquent que les ouvrages peu documentés restent également assez discrets sur le personnage. Par conformité à la question qui prescrit d'interroger les valeurs que le personnage incarne, les manuels tendent à infléchir sa figure en insistant particulièrement sur cet aspect pour fournir des éléments de réponse aux élèves. Après les valeurs, les deux caractéristiques saillantes concernent le mal du siècle, présenté comme emblématique de ces héros, ainsi que leur position en marge de la société, solitaires et tourmentés. Trois autres traits sont retenus par quatre manuels : leur caractère passionné, leur individualisme, leur destin tragique. D'autres éléments apparaissent plus occasionnellement : l'aspect physique avec la tension beauté versus laideur, sublime versus grotesque (2), la relation privilégiée avec une nature-état d'âme (1). Enfin, on peut noter une tendance à essentialiser l'histoire littéraire, qui ne facilite pas chez les élèves de LP la mise en lien nécessaire à la construction de leurs connaissances culturelles : seuls quatre manuels abordent, à des degrés divers d'explicitation, la question de la modernité du personnage romantique, et trois établissent une comparaison avec le héros réaliste.

Les textes du savoir sur le romantisme ont tendance à faire la part belle à l'égotisme romantique et à édulcorer sa dimension politique. L'histoire littéraire, parfois essentialisée, n'est pas toujours montrée comme vivace[11], ce qui ne

---

11   Outre la modernité du personnage romantique, peu interrogée, une partie du corpus n'établit aucun lien entre le mouvement romantique du 19e et son héritage dans le monde contemporain.

favorise pas l'évolution des représentations des élèves de LP, fréquemment figées dans une idée sacralisée et muséifiée de la littérature patrimoniale. Pour autant, plusieurs manuels ont mis en scène des contenus notionnels relativement riches d'une manière variée et attractive, susceptible de faciliter les apprentissages.

Un réalisme transversal

À la différence du romantisme, aucun manuel ne fait l'impasse sur le réalisme ; un seul ouvrage présente un discours auctorial très limité.

Comme pour le romantisme, le réalisme n'organise pas toujours lisiblement les sections des manuels même si davantage de séquences lui sont consacrées. Il fait deux fois l'objet d'une structuration relativement équilibrée, avec une séquence dédiée combinant groupement(s) de textes et lecture d'une œuvre. Quatre manuels présentent des séquences exclusivement vouées au mouvement en investissant uniquement des parcours dans l'œuvre intégrale. De manière plus complexe, un ouvrage agence une séquence autonome sur un personnage réaliste tout en aménageant trois groupements de textes au sein d'autres séquences consacrées à la notion de personnage. Deux ouvrages enfin présentent une offre plus limitée, un ou deux groupements de textes insérés dans des corpus plus larges non dédiés (cf. annexe 1).

Si trois catégories de manuels ont pu être distinguées concernant la mise en scène des notions sur le romantisme, elles ne se retrouvent pas à l'identique pour le réalisme où les choix s'avèrent plus disparates encore. Deux ouvrages balisent *a minima* les connaissances, le premier par le jeu des titres principaux du sommaire et une demi-page bilan, le second à l'aide de deux sous-titres et trois encadrés récapitulatifs. La majorité des livres mettent en exergue le courant à l'aide de deux à quatre sous-titres, et récapitulent les connaissances par au moins deux moyens différents – page bilan, encadré, double page histoire des arts –, sans pousser davantage la diversification. Deux manuels (Magnard et Casteilla) se détachent par le parti pris d'offrir des informations nettement balisées et polymorphes : outre le repérage par les sous-titres, le premier déploie une demi-page bilan de savoir, plusieurs doubles pages d'histoire des arts et quatre encadrés ; le second formule huit sous-titres convoquant au sommaire les termes *réalisme* et *réaliste* et expose cinq doubles pages d'extraits dédiés, deux pages-bilan et deux encadrés.

La comparaison des contenus notionnels a pris en compte la question des frontières du mouvement : avec une majuscule, Réalisme désigne un courant littéraire théorisé par Champfleury puis Duranty ; avec une minuscule, il prend une signification transversale, qui recouvre aussi le naturalisme, considéré alors comme une forme de réalisme (Thorel-Cailleteau, 1998). Une ligne de partage se marque entre les manuels qui, au sein du réalisme, théorisent de manière distincte le naturalisme (6) et ceux qui ne le citent jamais (3), alors même que l'offre de lecture puise abondamment dans l'œuvre zolienne (cf. infra). L'analyse des discours sur le naturalisme montre que c'est la singularité du projet scientifique qui est partout mise en exergue. D'autres caractéristiques se trouvent plus partagées : la particularité de la peinture sociale (3), les théoriciens (3), Zola chef de file (2). L'engagement politique n'est abordé qu'une fois.

Le réalisme dans sa signification transversale est traité de manière plus homogène que le courant romantique (cf. annexe 2, Figure 2). Soutenues par les préconisations du programme, les problématiques réel-fiction, vrai-vraisemblable, constituent un dénominateur commun, mais sans appui explicite sur la critique littéraire – l'« effet de réel » théorisé par Barthes n'est pas convoqué. Trois autres entrées sont très majoritairement investies : la périodisation, les théoriciens et le discours descriptif comme marqueur du réalisme. D'autres caractéristiques se trouvent assez bien représentées : la réaction au romantisme intervient dans cinq ouvrages, de même que les thèmes et sujets privilégiés du roman réaliste. Sont mentionnés dans une moindre mesure : le genre du roman d'apprentissage (3) ; les particularismes du réalisme chez les principaux écrivains rattachés à ce courant – Balzac et la *Comédie humaine* (3), Flaubert (3), Zola et *Les Rougon-Macquart* (3) ; la réception du public (2) ; l'origine picturale du nom du mouvement (2).

Si les théoriciens du réalisme sont davantage représentés que ceux du romantisme, plusieurs tendances précédemment mises au jour pour ce dernier s'observent de nouveau : édulcoration de la portée politique et sociale – trois manuels soulignent l'engagement des écrivains ; faible caractérisation de l'écriture réaliste dont un seul manuel fait état ; essentialisation du courant, avec une unique mise en relation avec les formes de réalisme dont la littérature contemporaine serait l'héritière.

De toutes les comparaisons effectuées, ce sont les notions définissant le personnage réaliste qui sont traitées de la manière la plus homogène. Les contenus les plus riches émanent du manuel qui avait le moins investi la connaissance du mouvement, contribuant ainsi à un rééquilibrage du texte du savoir. L'ensemble des ouvrages s'attachent aux caractérisations propres au personnage, au rapport avec son milieu social. La majorité indique aussi le rapport entretenu avec son auteur. Deux abordent un aspect littéraire assez pointu, la distinction entre le personnage réaliste dans le roman et dans la nouvelle.

Les textes du savoir, au-delà de l'hétérogénéité des connaissances dispensées sur le romantisme et le réalisme, montrent ainsi l'émergence d'une acculturation et d'une didactisation de l'histoire littéraire dans la filière professionnelle. Il reste que sa mise en scène n'a pas été toujours pensée pour en faciliter l'accès aux élèves de LP. La poursuite de l'enquête conduit à analyser le discours auctorial implicite. Quels auteurs et œuvres se trouvent canonisés ?

Une offre de lecture privilégiant le réalisme

L'offre de lecture s'avère plus copieuse sur le réalisme que sur le romantisme (cf. annexes 3 & 4, Figures 2 et 3). La différence se marque essentiellement pour les parcours dans des œuvres. Trente-quatre extraits nourrissent les groupements de textes consacrés au personnage réaliste contre trente-six pour le héros romantique, ce qui ne constitue pas un écart significatif. En revanche, 103 extraits déclinent dix œuvres réalistes différentes, contre 28 pour le romantisme, issus de quatre ouvrages. Et le réalisme bénéficie aussi de la publication de deux nouvelles en version intégrale.

Un panthéon romantique resserré

Sur le plan des genres littéraires, le programme centré sur le personnage implique de privilégier récit et théâtre sur la poésie, qui ne compte que quatre occurrences et laisse quasiment hors champ Lamartine. Le roman l'emporte nettement sur le théâtre qui expose une vingtaine d'extraits dont la moitié correspond à des parcours dans *Ruy Blas* et *On ne badine pas avec l'amour*. Tout genre confondu, Hugo reste, comme chef de file du mouvement, le plus représenté, avec 20 extraits empruntés à sept œuvres différentes. Dumas père suit de près : quatre œuvres invitées, dont *Pauline*, qui fait l'objet de seize extraits. Le corpus fait place à six textes de Stendhal dont cinq extraits de son roman *Le Rouge et le Noir*. Enfin, Musset est présent à neuf reprises, principalement pour illustrer le théâtre romantique.

Le corpus de manuels construit ainsi un panthéon resserré du romantisme français, qui évince presque totalement les préromantiques : Goethe est l'unique auteur étranger sollicité, pour un seul extrait ; Madame de Staël reste absente ; Chateaubriand, à l'instar de Constant, n'est convoqué que deux fois, *Atala* n'est jamais retenu. Des figures éminentes, Gautier et Nerval, dont notamment les œuvres narratives auraient pu être requises, ne sont pas non plus mises à contribution.

Le triomphe du répertoire naturaliste

L'offre de lecture se limite au récit, en cohérence avec la prédilection des écrivains réalistes pour un genre qui n'obéit à aucun canon. Les manuels rendent principalement compte de la période la plus tardive du réalisme, incarnée par Zola (61 extraits, onze en groupements de textes, 55 pour des parcours dans une œuvre) et Maupassant (49 extraits, huit en groupements de textes, 41 en parcours dans une œuvre, et deux nouvelles publiées intégralement). Ils n'accordent qu'une place restreinte aux écrivains tels Hugo, Balzac ou Stendhal qui ont illustré le courant, à son origine issu du romantisme : le réalisme romantique occupe dix extraits au sein de groupements de textes et deux parcours dans l'œuvre. Les réalistes romantiques sont d'ailleurs sollicités, selon les œuvres et selon les personnages, pour l'un ou l'autre courant. *Les Misérables*, que deux manuels rattachent au courant romantique par les personnages de Cosette et Gavroche, émarge à trois reprises, avec le personnage de Jean Valjean, au mouvement réaliste. Julien Sorel, sollicité par trois fois au nom du romantisme, est retenu dans deux ouvrages pour le réalisme, dont un parcours dans *Le Rouge et le Noir*, en adéquation avec la spécificité du réalisme stendhalien, liée à sa manière de construire ses personnages et d'organiser l'économie du récit autour d'eux. Le traitement de Balzac présente la même ambivalence : Blanche-Henriette de Mortsauf et Eugénie Grandet sont exposées comme représentatives de la sensibilité romantique ; neuf extraits romanesques, dont huit du *Père Goriot*, sont élus pour le registre réaliste. Flaubert, qui, certes, ne s'est jamais proclamé réaliste, occupe une position sans doute encore plus ambiguë : il est davantage utilisé pour sa critique du romantisme (six extraits insérés dans des groupements de textes) que pour son écriture réaliste – quatre textes dont deux extraits de *Bouvard et Pécuchet*, roman qu'il n'est d'ailleurs possible de considérer comme rattaché au réalisme que dans la mesure où sa définition admet l'auto-parodie, voire sa négation. Aucune œuvre balzacienne ni flaubertienne ne figure comme parcours dans une œuvre.

Le panthéon construit par les manuels plébiscite donc Zola et Maupassant. Zola est quasiment l'unique écrivain naturaliste représenté : une occurrence pour Les Goncourt ; invisibilisation de Daudet et Huysmans. L'offre puise dans un nombre relativement limité d'œuvres zoliennes, une dizaine parmi ses ouvrages les plus canoniques. Une exception peut être notée : le choix de *Naïs Micoulin*, nouvelle moins connue, pour un parcours dans une œuvre. Dans le cycle des *Rougon-Macquart*, une fortune particulière est accordée à *Au Bonheur des dames*, qui fait l'objet de deux parcours dans l'œuvre, et à *Germinal*, présent dans trois manuels dont un lui consacre toute une séquence. Les choix éditoriaux privilégient la peinture du monde des petits employés et des ouvriers sur celle de la bourgeoisie, selon toute hypothèse dans un souci d'intéresser davantage le public de LP majoritairement issu de milieux modestes. Concernant Maupassant, les manuels retiennent un corpus d'œuvres assez restreint. *Une vie*, qui fait l'objet de deux parcours dans l'œuvre, et *Bel-Ami*, représentent les romans les plus sollicités ; *Pierre et Jean* n'est retenu que deux fois pour sa préface, manifeste du réalisme selon l'écrivain. Les nouvelles sont empruntées parmi des récits fréquemment scolarisés, *Boule-de-suif, Madame Baptiste, Deux amis*. Ces deux derniers titres correspondent aux deux seules œuvres du corpus enquêté publiées intégralement.

L'offre de lecture témoigne ainsi d'une tendance nette à privilégier le réalisme de Zola – parfois privé de l'étendard du naturalisme (cf. supra) – et de Maupassant. Cette concentration peut être interprétée comme un souci d'épurer les notions afin de contourner la porosité avec le romantisme et éviter des confusions. Elle peut aussi être liée aux enseignants dont il a été montré, pour les débutants du moins, qu'ils disposaient d'une culture littéraire essentiellement liée au 19ᵉ siècle en général, et à Hugo, Zola et Maupassant en particulier (de Beaudrap, Clénet & Houssais, 2007). Elle résulte aussi d'un choix implicite de donner à voir au public de LP issu de milieu populaire les classes laborieuses, dans leurs difficultés, mais aussi leur dynamisme[12]. Une piste d'enquête initialement empruntée n'a donné aucun résultat probant : la question du genre se posant avec une particulière acuité dans un enseignement professionnel différencié entre filières dites « masculines » et « féminines », l'hypothèse d'une sélection d'héroïnes favorisant une réflexion sur ce thème était à examiner. Mais en dehors d'un manuel qui a élu le parcours de Denise plutôt que celui d'Octave dans *Au Bonheur des dames* ou d'un ouvrage qui consacre une double page à un atelier d'écriture sur la condition féminine au 19ᵉ siècle, aucune tendance significative n'a pu être dégagée.

Des modèles différenciés d'activités didactiques

La disparité des activités témoigne des partis pris des manuels, en tension entre modèles traditionnels et innovants, et de leurs tentatives inégales pour rendre accessible la lecture littéraire des textes réalistes et romantiques au public de LP.

---

12 *Au bonheur des dames*, *Germinal* et *Boule-de-Suif* représentent les œuvres les plus sollicitées dans le corpus (cf. annexe 4) : leurs héros respectifs, Denise, Étienne et Boule-de-Suif, incarnent les valeurs de courage et de résistance des classes populaires.

Une didactique de la lecture littéraire entre tradition et modernité

La collecte et l'analyse des données concernant le discours auctorial guidant la lecture des extraits littéraires font apparaître trois types de postures didactiques[13].

Une première catégorie regroupant quatre manuels se caractérise par une tendance à une problématisation renforcée, un questionnement organisé autour d'un système en deux temps – comprendre-relever puis interpréter-analyser –, un corpus de textes quasiment exclusivement empruntés à des textes patrimoniaux du 19ᵉ siècle sans lien ou avec un lien thématique ponctuel avec la littérature contemporaine, et un usage illustratif des images. Cette approche s'appuie sur un mode de lecture littéraire directif et traduit une image traditionnelle de la littérature.

Un autre type rassemble deux ouvrages véhiculant une image similaire tout en offrant des clés de lecture plus ajustées au public de LP. Ces livres retiennent dans l'appareillage didactique une seule indication à visée problématisante, une formulation de consignes précises et progressives avec une démarche méthodique explicite. Si l'iconographie reste à caractère illustratif, une mise en dialogue avec un ou deux textes contemporains est proposée. Les discours didactiques tendent ici à favoriser des modalités de lecture à la fois ouvertes et accompagnées.

Trois autres ouvrages adoptent une démarche encourageant des pratiques de lecture plurielles, promouvant l'image d'une littérature vivante, éloignée du stéréotype d'une culture patrimoniale lointaine et figée dans le passé. Ils présentent plusieurs tendances communes : plasticité de la longueur des extraits ; choix d'une seule indication à valeur problématisante, voire absence d'indication prédéterminant la lecture du texte ; accompagnement méthodologique vers des tâches de haut niveau ; mises en relation avec au moins un texte contemporain ; mise en dialogue entre le texte et l'image.

Si certains manuels restent attachés à des questionnaires de lecture très orientés, on observe aussi une tendance émergente à promouvoir une conception de la littérature en rupture avec l'idée traditionnelle d'un art sacralisé inaccessible, propre à faire évoluer les représentations des lycéens scolairement les moins connivents. Les choix éditoriaux qui soutiennent cette perspective sont de plusieurs ordres : plasticité des textes – du fragment à l'intégralité de

---

13 Le premier modèle regroupe les manuels Bertrand-Lacoste, Delagrave, Nathan technique et Le Robert ; le deuxième accueille les ouvrages édités par Foucher et Magnard ; le troisième réunit ceux publiés chez Belin, Casteilla et Hachette technique.

l'œuvre ; solidarité entre les œuvres romanesques et leurs adaptations cinématographiques ou télévisuelles ; interdépendance entre œuvres dramatiques et représentations de leurs mises en scène contemporaines ; co-textualité entre textes canoniques du 19ᵉ et extraits de la période contemporaine. Une innovation est à signaler : un manuel, Casteilla, assume le risque que son discours soit perçu comme artificiel et infantilisant en adoptant une posture énonciative audacieuse à la première personne du singulier : il vise à favoriser l'identification des élèves aux héros retenus et leur implication dans les différentes activités.

Des activités connexes inégalement investies

D'autres champs didactiques que celui de la lecture sont convoqués pour accompagner la découverte du patrimoine littéraire lié aux mouvements culturels : les pratiques d'écriture et de langue, l'oral et l'histoire des arts. Les manuels ne mettent pas à profit ces options dans la même mesure et trois catégories d'ouvrages peuvent être distinguées ici. Une série de manuels montre une offre assez pauvre et peu variée dans ces quatre domaines : sans surprise, elle coïncide avec trois des ouvrages privilégiant un mode de lecture directif traditionnel. Un deuxième groupe réunit des propositions qui minorent un des types d'activités : pour l'un, les activités d'écriture restent discrètes, un autre ne propose aucune pratique orale, un troisième limite l'entrée d'histoire des arts à deux analyses ponctuelles de tableau. Le dernier ensemble comprend les manuels Belin, Magnard et Nathan technique, où les quatre types d'activités sont à la fois bien représentés et variés. La corrélation avec les choix en didactique de la lecture n'est pas significative pour les deux derniers groupes.

Conclusion

Au terme de notre enquête, nous pouvons interroger les conceptions sociales sous-jacentes aux tendances qui se manifestent dans la mise en texte et en image de l'histoire littéraire par les manuels-élève de seconde professionnelle. Les ouvrages privilégient le réalisme sur le romantisme, le naturalisme sur le Réalisme, la peinture des classes laborieuses sur la bourgeoisie, et minorent parfois la portée politique et sociale des œuvres. Ils tendent implicitement au public de LP le miroir d'une peinture des classes populaires du 19ᵉ siècle dont ils peuvent accepter l'image.

Sur le plan disciplinaire, nous pouvons affirmer que le traitement des mouvements romantique et réaliste dans les manuels étudiés marque bien l'émergence de l'histoire littéraire et de sa didactique dans l'enseignement du français en filière professionnelle. Cette épiphanie s'exprime de manière très différenciée selon les ouvrages, tant pour le texte de savoir que pour l'offre de lecture ou les activités proposées : si certains modèles ne semblent pas toujours faciliter auprès du public de LP l'apprentissage des connaissances littéraires et culturelles requises, d'autres livres scolaires inventent une approche attractive et progressive susceptible d'aider l'élève à construire une image dynamique et vivante de la littérature du 19e siècle.

Cette instauration risque de rester éphémère dans la mesure où les nouveaux programmes de français mis en œuvre à la rentrée 2019 produisent désormais une modification du champ disciplinaire : éclipse de l'histoire littéraire[14] ; interaction avec les enseignements professionnels par la prescription de la modalité pédagogique d'une co-intervention entre professeur de discipline générale et professeur de spécialité[15]. Il n'en reste pas moins que la décennie 2009–2019 aura constitué une étape remarquable dans l'acculturation de la littérature patrimoniale dans la filière professionnelle, sous des formes originales qui ne sont pas uniquement importées des séries générales et technologiques. Les manuels manifestent ainsi un nouvel état du français au LP : si leur étude ne donne pas accès aux pratiques et aux usages réels par les enseignants et les élèves, leurs discours contribuent assurément à redessiner les contours de la discipline en la ressourçant à l'histoire lou lettres-langue, et à résister au déplacement vers un français transversittéraire, à reconquérir sa distinction au sein d'un enseignement bivalent lettres-histoire al et ancillaire.

---

14 La seule référence relevée pour le niveau seconde est mentionnée dans la mise en œuvre de l'objet d'étude « Devenir soi : écritures biographiques » : « L'expression de soi se travaille […] au fil des rencontres avec des œuvres d'auteurs appartenant à au moins deux époques ou mouvements artistiques différents. » (BO spécial 11 avril 2019, p. 90).
15 Cette co-animation s'inscrit dans la perspective d'étude « Dire, lire et écrire le métier », en complément des trois objets d'étude du cursus du baccalauréat.

Annexe 1

Tableau 1. Structuration des manuels

	Nb de pages du manuel	Nb de pages de l'OE*	Organisation de la section	Nb de parcours / séquences			Nb de GT, PO, OI* consacrés à la littérature romantique	Nb de GT, PO, OI* consacrés à la littérature réaliste
				Romantisme	Réalisme	Mixte		
Bertrand-Lacoste 2009	143	45	5 séquences	2	2	0	1 GT 1 PO	2 PO 1 OI
Magnard 2009	190	57	3 parcours	0	1	2	1 GT	2 GT 1 PO
Casteilla 2011	213	88	4 séquences	1	2	0	1 PO	2 PO
Delagrave 2013	216	67	4 séquences	0	1	0	0	3 GT 1 PO
Foucher 2013	163	55	Par question du programme : 2 GT (+ 1 PO pour la question 3) Canevas de 3 séquences	0	0	1	2 GT 1 PO	2 GT
Le Robert 2013	144 (Section seconde)	39	5 corpus (1 ou 2 par question du programme)	1	1	0	1 GT 1 PO	1 GT
Belin 2013	208	65	4 séquences	1	2	0	1 GT	1 PO 1 OI
Hachette technique 2014	240	63	3 séquences	0	1	2	3 GT	1 GT 1 PO
Nathan technique 2017	224	54	3 séquences	1	1	0	2 GT	1 PO

*Objet d'étude (OE)- Groupement de textes (GT) - Parcours dans l'œuvre (PO) - Œuvre intégrale (OI)

Annexe 2

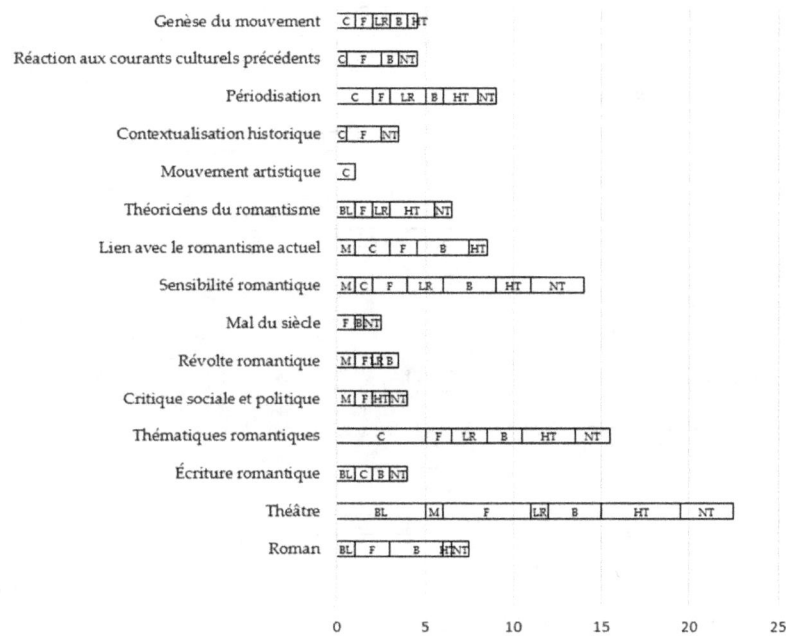

Figure 1. Savoirs mobilisés sur le romantisme dans les textes de savoir des manuels.
Belin (B) – Bertrand-Lacoste (BL) – Casteilla (C) – Delagrave (D) – Foucher (F) – Hachette technique (HT) Magnard (M) – Nathan technique (NT) – Le Robert (LR)

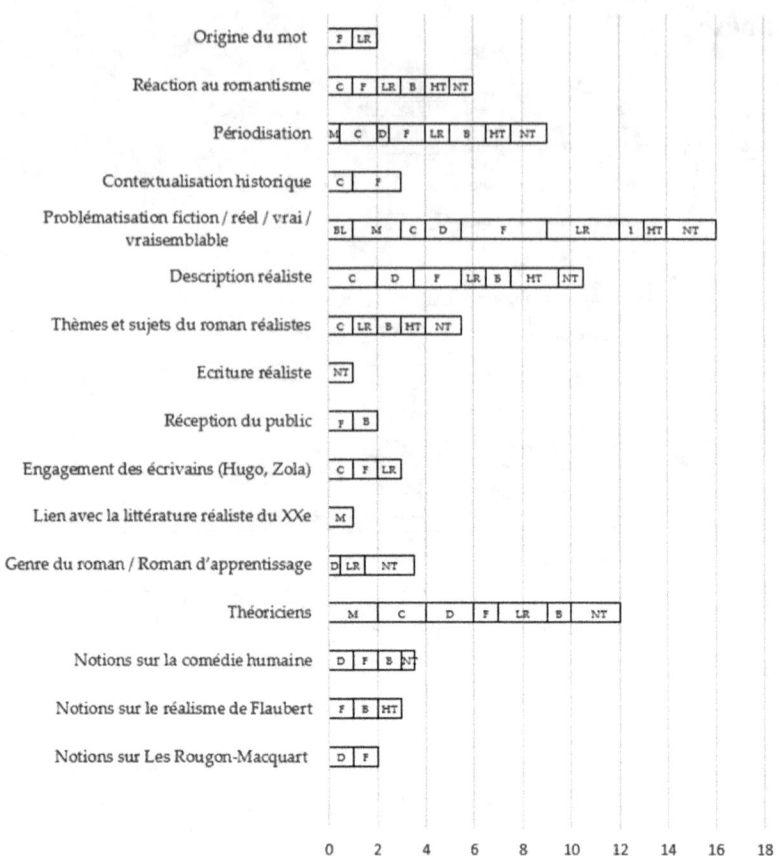

Figure 2. Savoirs mobilisés sur le réalisme dans les textes de savoir des manuels.

Annexe 3

Tableau 2. Le mouvement romantique : l'offre de lecture

Auteurs	Œuvres	Belin	Bertrand-Lacoste	Delagrave	Foucher	Hachette Technique	Magnard	Nathan Technique	Casteilla	Le Robert	Total œuvres	Total par auteurs	Belin	Bertrand Lacoste	Delagrave	Foucher	Hachette Technique	Magnard	Nathan Technique	Casteilla	Le Robert	Total extraits	Total par auteurs
Récit																							
	Pauline																				16	16	
Dumas père	Les Trois mousquetaires					1					1	2											18
	Le Comte de Monte Cristo						1				1												
Stendhal	Le Rouge et le Noir				1	3		1			5	6											6
	La Chartreuse de Parme					1					1												
Hugo	L'Homme qui rit					1			1		2		3									3	
	Les Misérables						2				2	5											8
	Notre-Dame de Paris							1			1												
Balzac	Le Lys dans la vallée				1			1			2	3											3
	Eugénie Grandet					1					1												
Chateaubriand	René	1			1						2	2											2
Constant	Adolphe					1	1				2	2											2
Dumas fils	La Dame aux camélias					1					1	1											1
Goethe	Les Souffrances du jeune Werther					1					1	1											1
Lamartine	Graziella							1	1		1	1											1
Musset	Confessions d'un enfant du siècle				1			1	1		1	1											1
Sand	Lettre à Musset					1			1	1	1	1											1
Théâtre																							
	Ruy Blas	1						1			2		5									5	
Hugo	Hernani		1				1				2	5											10
	Cromwell (préface)		1						1		1												
Musset	On ne badine pas avec l'amour				1						1	4								4		4	8
	Lorenzaccio		1				2				3												
Vigny	Chatterton				1				1		1	1											1
Dumas père	Antony				1				1		1	1											1
Poésie																							
Hugo	Les Châtiments					1					1	2											2
	Les contemplations						1		1		1												
Lamartine	Les méditations						1	1			1	1											1
Rimbaud	« Roman » - Poésies						1		1		1	1											1
Registre ironique																							
Flaubert	L'Éducation sentimentale		1	1							2	6											6
	Madame Bovary	1				2		1	4		4												
Maupassant	Une vie				1						1	1											1

Annexe 4

Tableau 3. Le mouvement réaliste : l'offre de lecture

Auteurs	Œuvres	Extraits en groupement de textes										Parcours dans une œuvre									Total par auteurs
		Belin	Bertrand-Lacoste	Delagrave	Foucher	Hachette Technique	Magnard	Nathan Technique	Casteilla	Le Robert	Total œuvres	Total par auteurs	Belin	Bertrand-Lacoste	Delagrave	Foucher	Hachette Technique	Magnard	Nathan Technique	Casteilla	Le Robert	Total extraits	
Hugo	Les Misérables		1	1			1				3	3											3
Stendhal	Le Rouge et le Noir						1	1	1		1			9								9	10
Balzac	Le Père Goriot		1		1			2	1		5	6		3										9
	Eugénie Grandet		1								1													
	Germinie Lacerteux (préface)					1					1													
Goncourt	Madame Bovary							1	1		4	4											1
Flaubert	Bouvard et Pécuchet		1		1						2	4											4
	Un Cœur simple		1								1	1											
	Au Bonheur des dames						1			1	1	2		1								1	2
Zola	Germinal					1	1				2	1								2		2	61
	L'Assommoir		1	1							2									6		6	
	La Bête humaine		1								1												
	Nana						1				1												
	La Fortune des Rougon		1		1						2	1											
	L'Argent							1			1	8											
	Nantas								1		1												
	Naïs Micoulin														8							8	
	Thérèse Raquin														4							4	
	Deux amis*												X										49 + 2 nouvelles intégrales*
Maupassant	Madame Baptiste*												X										
	Boule de suif		1	1							2	8								2 5		2 5	
	Bel-Ami		1								1					4						4	
	Une vie			1							1							3	4			7	
	Mademoiselle Cocotte	1									1											5	
	Pierre et Jean (préface)				1		1				2												
	L'Enfant	1									1												

Références bibliographiques

Manuels analysés

Bernard, N. (Ed.) (2013). *Français*. 2de Bac Pro. Delagrave.

Clogenson, A., Hébert, L., Le Corvaisier, M., Lhermitte, H., Proust-Levitte, J. & Traineau, B. (2014). *Français*. Bac Pro 2de. Hachette Technique.

Delannoy-Poilvé, C. (Ed.) (2013). *Français 2e BacPro*. Belin.

Dumaître, M.-H. (Ed.) (2013). *Français Lycée Bac pro 2de / 1re / T^{le}*. Passeurs de textes. Le Robert.

Lamboley, C. (Ed.) (2017). *Français*. 2e pro. Nathan Technique.

Lancrey-Javal, R., Justo, A., Larraburu-Bédouret, S., Maarek, C. & Mesguich, D. (2009). *Français 2de professionnelle : Baccalauréat professionnel*. Bertrand-Lacoste.

Laville-Bidadanure, F. (Ed.) (2011). *Français 2nde*. Lycées professionnels Bac Pro. Casteilla.

Sendre-Haïdar, M. (Ed.) (2013). *Français*. Bac Pro 2de. Foucher.

Torregrosa, F. (Ed.) (2009). *Français 2e professionnelle*. Magnard.

Bibliographie

Bautier, É., Crinon, J., Delarue-Breton, C. & Marin, B. (2012). Les textes composites : des exigences de travail peu enseignées ? *Repères, 45*, 63–79.

Bautier, É. & Rayou, P. (2009). *Les inégalités d'apprentissage. Programmes, pratiques et malentendus scolaires*. PUF, coll. « Éducation et société ».

de Beaudrap, A.-R., Clénet, M. & Houssais, Y. (2007). *Littérature en lycée professionnel ? Représentations des PLP en formation à l'IUFM*. Scéren. CRDP Franche-Comté.

Belhadjin, A., De Peretti, I. & Lopez, M. (Ed.) (2017). Quel français en lycée professionnel. *Le Français aujourd'hui, 199*.

Bishop, M.-F. (2013). *Statuts et fonctions de la mise en perspective historique dans la didactique du français*. HDR. Université de Lille III.

Bonnéry, S. (2007). *Comprendre l'échec scolaire. Élèves en difficultés et dispositifs pédagogiques*. La dispute.

Collinot, A. & Petiot, G. (1998). Manuélisation d'une théorie linguistique : le cas de l'énonciation. *Les carnets du Cediscor n° 5*. Presses de la Sorbonne nouvelle.

Lemarchand, S. (2017). *Devenir lecteur. L'expérience de l'élève de lycée professionnel*. PUR.

Lopez, M. (2017). Les manuels de français dans l'enseignement professionnel : pour une histoire de la discipline. *Le français aujourd'hui*, *194*, 15–24.

Lopez, M. & Sido, X. (2015). L'enseignement des mathématiques et du français dans l'enseignement technique court de 1945 à 1985. Identité singulière, dynamiques et temporalités spécifiques ? In R. d'Enfert et J. Lebeaume (Ed.), *Réformer les disciplines. Les savoirs scolaires à l'épreuve de la modernité 1945-1985* (pp. 137–154). PUR.

Perret-Truchot, L. (Ed.) (2015). *Analyser les manuels scolaires. Questions de méthodes*. PUR.

Rossignol, M.-F. (2016). L'institutionnalisation de l'enseignement de la littérature en lycée professionnel : une opportunité pour de nouvelles configurations didactiques ? In A. Petitjean (Ed.), *Didactiques du français et de la littérature* (pp. 343–360). Crem/Université de Lorraine, Collection : Recherches textuelles.

Thorel-Cailleteau, S. (1998). *Réalisme et naturalisme*. Hachette Éducation.

Seconde partie
Les manuels scolaires et l'évolution de la forme scolaire

Anouk Darme-Xu

Ouvrages et manuels scolaires de grammaire dans la constitution de la discipline *Français* (Suisse romande, 1830–1910)[1]

Cette contribution s'intéresse au rôle des manuels dans la reconfiguration des savoirs qui va de pair avec la généralisation de la forme scolaire au 19e siècle (Hofstetter & Schneuwly, 2019), en prenant comme entrée une discipline, le *Français*[2], et plus particulièrement l'une des composantes de cette discipline, la grammaire. Elle se centre sur les degrés intermédiaire et supérieur du primaire et couvre la période 1830–1910.

L'objectif de ce chapitre est de mettre en évidence la corrélation entre deux processus : la transformation de la « grammaire scolaire » telle qu'elle se réalise en Suisse romande dans la deuxième moitié du 19e siècle d'une part, et qui se caractérise d'un point de vue interne par une transformation des savoirs et de leur mode de transmission ; la transformation de l'ouvrage en manuel scolaire de l'autre.

Pour ce faire, nous commencerons par définir les concepts de *manuel* et de *disciplinarisation* sur lesquels se basent cette contribution, et leur rapport avec le concept au cœur de cet ouvrage, à savoir la *forme scolaire*. Nous présenterons ensuite la démarche méthodologique adoptée pour répondre à notre questionnement. Nous retracerons enfin le processus de transformation de la « grammaire scolaire » dans la deuxième moitié du 19e siècle à travers l'un de ses aspects : les questions de sélection, d'agencement et de hiérarchisation des contenus.

---

1 Ce chapitre reprend des éléments développés dans les chapitres 10 et 11 de la thèse de Darme (2018).
2 Nous recourons tout au long de ce chapitre à la graphie *Français* (majuscule et mise en italique) chaque fois que nous référons à la discipline.

Cadrage théorique et méthodologique
Manuel, discipline et forme scolaires

Cette contribution s'appuie sur une recherche doctorale consacrée à l'histoire de l'enseignement de la grammaire en Suisse romande (Darme, 2018), réalisée dans le cadre d'un projet d'envergure nationale sur la transformation des savoirs d'un point de vue historique en Suisse[3]. De ce fait, elle s'inscrit et se reconnaît dans le cadrage théorique développé par Hofstetter et Schneuwly (2019) dans les actes des 13ᵉ journées Pierre Guibbert. Les auteurs mettent en évidence le rôle important des manuels dans la transformation des savoirs scolaires :

> Les manuels deviennent des dépositaires et vecteurs des savoirs scolaires : dépositaires en tant que véritables institutions dans lesquelles et à travers lesquelles se négocient la sélection, la construction et la transformation des savoirs qui s'y incarnent ; vecteurs en tant que véhicules de transmission de ces savoirs et outils de leur appropriation par les exercices et activités, lesquelles sont ›mises en musique‹ par les discours des enseignants. À l'intérieur d'une discipline, les manuels forgent des conditions d'accéder à des savoirs et, par la manière d'y donner accès, créent un rapport spécifique à ces savoirs. Les manuels scolaires sont donc toujours à la fois résultat et condition du développement des disciplines et de la transformation des savoirs (pp. 26-27).

C'est donc sous ce double rôle que nous appréhendons le manuel ici : comme moyen d'appréhender la transformation de la grammaire scolaire et comme vecteur de cette transformation.

Il convient toutefois de préciser que le *manuel*, au sens où on l'entend aujourd'hui, est le fruit d'un processus de transformation se réalisant tout au long du 19ᵉ siècle. En effet, comme l'a mis en évidence Tinembart (2015) dans son étude des processus de conception, d'édition et de diffusion des livres scolaires pour l'enseignement du français dans le canton de Vaud, l'évolution du corpus est caractérisée par une « mue des ouvrages scolaires en manuels » (p. 372). Tinembart établit ainsi une distinction entre les « ouvrages scolaires » et les « manuels », cette distinction se fondant en partie sur le public auquel sont destinés les ouvrages. Les adaptations romandes des ouvrages de grammaire de Noël et Chapsal, best-seller de la première moitié du 19ᵉ siècle, sont ainsi définies par Tinembart comme des « ouvrages de référence », dans la mesure où ils s'adressent avant tout aux enseignants, même si leurs auteurs « ont à cœur de [les] adapter à leurs étudiants vaudois, de les traduire, de les rendre plus

---

3 FNS-Sinergia « Transformation schulischen Wissens seit 1830 », Dir. L. Criblez, N° CRSII1_160810.

lisibles et de les structurer un peu différemment pour que leur organisation interne soit mieux perceptible » (p. 371). Elle perçoit dans la *Petite grammaire des écoles primaires* élaborée par Blanc (1864) pour les écoles du canton de Vaud une évolution tangible, en ce que le public auquel il s'adresse est l'élève, même si cette grammaire n'a pas encore tous les attributs du manuel, dans la mesure où le processus de disciplinarisation du *Français* en est à ses prémisses et que les élèves n'ont pas tous un ouvrage scolaire dans les mains[4].

Tinembart (2015) évoque encore le phénomène de « didactisation » des livres scolaires, qui est consubstantiellement lié à la mutation de l'ouvrage en manuel. Elle met en évidence qu'à partir de la deuxième moitié du 19e siècle, les ouvrages scolaires montrent des « signes de didactisation » (p. 337), qu'elle illustre avec les éléments suivants : « organisation interne des manuels, propositions de manière de faire, mise en évidence des éléments importants, numérotation des règles ou des textes, etc. » (p. 336). La « didactisation » relève, pour cette auteure, à la fois de la sélection et de l'organisation des objets (organisation interne des manuels) et de leur mode de présentation du savoir (formulation des règles en allant du général au particulier, illustration par des exemples ; mise en évidence des éléments importants, numérotation des règles, etc.). L'ouvrage scolaire procède à une transposition externe tandis que le manuel procède à une transposition interne et rend les savoirs progressivement accessibles aux élèves.

Caractéristiques du processus de « disciplinarisation » du Français

Le processus de constitution du *Français* en discipline se réalise tout au long du 19e siècle, avec une accélération du processus dans la seconde moitié du siècle[5]. Dans la première moitié du 19e, les contenus relatifs à la langue sont circonscrits dans deux ensembles déconnectés, la grammaire et l'orthographe d'un côté, et l'enseignement de la lecture de l'autre, avec toutefois un élargissement, au niveau législatif, de ces objets dans le canton de Vaud, qui y intègre des exercices de composition dès 1834 (*Loi du 24 janvier 1834 sur les écoles*

---

4 Tinembart s'appuie alors sur Choppin (2008), qui identifie entre autres, dans l'ensemble des conditions nécessaires à l'existence du manuel « tel qu'on l'entend aujourd'hui » (p. 25), « des classes recevant un enseignement commun (l'enseignement dit simultané), une structuration des contenus en disciplines autonomes, la possession par l'élève d'un livre » (p. 25). Ces deux aspects – stabilisation de la discipline et mise à disposition des ouvrages scolaires gratuitement – apparaissent dans les cantons romands au tournant du 19e siècle.
5 Cette partie constitue une synthèse effectuée sur la base des travaux de Darme (2018) et Schneuwly, Lindauer, Darme, Furger, Monnier, Nänny et Tinembart (2016).

publiques primaires). L'enseignement relatif au français au primaire se compose donc d'enseignements partiels centrés sur la maîtrise du mécanisme de lecture, et des rudiments de grammaire en lien avec la maîtrise des principales règles orthographiques.

Ce processus se caractérise d'une part par l'apparition de nouveaux objets d'enseignement (vocabulaire, exercices de rédaction, récitation, élocution, etc.) dès les années 1850, par leur organisation progressive en composantes d'autre part. La discipline *Français* se constitue donc à partir de deux pôles, la lecture et les composantes relatives à l'analyse de la langue (grammaire, conjugaison, vocabulaire, orthographe), qui se structurent et s'unifient progressivement, en se mettant tous deux au service de la composition. Cette dernière devient en effet l'aboutissement de l'enseignement du *Français,* dans la mesure où elle est conçue comme forme scolaire par excellence de l'expression de la pensée que l'enseignement de la langue maternelle vise désormais à développer. Cette disciplinarisation du *Français* a lieu dans un contexte de construction de systèmes d'instruction publique. Il nous faut ici mentionner un acteur important de cette transformation, le Père Girard, pédagogue fribourgeois, dont les propositions formulées dès 1845 dans son *Cours éducatif de langue maternelle* préfigurent la forme que prend la discipline *Français* dans la deuxième moitié du 19e.

Dans ce cadre, on observe une transformation de la grammaire scolaire – ce que Chervel (1977) a appelé le passage de la première à la deuxième grammaire scolaire – qui se traduit par une délogicisation[6] de l'appareil grammatical au profit d'une description basée sur une approche fonctionnelle de la proposition. Cette transformation comporte selon nous des caractéristiques qui diffèrent en partie de ce que Chervel décrit pour le contexte français. L'une d'entre elles tient au moteur de l'évolution – la maîtrise de l'orthographe pour Chervel – que nous attribuons en partie à la composition. En effet, l'importance accrue accordée à la composition à partir du milieu du 19e siècle, et les conceptions de la langue alors dominantes qui définissent la proposition comme unité de pensée, font de la maitrise de cette dernière – et donc de l'enseignement grammatical – un enjeu majeur dans l'enseignement du français : apprendre à rédiger passe en premier lieu par apprendre à produire des propositions. D'un point de

---

6 Par « délogicisation », nous entendons l'abandon progressif des concepts et outils relatifs à l'analyse logique hérités de la grammaire générale : entre autres, conception de la proposition comme « énonciation d'un jugement », analyse tripartite de la proposition avec décomposition du verbe en être + participe présent, recours aux figures telle l'ellipse pour expliquer les règles d'accord.

vue interne, la délogicisation de l'appareil grammatical et l'émergence d'une description de la proposition par le système des fonctions (sujet, complément d'objet direct, complément circonstanciel, etc.) entraînent une transformation des savoirs et de leur mode de transmission caractérisée par :
- une transformation des objets à enseigner et de leurs critères de description (d'abord logiques puis à dominante sémantico-référentielle) ;
- l'émergence de nouvelles logiques de progression qui délaissent l'ordre traditionnel de présentation des parties du discours au profit de logiques d'expansion de la proposition ;
- l'esquisse de démarches d'enseignement de type inductif.

Méthode de recherche

Sur la base du corpus élaboré dans le cadre de notre recherche doctorale[7], qui contient l'ensemble des ouvrages scolaires, manuels et moyens d'enseignement validés ou prescrits dans les cantons de Genève, Vaud et Fribourg entre 1830 et 1990, nous avons extrait un corpus restreint de neuf ouvrages et manuels à partir desquels nous illustrerons les principales évolutions du corpus global. Nous nous centrerons sur les cantons de Genève et de Vaud, Fribourg présentant certaines particularités ne pouvant être traitées dans le cadre de cette contribution.

L'analyse du corpus a porté d'une part sur la structure des ouvrages et manuels, appréhendée à partir des tables des matières, d'autre part sur leur unité minimale, le chapitre, puis la leçon à partir du dernier tiers du 19e siècle. À partir de la structure des ouvrages et manuels du corpus, nous avons appréhendé les principes de sélection des notions grammaticales ainsi que les principes sous-tendant leur agencement et leur hiérarchisation. Cela nous a notamment permis d'inférer les logiques de progression adoptées par les auteurs. L'unité minimale des ouvrages a fait l'objet d'une analyse portant sur ses constituants (règle, exemples, définition ou contenu notionnel, exercices) et leur structuration.

De la transformation de la « matière grammaticale » : sélection, structuration et agencement des contenus

Sur la base du cadre théorique et méthodologique exposé précédemment, nous allons à présent retracer le processus de transformation des ouvrages en

---

7   Ce corpus global est composé de 110 ouvrages, manuels et moyens d'enseignement.

manuels, en nous centrant sur les questions de sélection, d'agencement et de hiérarchisation des contenus, et appréhender par ce biais les questions d'élémentation des savoirs, de progression, et l'émergence de l'unité didactique « leçon ».

Des ouvrages de « description de la langue » (1re moitié du 19e siècle)

Le corpus d'ouvrages en usage au cours du premier 19ᵉ siècle dans les trois cantons contient majoritairement des « grammaires » et « abrégés » en provenance de France : parmi ces derniers, on relève sans surprise les ouvrages de Noël et Chapsal, et leurs adaptations romandes, qui relèvent du dispositif que Chervel (1977) appelle la « première grammaire scolaire ».

Comme nous l'avons évoqué dans notre cadrage théorique, ceux-ci ne constituent pas encore de véritables manuels mais sont plutôt des ouvrages scolaires. Ils sont donc destinés aux enseignants comme ouvrages de référence pour préparer leurs leçons, ou encore pour la formation des enseignants dans le canton de Vaud (Tinembart, 2015). Nous aborderons ce type d'ouvrages à partir d'une adaptation vaudoise de la *Nouvelle grammaire française* de Noël et Chapsal (de La Harpe, 1836).

Tableau 1. Plan de la *Nouvelle grammaire française* (de La Harpe, 1836)

Partie I	Partie II – De la syntaxe
Des mots variables	Chap. I : De l'analyse logique
Chap. I : Du substantif	Chap. II : Du substantif
Chap. II : De l'article	Chap. III : De l'article
Chap. III : De l'adjectif	Chap. IV : De l'adjectif qualificatif
Chap. IV : Du pronom	Chap. V : Des adjectifs déterminatifs
Chap. V : Du verbe	Chap. VI : Des pronoms
Chap. VI : Du participe	Chap. VII : Du verbe
	Chap. VIII : Du participe présent
Des mots invariables	Chap. IX : Du participe passé
	Chap. X : De l'adverbe
Chap. VII : De l'adverbe	Chap. XI : De la préposition
Chap. VIII : De la préposition	Chap. XII : De la conjonction
Chap. IX : De la conjonction	Chap. XIII : De l'interjection
Chap. X : De l'interjection	Chap. XIV : Des figures de syntaxe
Chap. XI : De l'orthographe	Chap. XV : Observations particulières
	Chap. XVI : De la ponctuation
	Chap. XVII : De la prononciation et de la lecture
	Chap. XVIII : Locutions vicieuses

Cet ouvrage est constitué de deux parties (cf. Tableau 1), ces dernières étant ensuite divisées en chapitres dont l'unité est la partie du discours[8]. Les parties du discours sont au nombre de dix et abordées dans l'ordre suivant : nom, article, adjectif, pronom, verbe, participe, adverbe, préposition, conjonction, interjection. Elles sont passées en revue une première fois, après une introduction succincte centrée sur le « mot » (division du mot en lettres ; classement des lettres en voyelles et consonnes ; syllabes ; classement des mots en dix « espèces »). Les chapitres composant cette partie sont de taille très variable, celui consacré au verbe étant de loin le plus conséquent : 43 pages contre, par exemple, 3 pour le nom, 7 pour l'adjectif et à peine 1 page consacrée à chacune des quatre espèces de mots invariables. La première partie s'achève sur un chapitre intitulé « De l'orthographe », qui est centré sur l'orthographe d'usage (emploi des caractères et des lettres, des majuscules et des signes orthographiques). Les parties du discours sont de nouveau abordées dans la deuxième partie de l'ouvrage et dans le même ordre, après un chapitre introductif consacré à l'analyse logique.

Cette organisation de l'ouvrage consiste donc à passer deux fois en revue les dix parties du discours : dans la première partie, les caractéristiques de chacune sont mises en évidence à partir des trois dimensions classificatoires – forme, sens et position (Swiggers, 1997). La deuxième partie est essentiellement centrée sur les particularités morphologiques et quelques spécificités syntaxiques (absence de l'article, place du pronom personnel par rapport au verbe, etc.).

---

8   Les ouvrages de la première moitié du 19ᵉ siècle désignent les classes de mots (nom, adjectif, pronom, verbe, etc.) par les dénominations « parties du discours » et « espèces de mots » qui sont employées de façon synonyme. Dans la seconde moitié du 19ᵉ siècle, la dénomination « parties du discours » tend à disparaître des ouvrages au profit d' « espèces » ou de « sortes de mots ».

> **CHAPITRE PREMIER.**
>
> **DU SUBSTANTIF (3).**
>
> LE *substantif*, qu'on appelle aussi *nom*, représente un être ou un objet quelconque, soit qu'il existe dans la nature, comme *ciel*, *arbre*, *enfant*, soit qu'il n'ait d'existence que dans notre imagination, comme *espérance*, *perfection*, *bonheur*.
>
> Il y a deux sortes de substantifs : le substantif *propre*, ou *nom propre*, qui ne convient qu'à une seule personne ou à une seule chose, comme *Alexandre* (4), *Virgile* (5), *Paris* (6), *Vienne* (7) ; et le substantif *commun*, ou *nom commun*, qui convient à tous les individus, ou à tous les objets de la même espèce, comme *homme*, *livre*, *femme*, *brebis*.
>
> Parmi les substantifs communs, il y en a qui, quoiqu'au singulier, présentent à l'esprit l'idée de plusieurs personnes ou de plusieurs choses formant une collection : on les appelle, pour cette raison, substantifs *collectifs ;* tels sont : *troupe*, *peuple*, *quantité*. Les collectifs sont généraux ou partitifs : *généraux*, quand ils représentent une collection entière; et *partitifs*, lorsqu'ils représentent une collection partielle. *La foule des humains est vouée au malheur*. La foule des humains embrasse la généralité des hommes : *la foule* est un collectif général. *Une foule de pauvres reçoivent des secours*. Une foule de pauvres n'embrasse qu'une partie des pauvres : *une foule* est un collectif partitif. L'ARMÉE *des Français*, *la*

Figure 1. Extrait du chapitre sur le substantif (de La Harpe, 1836, p. 4).

Du point de vue du corps de l'ouvrage (cf. Figure 1), les chapitres se présentent comme des textes suivis organisés en paragraphes. Ils sont essentiellement consacrés à l'exposition du contenu notionnel, dont on peut schématiquement dégager deux visées : la description de la notion (définition générale, subdivision de la notion en catégories, exposition des caractéristiques morphologiques et syntaxiques) ; l'exposé des règles d'accord, et plus rarement, de construction. Les exemples sont directement intégrés à la description et mis en évidence par différentes marques typographiques (mise en italique, en petites majuscules), comme on peut le voir dans la Figure 1. Ces procédés typographiques servent également à mettre en exergue les termes métalinguistiques. Les exemples sont directement intégrés dans le corps du texte et les différentes dimensions de la notion sont mises sur le même plan, les chapitres ne présentent pas de trace de structuration et de hiérarchisation des contenus à l'exception de l'organisation en paragraphes. C'est donc à l'enseignant de choisir quelles dimensions mettre en exergue et à partir de quels exemples donner son explication.

Par ailleurs, de longs développements sont généralement consacrés aux exceptions : par exemple, le chapitre de la deuxième partie consacré au substantif traite principalement de cas particuliers. Sont passées en revue, sur quatre pages, les différentes exceptions aux règles générales s'appliquant au genre et au nombre du substantif.

Enfin, cet ouvrage ne contient pas d'exercices. Ces derniers, quand les auteurs en proposent, se trouvent regroupés en fin d'ouvrage et sont de deux types : l'analyse (logique et grammaticale) et la cacographie[9].

Au travers de cet exemple, apparaissent les principales caractéristiques des ouvrages élaborés dans la première moitié du 19e siècle[10]. L'apprentissage grammatical consiste donc à étudier les différentes parties du discours, à en retenir les caractéristiques morphosyntaxiques (variation en genre, nombre, temps, etc.) de manière à maîtriser les principales règles orthographiques de la langue française. Les parties du discours sont abordées dans un ordre souffrant assez peu de variations : nom, article, adjectif, pronom, verbe, participe, adverbe, préposition, conjonction, interjection. Ce classement, ainsi que la terminologie mobilisée, feront l'objet d'aménagements partiels dans les manuels produits à partir du dernier tiers du 19e siècle.

Ce mode d'organisation des notions confère ainsi à la catégorie « espèce de mots » le statut de principe structurant des ouvrages, l'itinéraire proposé étant de passer d'une espèce de mots à une autre. Ce type d'organisation confère la primauté à la classe de mots, qui est ainsi la catégorie qui structure l'appareil grammatical ; il s'inscrit dans la théorie des parties du discours qui forme le cœur de la tradition grammaticale occidentale trouvant son origine dans l'œuvre logique d'Aristote (Auroux, 1994). Le principe qui sous-tend l'organisation des notions grammaticales est donc d'abord une logique propre à la description de la langue et non une logique organisée en fonction de l'enseignement-apprentissage.

---

9   La cacographie est un exercice répandu en France à partir du début 19e qui consiste à « mettre entre les mains de l'élève un livre intentionnellement bourré de fautes d'orthographe, qu'il est invité à corriger » (Chervel, 1977, p. 100). Cet exercice, très critiqué à partir des années 1830, reste néanmoins en vogue en France jusqu'au milieu du siècle. Noël et Chapsal adaptent l'exercice, qui ne s'effectue plus sur des textes mais sur des phrases regroupées en chapitres, chaque chapitre se centrant sur un point de langue spécifique (syntaxe du substantif, emploi de l'article, de l'adjectif qualificatif, etc.).

10 À l'exception du *Cours éducatif de langue maternelle* du Père Girard (1845) qui, comme nous l'avons évoqué dans le cadrage théorique, marque une rupture avec les ouvrages de l'époque. Pour une analyse, voir Darme (2016).

Vers une sélection des contenus en fonction des degrés scolaires

> Resserrer, coarcter un long ouvrage, c'est l'abréger ; présenter les premiers germes et en quelque sorte la matrice d'une science, c'est l'élémenter [...]. Ainsi, l'abrégé, c'est précisément l'opposé de l'élémentaire ; et c'est cette confusion de deux idées très distinctes qui a rendu inutiles pour l'instruction les travaux d'un grand nombre d'hommes estimables... (Lakanal, 1795, cité par Choppin, 2008, p. 25).

Au côté des « grammaires » telles que celle de de La Harpe (1836) que nous venons d'aborder, sont produits des « abrégés » qui constituent une sorte de « réduction » des « grammaires ». Ces « abrégés » « resserrent » pour ainsi dire la matière : toutes les notions présentes dans les « grammaires » y sont abordées, mais de manière beaucoup plus synthétique. Prenons pour exemple l'*Abrégé* de de La Harpe (1837) : s'il ne contient, selon les dires de l'auteur, que les « notions tout à fait élémentaires » (p. 4), l'« élémentation » consiste de fait à conserver la première partie de la grammaire et à réduire la deuxième partie en une somme de remarques sur la syntaxe des parties du discours.

Dans la deuxième moitié du 19e, le corpus va progressivement évoluer : on observe la parution de « petites grammaires » et de « cours de langue » qui annoncent de nouvelles formes de sélection et d'agencement des contenus. Nous aborderons dans ce point la question de la sélection des contenus du point de vue de leur répartition en fonction des degrés scolaires.

Les premières traces de sélection que nous avons observées concernent les contenus à enseigner au début de l'apprentissage explicite de la grammaire. Par exemple, le *Cours d'orthographe élémentaire* de Mouchet[11] (1881), prescrit pour les degrés 3 et 4 des écoles primaires genevoises à partir des années 1870, restreint les contenus à enseigner à cinq notions : le nom, l'article, l'adjectif, le pronom, le verbe et la proposition. Pour chacune de ces notions (à l'exception de la proposition), l'auteur réduit le contenu notionnel à une courte définition suivie d'une présentation des principales caractéristiques morphologiques. L'exposé du contenu notionnel est suivi d'un ensemble d'exercices. Nous constatons en outre dans ce cours l'émergence du principe d'organisation par « affinité morphologique », sur lequel nous reviendrons par la suite, et que nous illustrerons pour l'instant avec ces propos de l'auteur de l'ouvrage : « [...] sacrifiant l'ordre par matières, j'ai disposé les groupes de mots selon les difficultés que présentent les terminaisons » (Mouchet, 1881, p. 3).

---

11 La version que nous avons pu nous procurer est une réédition. Bien qu'il s'intitule *Cours d'orthographe*, nous l'avons intégré au corpus dans la mesure où il sert de propédeutique à l'enseignement grammatical.

Nous retrouvons également, dans les principes ébauchés par Mouchet pour justifier le choix des notions sélectionnées, des similarités avec les principes du Père Girard. En effet, Mouchet insiste sur l'importance de la conjugaison des verbes et met en lien l'étude de la conjugaison et la construction de la proposition simple : « Les élèves pourront ensuite aborder l'étude du pronom, puis celle du verbe, par la conjugaison des temps simples de l'Indicatif, du Conditionnel, ainsi que de l'Impératif, et arriver facilement à la construction de la proposition simple » (Mouchet, 1881, p. 3). La sélection et l'agencement des notions sont pensés de sorte à mener à la construction de propositions. On observe donc chez Mouchet une réduction significative des notions à enseigner et la maîtrise de la proposition comme base de l'enseignement de la grammaire.

Dans le dernier tiers du 19ᵉ siècle, on s'oriente progressivement vers une répartition des contenus en fonction de l'avancée dans le cursus scolaire, qui se matérialise au travers de la parution de séries de manuels (Dussaud, 1888, 1891 par exemple). Ces séries, organisées en deux volumes, adoptent généralement une progression allant de l'étude de la proposition pour le degré intermédiaire (premier volume) à celle de la phrase (agencement de plusieurs propositions) pour le degré supérieur (deuxième volume), rompant ainsi avec la traditionnelle progression en fonction des parties du discours et conférant à la proposition une place centrale dans l'enseignement grammatical.

Vers une élémentation des notions

> L'objet du savoir [doit pourvoir] être découpé en éléments plus petits pouvant devenir objets d'étude ; et de ce fait étudié à travers une progression qui est précisée et définie en partie par des contraintes inhérentes à l'objet lui-même et/ou liées à ceux qui apprennent et aux cheminements de l'apprentissage (Schneuwly & Dolz, 2009, p. 22).

Parallèlement à la répartition des notions en fonction des degrés scolaires, les ouvrages élaborés dans la seconde moitié du 19ᵉ siècle participent à l'élémentation progressive des savoirs. Celle-ci se réalise notamment par la segmentation des chapitres en unités plus petites, qui permet l'émergence de la « leçon » comme unité des manuels scolaires. Comme nous allons le voir à présent, on observe dans les ouvrages de notre corpus une progressive structuration de la « matière grammaticale » par le biais d'une « typographie structurante » et d'« organisateurs structurels » (Cordier-Gauthier, 2002).

> **CHAPITRE II.**
>
> **DE L'ADJECTIF.**
>
> **§ 1. ACCORD.**
>
> 104. — *Le jeu charmant, la voix charmante.*
> *Ils sont charmants, elles sont charmantes.*
> L'adjectif prend le genre et le nombre du substantif ou du pronom qu'il modifie.
>
> **§ 2. FORMATION DU FÉMININ.**
>
> 105. — *Le jeu charmant, la voix charmante.*
> Le féminin d'un adjectif prend un *e* muet, à moins que, comme dans *utile*, le masculin ne se termine par cette voyelle.
> 106. — *Le bœuf gras, la vache grasse.*
> *Le visage vermeil, la face vermeille.*
> Si la prononciation l'exige, la consonne finale de l'adjectif masculin se double avant l'*e* muet.

Figure 2. Extrait de Leresche, *Abrégé de la grammaire française par Boniface* (1852, p. 34).

Prenons pour premier exemple de cette élémentation l'*Abrégé de la grammaire française par Boniface* de Leresche (1852)[12]. Cet ouvrage adopte une approche logique de la proposition et relève donc de la « première grammaire scolaire », mais il en propose d'ores et déjà quelques ajustements (refus de la décomposition du verbe « être » par exemple). Les différents éléments constitutifs de la notion étudiée sont mis en exergue au moyen de la numérotation des paragraphes (cf. Figure 2). Ce procédé permet ainsi d'indiquer plus nettement un changement de focale dans l'exposé du contenu notionnel, et participe à la structuration de la matière grammaticale. Outre l'organisation en paragraphes, les chapitres contiennent parfois un niveau de structuration supplémentaire, à savoir des subdivisions indiquées par un titre, qui participent également à l'élémentation des notions en objets à enseigner, puisqu'elles indiquent explicitement quelle dimension de la notion est abordée.

---

12   Il s'agit de l'adaptation d'un ouvrage français.

La *Petite grammaire pratique* du vaudois Samuel Blanc (1864), qui paraît une dizaine d'années après l'abrégé de Leresche, présente un ensemble de caractéristiques représentatives de la mutation de l'ouvrage scolaire en manuel : « d'un format court, elle réduit les explications grammaticales à l'essentiel, utilise différentes marques typographiques (gras, italique) pour mettre en exergue les points essentiels, émet des règles simples à mémoriser et propose de nombreux exercices » (Tinembart & Darme, 2016, p. 64). Bien qu'elle ne contienne pas de « leçons » à proprement parler, la matière y est structurée – en plus des divisions en chapitres – en paragraphes numérotés d'une part, procédé que l'on a relevé chez Leresche, et par l'intégration d'exercices dans le corps des chapitres d'autre part (cf. Figure 3).

CHAPITRE II.
Du NOM ou SUBSTANTIF.
Homme, cheval, plante, rivière, maison.

11. On appelle *être* tout ce qui a vie dans l'univers, et *chose* ou *objet* tout ce qui est privé de vie. Les *hommes*, les *animaux*, les *plantes*, sont des êtres ; la *rivière*, la *maison*, l'*encrier*, sont des choses ou des objets.

12. Les mots qui servent à nommer les êtres et les objets sont appelés *noms* ou *substantifs*.

Exercices sur le Nom.

13. **Noms de personnes.** Homme, femme, garçon, fille, père, mère, frère, sœur, maçon, peintre, laboureur, Adrien, John, Théophile, Alexandre, Sophie, Adèle, Victorine, Julien Dubois, Marie Bertholet.

14. **Composition.** L'élève indiquera vingt noms de baptême ou prénoms suivis d'un nom de famille.

15. **Noms d'animaux.** Le bœuf, le mouton, l'éléphant, le rhinocéros, la girafe, le cerf, le coq, l'oie, l'oiseau-mouche, le brochet, l'esturgeon, le dauphin, le grillon, le hanneton, l'abeille, la libellule ou demoiselle.

16. **Composition.** L'élève cherchera les noms de trente autres espèces d'animaux.

Figure 3. Extrait de Blanc, *Petite grammaire pratique des écoles primaires* (1864, p. 5).

L'intégration des exercices dans le corps de l'ouvrage renforce en effet le processus amorcé par la numérotation des paragraphes et la subdivision de certains chapitres en sections. Elle participe à la délimitation des objets, car elle segmente le flux de la description grammaticale d'une part. D'autre part, les exercices, qui se diversifient par ailleurs à la même période[13], ont une visée définie et prescrivent une tâche spécifique à l'élève, impliquant en retour une clarification du contenu sur lequel ils portent, amenant ainsi progressivement à la décomposition des notions en objets traités dans des leçons.

En outre, les définitions chez Blanc (1864) sont énoncées dans un langage qui se veut adapté à l'élève. Prenons par exemple la définition du verbe, qui se veut simple et ne mobilise aucun métalangage : le verbe « est le mot dont on se sert pour exprimer ce que l'on fait ou ce que l'on est ; il exprime une action, un état ou une manière d'être » (p. 28). On pourrait ainsi interpréter la prédominance des définitions sémantico-référentielles en lieu et place de critères logiques[14] comme un procédé également motivé par des principes pédagogiques, les définitions référentielles se rapportant directement au monde et aux choses et exigeant ainsi moins de capacité d'abstraction.

L'unité « leçon » comme subdivision minimale des ouvrages se généralise dans les ouvrages produits à partir du dernier tiers du 19e siècle. Cependant, cette unité reste instable jusqu'au tournant du 20e siècle, comme l'illustre par exemple le *Cours de langue* de Dussaud (1888) en usage dans le canton de Genève. Bien que les chapitres y soient divisés en leçons, ces dernières conservent une organisation en paragraphes numérotés entrecoupés d'exercices. Les exemples peuvent précéder l'explication grammaticale, ou y sont intégrés directement. Enfin, les leçons ne comportent pas toutes des titres.

La structure de la leçon se stabilise au début du 20e siècle. D'une étendue moyenne de deux-trois pages, elle est généralement organisée selon un plan que l'on retrouvera dès lors dans la plupart des manuels romands :

- Entrée par un support (de nature et d'étendue variée : ensemble de phrases ou de mots, texte)
- À partir de ce support, éventuellement série de questions ou d'observations
- Résumé ou règle grammaticale
- Série d'exercices.

---

13 Nous avons relevé dans cet ouvrage des exercices de « recherche de vocabulaire », des exercices à visée orthographique, mais également des exercices visant à faire produire des propositions.

14 Pour exemple, voici comme de La Harpe (1836) définit le verbe : « Le verbe est un mot qui exprime l'affirmation ; quand je dis : le soleil est brillant, j'affirme que la qualité marquée par l'adjectif brillant convient au soleil, et le mot est, qui exprime cette affirmation, est un verbe » (p. 21).

Avec l'émergence d'une structure redondante et facile à appréhender, les ouvrages pour l'enseignement grammatical sont dès lors maniables par l'élève, nous permettant ainsi de les qualifier de manuels.

Émergence de logiques de progression basées sur l'enseignement-apprentissage

Le processus d'élémentation que nous venons de décrire s'accompagne de nouveaux modes d'organisation et de hiérarchisation des objets à enseigner. En effet, dans la deuxième moitié du 19e siècle, de nouveaux principes d'organisation de la matière grammaticale émergent et viennent ainsi modifier la traditionnelle organisation des chapitres en fonction des parties du discours. On s'oriente ainsi vers de nouvelles formes de progression, imbriquant logique propre à la description de la langue et logique centrée sur l'apprentissage de l'élève. Deux nouveaux principes vont désormais sous-tendre l'organisation des manuels : d'une part, une organisation des objets selon une logique d'expansion de la proposition qui devient l'unité structurante des manuels (voir à ce sujet Darme, 2016 ; Darme & Schneuwly, 2014), et d'autre part une organisation par « affinité morphologique », que nous avons déjà évoquée. Nous illustrerons ces nouvelles logiques d'organisation des manuels à partir de ce dernier principe.

Une série d'ouvrages de notre corpus propose un mode d'organisation et de structuration des notions grammaticales original, reposant majoritairement sur l'affinité morphologique des objets à enseigner : il s'agit du *Cours élémentaire de grammaire française* en deux volumes, conçu par Charles Vignier (1905). Ce principe est partiellement mobilisé par les auteurs de grammaires et de cours de langue produits dans la première moitié du 20e siècle. Il est davantage exploité dans cette série d'ouvrages et confère à la proposition un statut moins central, presque marginal. Cette primauté de la logique « affinité morphologique » est concordante avec la visée orthographique affichée par l'auteur dès l'avant-propos du manuel.

Le Cours élémentaire est composé de deux ouvrages, eux-mêmes subdivisés en parties correspondant chacune à une année d'enseignement. Chaque partie contient ensuite trois sous-parties (Lexicologie et syntaxe, Conjugaison et Vocabulaire). Chaque sous-partie est constituée d'un certain nombre de chapitres (excepté le vocabulaire subdivisé en thèmes), contenant un ensemble de « leçons ». L'ouvrage ne semble organisé ni complètement en fonction des parties du discours, ni en fonction de la proposition, mais dirigé vers la maîtrise orthographique, les objets étant regroupés notamment en fonction de leurs similarités morphologiques. Dans le 1er tome pour le degré intermédiaire, la partie « Lexicologie et syntaxe » est structurée comme suit :

- Le 1er chapitre présente cinq parties du discours (nom, article, adjectif, verbe et pronom).
- Le 2e chapitre traite de la formation du féminin (nom et adjectif).
- Le 3e aborde la formation du pluriel chez le nom et l'adjectif.
- Le 4e est centré sur les phénomènes d'accord (adjectif, pronom, verbe) et introduit la notion de sujet pour pouvoir traiter de l'accord du verbe.
- Les deux derniers chapitres traitent respectivement des compléments et de la proposition.

L'analyse des différentes leçons et chapitres corrobore les observations résultant de l'étude de la structure de l'ouvrage. Dans le premier volume, certaines notions font en premier lieu l'objet d'une description du point de vue de la forme et de leurs éventuelles variations morphologiques, avant d'être définies et « étiquetées ». Cet accent sur les propriétés morphologiques des notions montre la place importante accordée à la maîtrise de l'orthographe dans cet ouvrage. Il est toutefois intéressant de noter que Charles Vignier produira une dizaine d'années plus tard un « cours de langue », destiné à remplacer ce manuel, et dans lequel l'enseignement grammatical est mis au service de la composition. Les orientations prises dans ces deux manuels reflètent les deux finalités que poursuit désormais l'enseignement grammatical.

Conclusion

Au travers de ce chapitre, nous avons pu mettre en évidence que la transformation de la « grammaire scolaire » au 19e siècle s'appréhende et se construit au travers de la transformation de l'ouvrage en manuel. La transformation du corpus que nous avons retracée reflète en effet la reconfiguration des savoirs grammaticaux à l'œuvre tout au long du siècle. Cette reconfiguration des savoirs se réalise notamment au travers de la sélection et de la répartition des notions selon le principe d'un enseignement progressif et gradué. La répartition des contenus en fonction de l'âge et de l'avancée des élèves dans le cursus scolaire, qui va de pair avec l'émergence de la forme scolaire moderne, s'incarne d'abord au travers du couple « grammaire » / « abrégé ». Elle est ensuite renforcée par la production de manuels en séries, qui répartissent et indiquent les savoirs à enseigner, et à apprendre, en fonction des degrés scolaires.

Cette transformation de l'ouvrage en manuel se matérialise également par l'émergence de la « leçon » comme unité didactique, qui se réalise au travers de l'aménagement progressif des chapitres selon deux processus :

- La structuration des différents éléments constitutifs des notions au travers de différents procédés : l'apparition de subdivisions qui indiquent, à l'intérieur du cadre délimité par la notion étudiée dans le chapitre, une focalisation sur un objet en particulier ; la structuration et la hiérarchisation des éléments constitutifs de la notion étudiée par l'intermédiaire de la numérotation des paragraphes.
- L'organisation en différentes « rubriques » : exemples, description, exercices.

La transformation des ouvrages scolaires s'articule en effet autour d'un composant central, à savoir les exercices. Deux phénomènes nous semblent être à l'œuvre. Tout d'abord, l'introduction des exercices dans les différents chapitres composant les ouvrages, cette introduction entraînant un découpage des chapitres en subdivisions qui se muent progressivement en leçons. Ensuite, la diversification des exercices proposés dans les ouvrages : à la dictée et l'analyse s'ajoutent progressivement des exercices variés à visée orthographique et des exercices d'invention, dénotant la double finalité de l'enseignement grammatical, à savoir la maîtrise orthographique et l'entrée dans la composition. Cette dernière finalité s'impose progressivement durant la deuxième moitié du 19e siècle, sous l'impulsion des propositions du Père Girard, et s'incarne notamment au travers de l'objet « proposition », qui devient le principe structurant des manuels. Cette articulation entre deux composantes au moyen de l'objet « proposition », dont la maîtrise permet l'entrée dans la composition selon les conceptions de l'époque, est l'un des signes de la disciplinarisation du *Français* qui prend progressivement la forme d'un tryptique organisé autour de trois composantes que sont la lecture, la grammaire et la composition.

Ainsi, c'est au travers des aménagements progressifs de la matière grammaticale que nous avons décrits que se transforme la grammaire scolaire, en lien avec le processus de disciplinarisation du français. L'émergence de la leçon restructure le savoir, et le rend surtout accessible à l'élève : elle rend visible les éléments à retenir, permet de réinvestir ce qui a été appris au travers des exercices qu'elle contient. Ainsi, le savoir « n'émane plus avant tout de la parole de l'enseignant, mais du manuel, que chaque élève tient entre ses mains, pouvant le manipuler, le regarder, le parcourir, le lire, l'étudier et s'en approprier les contenus » (Hofstetter & Schneuwly, 2019, p. 42).

Références bibliographiques

Sources

Blanc, S. (1864). *Petite grammaire pratique des écoles primaires dédiée aux instituteurs et à la jeunesse de la Suisse française*. Samuel Blanc.

de La Harpe, C. (1836). *Nouvelle Grammaire Française, sur un plan très méthodique, avec de nombreux exercices d'orthographe, de syntaxe et de ponctuation, tirés de nos meilleurs auteurs, et distribués dans l'ordre des règles ; par MM. Noël et Chapsal. Revue, augmentée et mise à l'usage de la Suisse française*. Em. Vincent fils.

de La Harpe, C. (1837). *Abrégé de la grammaire française ou extrait de la nouvelle grammaire française, ouvrage mis au rang des livres classiques par MM. Noël et Chapsal, quinzième édition augmentée d'un tableau pour faciliter la conjugaison des verbes*. Benjamin Corbaz libraire.

Dussaud, B. (1888). *Cours élémentaire de langue maternelle. Première partie*. H. Georg, éditeur.

Dussaud, B. (1891). *Cours élémentaire de langue maternelle. Deuxième partie*. F. Payot, libraire-éditeur.

Girard, G. (1845). *Cours éducatif de langue maternelle à l'usage des écoles et des familles*. Dezobry & Magdeleine.

Leresche, J.-L.-B. (1852). *Abrégé de la grammaire française par Boniface enrichie de Notes et approuvées par le Conseil de l'Instruction publique*. D. Martignier.

Mouchet, E. M. (1881). *Cours d'orthographe élémentaire pour les familles et les écoles à l'usage des commençants* (11e édition). Taponnier et Studer, imp.-éditeurs.

Vignier, Ch. (1905). *Cours élémentaire de grammaire française à l'usage des écoles primaires suivi d'un vocabulaire (Vol. 1-2)*. W. Kündig & fils.

Bibliographie

Auroux, S. (1994). *La révolution technologique de la grammatisation*. Éditions Mardaga.

Chervel, A. (1977). *… et il fallut apprendre à lire à tous les petits Français. Histoire de la grammaire scolaire*. Payot.

Choppin, A. (2008). Le manuel scolaire, une fausse évidence historique. *Histoire de l'éducation, 117*, 7–56.

Cordier-Gauthier, C. (2002). Les éléments constitutifs du discours du manuel. *Etudes de linguistique appliquée, 125*, 25–36.

Darme, A. (2016). Enseigner la grammaire pour maîtriser l'écrit : histoire de la grammaire scolaire en Suisse romande (1850-1970). *Forum lecture, 2.* Repéré à http://www.forumlecture.ch/sysModules/obxLeseforum/Artikel/577/2016_2_Darme.pdf

Darme, A. (2018). *Enseigner la grammaire pour développer l'expression de la pensée ? Eléments d'histoire de la grammaire scolaire en Suisse romande.* Thèse de doctorat. Université de Genève. doi : 10.13097/archive-ouverte/unige :111754

Darme, A. & Schneuwly, B. (2014). De la « crise du français » à la rénovation de l'enseignement de la langue maternelle : Transformation des contenus théoriques et didactiques dans les manuels de grammaire genevois (1916-1979). *SHS Web of Conferences - 4ᵉ Congrès Mondial de Linguistique française, 8,* 945-959. Repéré à http://dx.doi.org/10.1051/shsconf/20140801378

Hofstetter, R. & Schneuwly, B. (2019). Les manuels comme emblèmes des reconfigurations disciplinaires de la forme école au 19ᵉ siècle ? Essai historiographique. In S. Wagnon (Ed.), *Le manuel scolaire, objet d'étude et de recherche : enjeux actuels et perspectives* (pp. 19-54). Peter Lang.

Schneuwly, B. & Dolz, J. (2009). *Des objets enseignés en classe de français.* PUR.

Schneuwly, B., Lindauer, T., Darme, A., Furger, J., Monnier, A., Nänny, R. & Tinembart, S. (2016). Enseignement de la langue première « Deutsch » - « Français ». Remarques sur l'histoire de la discipline en Suisse (~ 1840 à~ 1990) dans une perspective comparative. *Forum lecture, 2.* Repéré à http://www.forumlecture.ch/sysModules/obxLeseforum/Artikel/567/2016_2_Schneuwly_Lindauer_et_al_de.pdf

Swiggers, P. (1997). *Histoire de la pensée linguistique.* PUF.

Tinembart, S. & Darme, A. (2016). Ouvrages et manuels scolaires de lecture et de grammaire en Suisse romande au XIXᵉ siècle. *Le français aujourd'hui, 194,* 59-70.

Tinembart, S. (2015). *Le manuel scolaire de français, entre production locale et fabrique de savoirs. Le cas des manuels et de leurs concepteurs dans le canton de Vaud au 19ᵉ siècle.* Thèse de doctorat. Université de Genève. doi : 10.13097/archive-ouverte/unige :75031

Aurélie De Mestral et Viviane Rouiller

Enseignants, concepteurs de manuels et artisans de la forme scolaire

Introduction

Cet article met en lumière, d'un point de vue historique, la contribution des enseignants[1] à la concrétisation, la matérialisation et l'évolution de la forme scolaire. Des enseignants considérés, à leur échelle et parmi d'autres, comme des contributeurs de la forme scolaire en tant que concepteurs de manuels scolaires qui, par ce biais, participent plus précisément au renouvellement et à l'évolution de chacune des disciplines autour desquelles ils travaillent.

Notre réflexion s'appuie donc sur le concept de la *forme scolaire*[2], déjà investigué par Chervel (1988) et d'autres chercheurs (Hofstetter & Schneuwly, 2018 ; Julia, 1995 ; Schneuwly & Hofstetter, 2017 ; Vincent, 1980). Un concept qui définit le système scolaire non pas comme le seul relais de savoirs et de règles émanant de l'extérieur, mais qui lui reconnaît également la capacité de produire des savoirs qui lui sont propres. En ce sens, la forme scolaire s'apparente donc à une culture qui, sans être totalement autonome de la culture globale et de la société en général, revêt bien un caractère singulier, à la fois de par les éléments constitutifs qu'elle produit (des disciplines et du travail scolaires) et les contraintes pédagogiques et didactiques auxquelles elle est doit répondre. Parmi ces éléments constitutifs de la forme scolaire se trouvent les disciplines scolaires dont la genèse a découlé, au 19e siècle, d'une reconfiguration de l'école et, avec elle, d'une redéfinition du mode d'organisation des savoirs et de leur transmission (Hofstetter & Schneuwly, 2019, p. 14).

Alors que la concrétisation matérielle et l'évolution des disciplines constitutives de la forme scolaire peuvent se percevoir dans les programmes et les plans d'études, il en est de même au sein des manuels scolaires, lesquels confèrent

---

1 Dans ce chapitre, nous utilisons le mot « enseignant » comme un terme générique qui définit une personne chargée de transmettre des connaissances et des savoirs, incluant donc aussi bien le professeur, l'instituteur que le maître d'école. Considérés comme tels, les acteurs étudiés ici ont également pu revêtir d'autres fonctions (voir les notes 6 et 7 du présent chapitre).
2 Pour une définition plus approfondie de ce concept, nous renvoyons le lecteur à l'introduction du présent ouvrage.

au savoir une réalité sensible à travers l'objet matériel. Considéré comme tels, leur étude peut se faire à travers une approche que Hofstetter et Schneuwly (2019) qualifient de *disciplinaire et curriculaire* et qui consiste à appréhender les manuels scolaires comme des « traces de l'organisation des savoirs et des modes de leur enseignement et apprentissage à l'intérieur des disciplines » (p. 27) afin de « comprendre le processus de disciplinarisation des savoirs scolaires, le "travail de construction des savoirs" : choix, modification, création, transformation lors de la constitution des disciplines et de leurs évolutions » (p. 23). Témoin de la matérialisation des savoirs dispensés par une discipline, le manuel, de par son étude, permet également d'éclairer le chercheur sur l'organisation externe d'une discipline[3], en mettant en exergue les finalités pédagogiques, politiques, sociales, économiques et culturelles d'une époque donnée, de même qu'une constellation d'acteurs actifs dans le vaste domaine des livres scolaires. Parmi cette constellation d'acteurs, figurent les enseignants en tant que concepteurs de manuels, tel que l'a montré Choppin (1992) pour la France. Une activité annexe à l'enseignement permettant à ceux-ci, au 19e siècle, de compléter leur salaire de base, cela d'autant plus que la période était favorable à de telles pratiques, en raison notamment d'une demande accrue du public en la matière ainsi que de l'industrialisation croissante du marché de l'édition. En outre, tel que le note Extermann (2013) au sujet des professeurs de langues pour la Suisse romande, une telle démarche leur permettait également d'asseoir le statut de leur profession : « Il en va de l'affirmation de leur expertise, de l'affirmation de la maîtrise du savoir qu'ils dispensent, avec la reconnaissance sociale qui lui est liée » (p. 93).

Partant de ces considérations sur la forme scolaire telle qu'elle se définit dès le 19e siècle, notamment à travers l'organisation des savoirs en disciplines, notre objectif est donc de montrer la manière dont les enseignants ont contribué à l'évolution de la forme scolaire en concevant de nouveaux moyens d'enseignement voués à modifier l'enseignement d'une discipline et, par-là, susciter davantage l'intérêt des élèves. À cette fin, nous nous centrons sur la deuxième partie

---

3   Alors que l'organisation ou l'ordre interne d'une discipline porte sur les savoirs qui la constituent, de même que sur la structuration de ces derniers ainsi que sur leur mode de transmission, l'organisation ou ordre externe d'une discipline se définit notamment par la place occupée par cette dernière au sein des programmes scolaires, les diverses finalités lui étant assignées et les différentes représentations véhiculées par le biais de son enseignement. Pour en savoir plus à ce sujet, voir notamment Schneuwly, Lindauer, Darme, Furger, Monnier, Nänny & Tinembart (2016), Schneuwly et Hofstetter (en préparation) et Rouiller (2020).

du 19ᵉ siècle et la première partie du 20ᵉ siècle, à travers l'exemple de deux professeurs suisses romands ayant élaboré leurs propres moyens d'enseignement. Nous nous basons, pour ce faire, sur des articles de revues pédagogiques et des rapports véhiculant les discours émis par ces deux protagonistes quant à leur volonté de faire évoluer l'enseignement d'une discipline – l'histoire pour l'un, l'allemand pour l'autre – ainsi que sur les manuels scolaires qu'ils conçoivent ensuite, lesquels cristallisent (ou non) leur ambition affichée préalablement[4].

La remise en cause d'une méthodologie et de ses moyens d'enseignement

Apprendre l'histoire par cœur : « une routine aussi funeste qu'invétérée »

Le premier 19ᵉ siècle en Suisse romande se caractérise par une instauration progressive de la discipline *histoire* dans les programmes du degré primaire et l'utilisation de quelques ressources d'enseignement. Nous constatons, dès la deuxième moitié du 19ᵉ siècle, nombre d'initiatives visant à rendre l'histoire plus accessible par la production de moyens jugés plus adaptés aux élèves.

Mentionnons, par exemple, les premiers manuels d'Heinrich Zschokke (1823) ou de Jeanne-Mathilde Delarive (1839) : ces deux ouvrages sont de véritables livres d'histoire au sens premier du terme. Ils sont exempts de processus de mise en activité de l'élève et se caractérisent majoritairement par un récit, bien que leurs auteurs signalent déjà dans la préface vouloir susciter l'intérêt des élèves. Autant d'éléments qui figurent dans les prescriptions paraissant dans les années 1850 : les programmes sont en effet marqués par une injonction à enseigner l'histoire nationale sous la forme d'un récit des faits principaux dont la chronologie est essentiellement basée sur les événements politiques et militaires.

Dans les années 1860-70, les modalités pédagogiques étant toujours peu détaillées dans les programmes, libre alors aux enseignants d'adapter leur pédagogie, voire d'en proposer une. Pour nombre d'acteurs du monde pédagogique, pédagogues, enseignants ou praticiens, tels que Henri Cuchet, Alexandre Daguet, Joseph Schneuwly ou encore Raphaël Horner, il s'agissait essentiellement de rendre l'appréhension de l'histoire plus claire, plus abordable, plus vivante et attractive pour les élèves. Ainsi, ils produisent eux-mêmes et font

---

[4] Cet article reprend des éléments présentés respectivement dans le chapitre 7 de la thèse de De Mestral (2018) et dans le chapitre 8 de l'ouvrage de Rouiller (2020).

éditer nombre d'abrégés qui seront utilisés en classe. Cette fin du 19ᵉ siècle est, selon nous, le moment qui constitue la plus grande production matérielle d'ouvrages d'histoire, les abrégés bouleversant l'enseignement en classe et attestant d'un véritable tournant, celui de la didactisation des ouvrages, opérée par une mise en forme scolaire du savoir.

Ainsi, ce n'est pas la méthodologie proposée dans le programme qui est à l'origine du changement de manuel préconisé, mais bien le foisonnement des manuels/abrégés/catéchismes employés dans ce deuxième 19ᵉ, tous élaborés par des acteurs de la sphère scolaire, qui induit des changements en matière de pédagogie dans les prescriptions. Les prémices des méthodes intuitives et actives[5] sont perceptibles dans les écoles romandes par le biais des ouvrages employés, élaborés par des acteurs du monde pédagogique, avant que les prescriptions ne s'en revendiquent, faisant de ces derniers des artisans de la forme scolaire.

Éclairons ce processus à la lumière d'un exemple en terres fribourgeoises. Le programme scolaire de l'année 1886 est défini par les modalités pédagogiques suivantes : mémorisation de faits, de dates et d'événements particuliers. Le processus de mémorisation est primordial, à tel point qu'il érige l'apprentissage des dates comme contenu de savoir. Durant cette même période, en 1882, l'abbé Raphaël Horner[6], publie un *Guide pratique de l'instituteur : notions élémentaires de méthodologie* (la 2ᵉ édition consultée paraît en 1887) dans lequel il critique l'enseignement tel qu'envisagé dans les programmes d'alors et définit l'importance et les buts de l'enseignement dit intuitif. Dans ce guide, la question

---

5   La méthode intuitive est explicitée en particulier par Ferdinand Buisson dans son *Dictionnaire de pédagogie et d'instruction primaire* en 1887 dans un article « Intuition et méthode intuitive » (Buisson, 1887). Cette dernière, qui fait appel à la perception immédiate et la découverte, préconise notamment l'utilisation du dessin, des objets sensibles, des exemples tirés de la vie quotidienne, des mœurs, etc. pour faire accéder les élèves à une meilleure compréhension de la réalité. Quant à la méthode active qui connait son essor dans les années 1920 – avec la publication en 1922 de *l'École Active* par Adolphe Ferrière –, elle promeut une pédagogie de l'apprentissage par l'activité et l'expérience, plutôt que la passivité de l'enseignement traditionnel, et met au centre une éducation adaptée aux intérêts de l'enfant (Haenggeli-Jenni, 2015).

6   Raphaël Horner (1842-1904) est un prêtre et aumônier à l'École normale d'Hauterive. Professeur d'histoire et de géographie, il est également recteur du Collège Saint-Michel et professeur de pédagogie à l'Université. Au nombre de ses mandats, mentionnons également celui d'inspecteur des écoles de la ville de Fribourg et de membre de la Commission du dépôt central du matériel scolaire. Il est rédacteur du Bulletin pédagogique entre 1872 et 1882 puis de 1886 à 1902. (Pache, 2006 ; Weber, 2005).

essentiellement posée et débattue par Horner concernant l'enseignement de l'histoire est celle de l'apprentissage par cœur :

> Faut-il faire apprendre les leçons d'histoire par cœur ? [...] Presque partout, en effet, on oblige les élèves à apprendre le mot à mot de leur manuel, ou du moins de quelques résumés. [...]. Or, au risque de heurter l'avis de la grande majorité de nos lecteurs, nous n'hésiterons pas à dire que cette méthode est aussi absurde qu'infructueuse (Horner, 1887, p. 212).

Le débat sur la nécessité ou non de l'apprentissage par cœur en histoire fait donc déjà rage à la fin du 19e siècle. Horner soutient que la connaissance d'un fait est indépendante, même « absolument indépendante » (p. 212) de la forme que l'auteur en donne. Il argumente son propos en tirant de ses expériences la conclusion suivante : « le mot à mot s'efface bien vite de la mémoire et avec la lettre le fond disparaît aussi » (p. 213). Qualifié d'absurde et de « routine aussi funeste qu'invétérée » (p. 215), le système des leçons littérales et de l'apprentissage par cœur est battu en brèche au profit d'une méthode s'attachant à faire comprendre les événements dans les récits historiques et « à faire retenir la suite des idées, la succession des faits et non la suite des mots » (p. 214).

Horner exprime également un avis assez tranché quant à l'utilisation de la chronologie dans l'enseignement de l'histoire. Il oppose théoriquement deux styles d'enseignement : celui de la forme *régressive* et de la méthode *chronologique*, et celui de la méthode *analytique* et *synthétique*. Il dénonce la méthode chronologique consistant à suivre simplement l'ordre et la succession des événements. Il ne chante pas non plus les louanges de la méthode régressive qui vise à aller du connu à l'inconnu en partant des éléments proches de l'élève (maison, famille) pour remonter successivement à l'histoire plus générale, en se demandant s'il est « naturel de remonter des conséquences aux causes » (Horner, 1887, p. 216). Autant de critiques à partir desquelles il ambitionnera d'apporter des correctifs en proposant une autre approche d'enseignement.

Apprendre les langues selon une méthode exclusive : « une outrance dogmatique »

Le deuxième exemple choisi pour illustrer notre propos se rapporte à Ernest Briod[7], enseignant d'allemand à l'école primaire vaudoise. Particulièrement

---

7   Ernest Briod (1875-1954) fait une partie de ses études à Zurich et à Iéna. Maître d'allemand aux écoles primaires de Lausanne jusqu'en 1919, il enseigne ensuite à l'école cantonale de commerce (Vaud). En parallèle de sa profession, il s'engage en politique entre 1922 et 1925, au Conseil communal de Lausanne. De 1910 à 1914, il préside la

actif dans le champ de sa profession, il participe en 1915 à une réunion regroupant les chefs des différents départements de l'instruction publique cantonaux[8], événement au cours duquel il présente un rapport qui remet en cause un cours de langue allemande alors en usage dans les écoles primaires et secondaires des cantons de Vaud et Fribourg. Se référant au cours inférieur des *Deutsche Stunden* de Hans Schacht, il critique notamment le manque de variété des thématiques traitées, se focalisant trop longtemps sur certaines d'entre elles, à l'image de la vie scolaire (Briod, 1915b). Outre cet aspect, Briod relève encore des manquements plus larges, parmi lesquels : une insuffisance de devoirs d'application et d'exercices grammaticaux ; la forme adoptée par ce livre s'apparente davantage à un manuel du maître puisque riche en exemples d'aucune utilité pour l'élève ; enfin, des images qui, bien que florissantes en début d'ouvrage, deviennent ensuite trop rares.

Si les reproches émis dans ce rapport portent sur un cours de langue spécifique, c'est avant tout la méthode directe, telle qu'elle avait émergé au tournant du siècle, qui est visée, celle-ci étant déjà sujette à de nombreuses critiques, en Suisse comme ailleurs (Puren, 1988). Des critiques envers cette méthodologie dont Briod va se faire ensuite le porte-parole dans un article publié en 1922 dans la revue *l'Annuaire de l'instruction publique en Suisse* et intitulé « L'étude et l'enseignement d'une langue vivante ». Au sein de cet écrit, il dénonce notamment le raisonnement utopique visant à rapprocher cette méthodologie de celle dite naturelle qui s'applique à l'acquisition des premiers éléments de la langue maternelle, de même que l'usage prohibé, dans certains cas, de cette dernière dans le cadre de l'enseignement d'une langue étrangère. Aussi considère-t-il que ce procédé, calqué sur le processus d'acquisition d'un jeune enfant de sa langue maternelle, n'est pas compatible avec l'âge auquel les élèves débutent généralement l'étude de l'allemand en Suisse romande, soit aux alentours de douze ans. En outre, Briod distingue l'étude d'une langue étrangère par le canal de l'école de celle menée par le biais d'un autre mode d'apprentissage (séjour à l'étranger), ne pouvant, de fait, poursuivre les mêmes objectifs.

    Société pédagogique romande et devient quelques années plus tard le rédacteur en chef de la revue pédagogique *L'Éducateur* (Berlinger Konqui, 2000).

8   Rappelons ici que la Constitution fédérale de 1848 donnant naissance à la Suisse moderne laisse la grande partie des prérogatives scolaires aux cantons. Aussi Hofstetter (2012), pour qualifier l'espace scolaire helvétique, parle-t-elle d'une « fédération d'États-enseignants ».

Les enseignants concepteurs de manuels

> La mentalité du collégien de douze ans qui aborde l'étude d'une langue étrangère n'est nullement comparable à celle du petit enfant qui balbutie les premiers sons de la langue de sa mère. Quand certains novateurs bannirent de leurs leçons jusqu'à l'emploi de la langue maternelle, ils se privèrent simplement d'un moyen naturel auquel on ne peut se passer de recourir pour créer la clarté dans l'esprit des élèves […] Prétendre assimiler la leçon au milieu étranger dont l'élève finirait par acquérir la langue, c'est oublier que le maître et la salle d'école ne sauraient, à eux seuls, remplacer toute l'ambiance étrangère (Briod, 1922, pp. 93-94).

Pour qualifier l'adoption, en Europe au tournant du 20ᵉ siècle, de la méthode directe pour l'enseignement des langues étrangères, le professeur d'allemand parle ainsi « d'une outrance dogmatique » (p. 93), une expression loin d'être anodine, dans la mesure où il ne rejette pas l'entier des caractéristiques de la méthode directe, reconnaissant par exemple la pertinence du procédé intuitif pour l'acquisition des mots concrets. Toutefois, il s'empresse d'ajouter qu'un procédé, aussi précieux soit-il, « ne peut, à lui seul, constituer une méthode » et que ce dernier n'en est « qu'un moment, essentiel peut-être, mais forcément passager et toujours insuffisant s'il est employé seul » (p. 95). Au sein de ce même article, il revient également sur la méthode dite traditionnelle ou grammaticale pour en démontrer les limites mais également les mérites, notamment dans sa propension à approfondir l'étude de la langue au-delà de sa finalité pratique. À travers cette logique, nous voyons alors se dessiner le cœur de son propos reposant sur le rejet, dans le cadre de l'enseignement des langues vivantes, de toute méthode exclusive. Une position qu'il légitime par le principe de diversité qui s'applique d'abord aux différentes langues vivantes dont l'apprentissage peut se révéler soit analytique soit synthétique, puis aux élèves eux-mêmes : « Les élèves, enfin, offrent tant de variétés d'aptitudes ! Toute méthode exclusive ne peut convenir qu'à des types exceptionnels. Plus une méthode sera éclectique, plus elle aura de chances de répondre aux besoins de la généralité » (p. 97). La base d'une réflexion quant à un renouvellement méthodologique que l'enseignant, nous allons bientôt le voir, va s'attacher à en exposer plus précisément les contours.

La théorisation d'une autre méthodologie

La lecture pour un apprentissage de l'histoire plus intuitif

Fort des critiques précédemment énoncées dans son guide méthodologique, Horner y explicite en outre sa conception de « la méthode intuitive (*de intueor*, regarder) qui consiste à soumettre les choses à l'examen direct des organes des sens et spécialement de la vue, pour en faire jaillir des connaissances et pour développer les facultés intellectuelles et morales de l'enfant » (Horner, 1887, p. 63). Selon lui, la lecture représente la clef du progrès de l'enseignement à l'école primaire dont le renouvellement passerait donc par cette discipline en suivant la méthode concentrique. En effet, partant du postulat que toutes les disciplines se pénètrent et s'éclairent réciproquement, Horner considère que l'élève, par le biais de la lecture, acquerrait les connaissances nécessaires dans toutes les autres matières. Comment envisage-t-il le renouvellement de l'histoire dans ce cadre ?

Il n'accorde pas autant d'importance à la connaissance de l'histoire qu'à celle de la lecture, du calcul, de l'écriture et de la rédaction, mais il concède toutefois que « cette étude contribue à élargir le cercle des idées » et que « privée de toute notion d'histoire, l'intelligence de l'homme serait condamnée à se mouvoir dans l'étroite sphère de sa propre individualité » (p. 210). Le principal intérêt conféré à la connaissance du passé est celui de la recherche de la vérité et l'exaltation du patriotisme, comme l'exprime bien Horner déjà dans la revue du *Bulletin pédagogique* en 1880, puis dans son *Guide pour l'instituteur* en 1887 :

> Que dire de l'influence exercée sur notre cœur par l'évocation des souvenirs patriotiques ? Qui ne se rappelle les émotions fortifiantes, les enthousiasmes précoces éveillés dans notre enfance par les récits de notre histoire nationale ? [...] Chaque personnage se transfigurait en héros [...] On ne saurait le contester, ces évocations du passé exercent un grand empire sur l'enfance et contribuent puissamment à fortifier, à exalter le patriotisme (Horner, 1880, p. 4 ; Horner, 1887, p. 211).

Dès lors, l'enseignement de l'histoire est conceptualisé autour de finalités essentiellement axiologiques, patriotiques, morales et religieuses mais également de l'acquisition « de connaissances positives » (p. 212). Contre l'apprentissage par cœur et la chronologie, il fait donc l'apologie d'un enseignement de l'histoire *narratif* (exposer les faits) et *philosophique* (expliquer les causes et les conséquences). Au degré moyen, c'est une histoire *synthétique* qu'il envisage de dispenser, en réunissant tout d'abord des biographies, des grandes figures, des dessins, des illustrations et des cartes afin de reconstituer un tableau de l'histoire. Inversement, au degré supérieur, il s'agirait de « partir des grandes divisions de l'histoire générale ou particulière pour descendre à des subdivisions, puis aux développements et aux détails » (p. 216).

Enfin, il place l'enseignant au cœur du processus de la transmission du savoir, considérant ce dernier comme le guide de lecture d'un manuel qui ne serait que secondaire. Ainsi, le maître est censé respecter plusieurs étapes de la transmission. Premièrement, il doit exposer l'objet de la leçon en tentant de « frapper vivement l'imagination des écoliers » (p. 217), puis il fait observer à ses élèves l'illustration présente dans le manuel, censée donner une forme sensible à chaque personnage décrit. Ensuite, l'élève ou le maître lisent le texte relatif à l'objet enseigné tout en revenant deux ou trois fois sur le même sujet afin que l'élève en conserve « un souvenir ineffaçable » (p. 217). Cette dernière citation suggère une forme de contradiction entre les virulentes critiques formulées par Horner à l'égard de la mémorisation et les finalités qui semblent être sous-tendues ici par ses propos. Nous y reviendrons dans la mesure où la matérialisation de cette approche dans la conception d'un ouvrage scolaire témoignera de ce paradoxe.

Une méthode mixte pour l'acquisition des langues dans le cadre scolaire

Pour remplacer la méthode directe, Briod se fait donc le promoteur d'une méthode éclectique ou rationnelle, à l'instar d'autres voix ayant déjà remis en cause la méthode directe intégrale, notamment en France où était apparu ce même appel en faveur d'un éclectisme méthodologique et débouchant sur l'adoption d'une méthode dite mixte ou mi-directe mi-grammaticale (Puren, 1988). Si, dans son article de 1922, l'enseignant vaudois n'use pas de ces deux dernières appellations, l'idée est néanmoins bien similaire lorsqu'il prône un enseignement se voulant la synthèse des diverses formes que celui-ci pouvait prendre en fonction de telles ou telles individualités, le meilleur moyen de répondre, selon lui, aux besoins différenciés de tous les élèves.

Pour autant, cette méthode, aussi éclectique soit-elle, se doit de reposer sur des bases solides. Des bases que Briod définit plus précisément en commençant par revenir sur le but de l'étude d'une langue vivante dans le cadre strict de l'école, lequel est « à la fois pratique et culturel ou éducatif » (p. 98). L'auteur, considérant donc que le milieu scolaire ne peut se substituer à l'immersion dans le pays étranger, la finalité pratique se doit ainsi de rester un objectif limité bien que précis, à travers l'assimilation par l'élève d'un vocabulaire à la fois varié et concret, nécessaire pour la compréhension et la formulation d'idées simples. C'est alors, dans ce cadre, que l'intuition, fer de lance de la méthode directe, trouve toute sa place. Pour autant, à ses yeux, l'école ne saurait, en matière d'enseignement des langues vivantes, se limiter au développement restreint de ce but pratique et est également vouée à parfaire les moyens intellectuels de l'élève, contribuant à la formation de son esprit et à l'éducation de son jugement.

Pour ce faire, il convient alors qu'intervienne parallèlement une initiation à la grammaire, à travers non pas une étude théorique menée préalablement à toute autre considération mais par le biais « d'un enseignement vivant, pédagogiquement construit » (p. 98), liant étroitement les nouvelles notions grammaticales aux idées et aux mots en cours d'apprentissage. Ainsi, selon lui, c'est bien la poursuite de cette double finalité, pratique et intellectuelle, qui doit constituer la base de l'étude d'une langue vivante dans le cadre scolaire, par conséquent, plus complète que le procédé visant à apprendre l'idiome en immersion dans le pays en question :

> Dans l'établissement de cette base éducative, aucun séjour à l'étranger ne peut remplacer l'école. Sans la base théorique, pratique et éducative que donnent de bonnes leçons, le langage de nos enfants placés en milieu étranger reste informe et fragmentaire. À moins d'un séjour de plusieurs années dans un milieu cultivé, ils n'en rapportent que de vagues aptitudes et de très vagues notions que le temps et le manque d'exercice ont tôt fait d'effacer. L'empreinte que laisse une étude scolaire bien faite dure au contraire autant que la vie (1922, pp. 98–99).

En guise d'apothéose, l'enseignement d'une langue à l'école se dote encore d'un but plus large, mais ô combien précieux, lequel est amené à couronner cette étude scolaire bien faite :

> Notre élève, qui aura quitté depuis longtemps les classes élémentaires, verra s'ouvrir devant lui les portes d'un palais magnifique [...] ce palais c'est l'édifice aux multiples arcades d'une littérature nouvelle dont il pourra pénétrer les secrets, et à laquelle il demandera l'enrichissement de son esprit et de son cœur (1922, pp. 100–101).

À travers l'exposition de cette base éducative couronnée par la littérature, Briod entend donc pleinement légitimer l'apprentissage d'une langue vivante dans le cadre scolaire, qui, de par l'association des diverses finalités qu'il est amené à servir, se dote ainsi de visées plus larges que celles poursuivies par les promoteurs d'une méthode directe intégrale ou les écoles de langues, telles que Berlitz qui se caractérise par l'usage « d'une méthode orale et directe avec un objectif uniquement pratique et des contenus limités aux besoins de l'expression dans les seules situations de la vie quotidienne » (Puren, 1988, p. 74). D'où l'ambition de recourir à des procédés pédagogiques divers mais qui doivent toujours être guidés selon le principe de l'intérêt[9], central dans le raisonnement de Briod et s'inscrivant pleinement dans la pédagogie active alors en pleine émergence.

---

9   Développé à l'origine par Johann Friedrich Herbart et ses disciples puis repris par les promoteurs de l'Éducation nouvelle tels que Édouard Claparède et Adolphe Ferrière, le principe de l'intérêt est étroitement relié à celui d'aperception. D'après Briod, le principe d'aperception peut se définir comme un phénomène d'attraction naturelle suscitant chez l'élève l'intérêt : « Quand nous ne réussissons pas à "mordre" à la lecture d'un ouvrage, c'est que le sujet traité nous est par trop étranger, ou que la méthode d'exposition de l'auteur contredit nos habitudes intellectuelles [...] Au contraire, il y a aperception quand la lecture d'un livre, même difficile, nous fait

La conception de nouveaux moyens d'enseignement
Le Livre de lecture pour les écoles primaires du canton de Fribourg

La lecture, nous l'avons vu, étant au cœur du dispositif imaginé par Horner, ce dernier matérialise cette idée par l'élaboration d'un *Livre de lecture* unique pour toutes les disciplines, subdivisé en trois tomes, chacun des trois niveaux de l'école primaire bénéficiant de son propre manuel[10]. Dans quelle mesure cette production reflète-t-elle sa méthodologie ? Prenons pour exemple le livre de lecture du degré moyen, paru pour la première fois en 1889 et destiné à des élèves de 9 à 11 ans (cf. Tableau 1).

Au regard des thématiques présentées et classées par Horner en cinq catégories, les textes contenus dans cet ouvrage donnent la primauté à l'histoire. En effet, la partie des lectures historiques et géographiques représentent 35,8 % de l'ouvrage, soit la proportion la plus importante de livre.

---

plaisir, et l'intérêt croît dans la mesure où les éléments nouveaux que nous apporte cette lecture s'associent aux tendances parfois obscures et difficilement analysables de notre être psychique » (1922, p. 101).

10 Bien que le nom du pédagogue Horner ne soit pas mentionné dans ces manuels, ni sur la couverture, le dépouillement des protocoles de la Commission des études du canton de Fribourg, l'étude de Pache (2006) et celle de Darme-Xu (2018) nous permettent d'attester qu'Horner est bien « l'instigateur principal » (Pache, 2006, p. 49) de la méthode des *Livres de lecture* et en charge de leur élaboration (Musy, 1904). Ainsi, en 1885, la Direction de l'instruction publique du canton de Fribourg publie en son nom le *Livre de lecture* unique pour le cours inférieur. En 1889, paraît le volume dévolu au cours moyen et en 1899, celui destiné au cours supérieur. Chacun des trois niveaux de l'école primaire (inférieur rassemblant les élèves de 7 à 9 ans, moyen de 9 à 11 ans et supérieur de 11 à 15 ans) bénéficie donc dès 1890 de son propre manuel, qui complète, chaque année, de manière plus approfondie, les connaissances acquises dans le niveau précédent.

Tableau 1. Proportions des types de lectures dans le Livre de lecture du degré moyen (1905)

	Lectures morales	Lectures historiques et géographiques	Lecture d'histoire naturelle	Lettres	Appendice grammatical
Nombre de lectures	32	64	85	24	-
Nombre de pages	39	111	104	38	9
% du volume de l'ouvrage (310 p.)	12,6 %	35,8 %	33,5 %	12,3 %	2,9 %

Ainsi, loin de reléguer l'histoire au second plan, cette répartition témoigne bien de toute l'importance accordée aux lectures historiques par Horner pour servir ses finalités morales et patriotiques. Ces dernières sont constituées de textes eux-mêmes repris de différents auteurs de manuels d'histoire suisse du 19e siècle : l'on y retrouve par exemple Schneuwly, Horner lui-même, ou encore Daguet.

De même, on est en présence de lectures qui sont en adéquation avec ce qu'il pense du développement de l'enfant. Les récits d'histoire sont constitués « d'une série de récits historiques présentés dans un style simple, naïf même, et sous une forme intéressante, dramatique » (Horner, 1887, p. 217). Conformément à ses théories, il insère, par période, une anecdote ou l'étude de la figure d'un grand homme et expurge de tout ce qui pourrait rebuter les élèves, de trop de noms propres et de dates pas nécessaires aux élèves. Il intègre une illustration par page censée permettre aux élèves d'appréhender le personnage ou l'événement objet de connaissance. Les 30 lectures véritablement consacrées à l'histoire au degré moyen sont réparties comme suit dans la figure ci-dessous (cf. Figure 1).

Les enseignants concepteurs de manuels 111

33. L'Helvétie et ses premiers habitants. (D'après Mathey)	108	**PRÉHISTOIRE**
34. Divico. (Divers)	109	
35. Introduction du christianisme en Helvétie. (D'après Marty)	111	**ANTIQUITÉ**
36. Charlemagne. (Divers)	113	
37. La reine Berthe. (D'après Schnenwly)	115	
38. Les couvents de St-Gall et d'Einsiedeln aux IXe et Xe siècles. (Divers)	116	
39. Hauterive. (R. Horner)	118	
40. Les Moines aux temps passés. (D'après Vouillot)	120	
41. Le Moine mécanicien. (Id.)	122	**MOYEN-ÂGE**
42. Berthold IV, fondateur de Fribourg	124	
43. Rodolphe de Habsbourg. (D'après Daguet)	126	
44. Le serment du Grütli. (D'après Schnenwly)	127	
45. Guillaume Tell. (Id.)	129	
46. Le serment du Grütli. (Poésie de X.)	131	
47. Bataille de Morgarten. (D'après Schnenwly)	121	
48. Rodolphe d'Erlach et la bataille de Laupen. (Divers)	132	
49. Arnold de Winkelried à Sempach. (Divers)	134	
50. Bataille de St-Jacques sur la Birse. (Divers)	135	
51. Bataille de Grandson. (Marty)	136	
52. Bataille de Morat. (Mathey)	137	
53. Le B. Nicolas de Flue. (D'après Daguet)	138	**MODERNE**
54. Les principaux héros de la guerre de Souabe. (Divers)	140	
55. Le cardinal Mathieu Schinner. (Divers)	141	
56. La Réformation et l'avoyer Wengi. (Divers)	142	
57. Le B. P. Canisius	144	
58. Insurrections populaires au XVIIIe siècle	146	
59. Fribourg et l'invasion française. (D'après Schaller)	147	
60. Aloyse Reding et l'héroïsme des Schwytzois	149	
61. Le landammann d'Affry et l'Acte de Médiation. (D'après Gremaud)	151	**CONTEMPORAINE**
62. Le Père Girard. (Divers)	153	
63. Organisation constitutionnelle du canton. (Bourqui)	155	
64. Chant national suisse	156	

Figure 1. Lectures historiques présentes dans le Livre de lecture du degré moyen (1905) et périodes historiques correspondantes.

Cette répartition atteste de la volonté d'inscrire les événements de l'histoire dans l'esprit des élèves par des biographies de personnages aux actions valorisées, plutôt que par l'enchaînement des faits et l'explication d'un processus.

Enfin, revenons sur la critique principale formulée par Horner dans son guide autour de la pratique de la mémorisation. Bien que l'apprentissage par cœur soit également proscrit par la règle N° 7 qui précède les lectures (« se bien garder de faire apprendre l'histoire par cœur », p. 147), la répétition est l'une des tâches récurrentes de ces mises en activité de l'élève. Chaque lecture est suivie d'un petit exercice destiné aux élèves. Il s'agit par exemple de : « faire reproduire ce récit par écrit, ou du moins de vive voix » (1905, p. 155) lorsqu'il s'agit d'exercices accolés à la lecture 62 *Le père Girard* (pp. 153-155) ; « faire reproduire ce morceau de vive voix puis par écrit » (p. 147) dans le cadre d'un exercice relatif à la lecture 58 *Insurrections populaire au 18e siècle. Chenaux à Fribourg* (pp. 146-147) ; ou encore « les faire apprendre par cœur » (p. 131) lorsqu'il s'agit des strophes de la poésie narrant le Serment du Grütli (pp. 130-131), celles du chant national suisse (p. 156). Selon lui, ces fréquentes récapitulations ne sont pas de l'apprentissage par cœur mais des outils pour graver les événements dans la mémoire des élèves, desservant tant la finalité patriotique (apprentissage du chant national) que morale (repérer les belles actions) ou intellectuelle (acquérir un savoir).

Les principes pédagogiques relatifs à l'histoire énoncés initialement par Horner dans son guide pédagogique trouvent leur matérialisation effective dans la conception du *Livre de lecture pour les écoles primaire du canton de Fribourg*. Si la conception générale de l'ouvrage et la constitution interne des leçons (mobilisation modérée de la chronologie et valorisation des objets sensibles) éclairent bien cette matérialisation, force est de constater que l'objet de sa critique initiale la plus virulente, la mémorisation, conserve une place prépondérante dans la mise en activité de l'élève, témoignant ainsi bien de la persistance d'anciennes pratiques.

Cet exemple illustre ainsi bien, à notre sens, un processus de didactisation des moyens d'enseignement d'histoire qui a cours dans ce deuxième 19e et une modification des pratiques, induisant à leur suite un remaniement des prescriptions. En effet, les règlements suivants en vigueur dans le canton de Fribourg supprimeront la mémorisation de grandes dates et de grands faits, de même que la règle de la répétition au profit d'une injonction à approprier l'enseignement à l'intelligence des enfants (Règlements, 1899, 1913, 1942, art. 5, p. 80).

Le Cours élémentaire de langue allemande

La remise en cause de la méthode directe et l'appel en faveur d'une méthode mixte ou éclectique, tel que le fait Briod, engendre un renouvellement des manuels d'allemand. Si nous revenons à son rapport présenté lors de la réunion de 1915, outre les critiques émises envers le cours de langue de Schacht, y figurent aussi les conditions qu'était supposé remplir « un bon manuel d'allemand », toujours dans un souci d'adaptation au cadre scolaire et avec lui, à l'ensemble du public scolaire. Parmi ces prérequis avancés par Briod : assurer une alternance systématique entre les leçons de grammaire proprement dites et celles dédiées à la lecture et à la conversation ; ou encore, se structurer à travers une graduation soignée, permettant d'aborder chaque difficulté isolément, avant de l'intégrer parmi les connaissances acquises. Autant d'éléments exposés théoriquement dans ce rapport mais qui, au vu de la temporalité, sont en fait déjà en cours de concrétisation puisque c'est à la fin de cette même année 1915 que paraît le premier manuel de Briod, intitulé *Cours élémentaire de langue allemande* (Briod, 1915). Dans sa préface, l'auteur présente d'ailleurs son ouvrage à l'aide des mêmes caractéristiques que celles exposées dans son rapport quelques temps plus tôt. Aspirant, sur la base de sa longue expérience d'enseignant d'allemand en Romandie, à offrir aux élèves un manuel facilitant leurs premiers pas dans l'étude de l'allemand, « particulièrement difficile pour des élèves de langue française » (p. III), il revient ainsi sur les avancées réalisées par la méthode directe, tout en pointant ses limites, parmi lesquelles une trop grande focalisation sur les leçons orales. D'où l'adoption d'une méthode éclectique, telle qu'il la théorisera plus précisément dans son article de 1922, et qui, dans cet avant-propos, est déjà revendiquée :

> compléter la méthode intuitive par certains exercices très utiles relevant plutôt de la méthode traditionnelle. En effet, si la méthode directe est seule indiquée pour l'étude du vocabulaire concret, elle est impuissante à assurer la compréhension des mots abstraits et celle de nombreuses tournures de phrases qui restent inintelligibles à l'élève sans l'aide de la langue maternelle (Briod, 1915a, pp. IV-V).

Une synthèse entre deux méthodes annoncée dans la préface et qui se perçoit également d'emblée au regard de la table des matières de cet ouvrage, chaque leçon associant un sujet intuitif à un sujet grammatical, le tout couplé à des exercices d'application (cf. Figure 2).

TABLE DES MATIÈRES				
Leçons	Pages	Sujet intuitif	Sujet grammatical	Exercices
1	1	Schulsachen . . .	Article défini ; les 3 genres. Négation	1 à 4
2	2	Farben	Adjectifs qualificatifs. Pronoms de la 3e personne.	5 à 8
3	4	Formen	Invariabilité de l'adjectif attribut	9 à 14
4	6	. . . .	Art. défini et art. indéfini.	15 à 17
5	8	Schulgeräte . . .	Formation des questions.	18 à 20
6	9	Erste Zahlen . . .	Pluriel des subst. connus.	21
7	12	. . . .	Déterminatifs démonstratifs et interrogatifs	22 à 25
8	15	. . . .	Numération jusqu'à 100.	26 à 27
9	16	Personen	Présent du verbe sein	28

Figure 2. Reproduction d'un extrait de la table des matières de Briod (1915), p. 214.

L'adoption de ce même compromis se confirme ensuite dans la structure interne d'une leçon, incluant à la fois des procédés directement inspirés de la méthode directe, tels que l'intuition indirecte à partir d'illustrations, ainsi que des éléments que cette même méthode avait, en majeure partie, bannis, tels que le recours de la langue maternelle, tant dans l'explication des règles grammaticales que dans la traduction littérale des mots étrangers (cf. Figure 3).

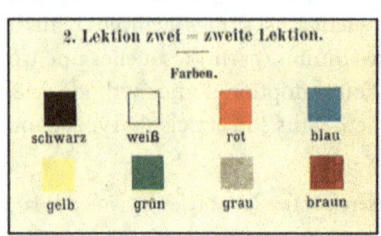 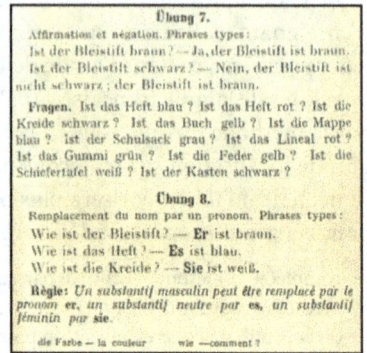

Figure 3. Extraits de Briod (1915a), pp. 2-3.

Ainsi, dans le cas de cette leçon, les nouveaux mots exposés tournent autour d'un centre d'intérêt commun, principe cher à Briod, soit les couleurs, dont l'usage permet d'aborder une nouvelle règle grammaticale bien précise, à savoir les adjectifs qualificatifs. Par ailleurs, les exercices d'application, outre ces nouvelles notions, mobilisent exclusivement des termes présentés dans la leçon précédente, consacrée aux objets d'une salle de classe (*Schulsachen*).

Au regard de la structure et des contenus de ce manuel, nous retrouvons donc les bases de la réflexion menée et exposée par Briod en vue d'un renouvellement de méthode et, avec elle, de moyens d'enseignement. Si les principes qu'il avance théoriquement et qu'il met en pratique ne constituent pas en soi une méthodologie totalement inédite, il contribue néanmoins bien, avec d'autres, à l'adoption d'une autre conception d'apprentissage. Une autre conception reposant sur la fusion de deux méthodes qui semblaient jusqu'ici antagonistes (traditionnelle et directe), ceci afin de tirer les bénéfices de chacune d'entre elles, la condition *sine qua non*, selon lui, pour servir les finalités que se doit de poursuivre l'école en matière de langues vivantes, à l'égard d'une diversité d'élèves.

Conclusion

À travers ces deux exemples, notre objectif a donc consisté à illustrer la manière dont des enseignants ont pu, à leur échelle, contribuer à faire évoluer l'enseignement d'une discipline, selon un même processus : l'énonciation d'un discours critique quant à la méthodologie alors en vigueur ; puis la valorisation et la théorisation d'une méthodologie renouvelée, enfin la matérialisation de celle-ci en concevant de nouveaux moyens d'enseignement. Des moyens d'enseignement dont l'utilisation dans les classes romandes s'avéra pérenne, dans les deux cas. Ainsi, bien que la méthode proposée par Horner n'ait pas été sans susciter de vives réactions et controverses[11], le livre unique sera employé à l'école primaire fribourgeoise jusque dans les années 1940 environ et il sera le seul livre obligatoire mentionné dans les règlements en vigueur. Quant au premier manuel de Briod, il se verra complété par d'autres ouvrages, donnant naissance à un cours de langue qui se maintiendra aux programmes des écoles vaudoises et fribourgeoises jusqu'à la fin des années 1950. Notons encore qu'il trouve, au début des années 1930, son pendant genevois, se réclamant des mêmes principes méthodologiques et remplaçant les manuels issus de la méthode directe.

Si les moyens d'enseignement étudiés ici traduisent bien la volonté préalablement énoncée par leurs concepteurs de renouveler l'enseignement-apprentissage lié à leur discipline, ce processus n'aboutit pas dans les deux cas à un changement radical de méthode, laissant entrevoir des permanences, tant dans les finalités que dans les pratiques. Ceci illustre bien, à notre sens, l'idée de sédimentation, telle que définie par Schneuwly et Dolz (2009) selon lesquels l'évolution d'une discipline est toujours la résultante d'un assemblage et d'une interaction entre finalités, savoirs et pratiques où « le nouveau est toujours teinté de l'ancien, tout comme l'ancien se renouvelle par le nouveau » (p. 23).

Selon cette dynamique, Horner et Briod, à travers leur action, participent à la mise en forme et à l'évolution du savoir pour la sphère scolaire, investis de la mission d'une adaptation toujours plus grande au public scolaire, soit les élèves. Ils ne sont bien entendu pas des initiateurs isolés puisqu'on le sait, la circulation et la standardisation des savoirs et des pratiques pédagogiques s'opèrent à l'échelon transnational et sur la longue durée. Néanmoins, à l'échelle de leur contexte local, en promouvant de nouvelles pratiques par le biais de différents

---

11 Des critiques notamment quant à la place, jugée trop importante, accordée aux sciences naturelles par rapport aux autres disciplines, au style compliqué, aux paragraphes trop longs, ou encore à l'absence totale de périodisation relativement aux lectures consacrées à l'histoire (Pache, 2006).

relais et en les matérialisant en des moyens d'enseignement, ils contribuent bien à l'évolution des disciplines et donc de la forme scolaire, les disciplines étant constituées à la fois pour et par cette dernière.

Références bibliographiques

Sources

Briod, E. (1915a). *Cours élémentaire de langue allemande*. Payot & Cie.

Briod, E. (1915b). Rapport sur la grammaire allemande (degré élémentaire) présenté à Fribourg lors de la réunion des chefs des Départements de l'instruction publique en 1915 (ACV K XIII 274/1).

Briod, E. (1922). L'étude et l'enseignement d'une langue vivante. *Annuaire de l'instruction publique en Suisse, 13*, 85–163.

Buisson, F. (1887). *Dictionnaire de pédagogie et d'instruction primaire*. Hachette.

Delarive, J.-M. (1839). *Histoire abrégée de la Confédération suisse jusqu'à l'époque de la reformation*. Ramboz / Jullien

Horner, R. (1880). Premières notions de méthodologie. L'histoire. *Bulletin Pédagogique, 1*, 4–17.

Horner, R. (1887). *Guide pratique de l'instituteur : notions élémentaires de méthodologie*. (2ᵉ édition). Poussielgue Frères.

Horner, R. (1905). *Livre de lecture pour les écoles primaires du canton de Fribourg. Tome 2 : degré moyen*. Dépôt central du matériel d'enseignement et des fournitures scolaires.

Musy, M. (1904). M. le Chanoine R. Horner. *Bulletin de la Société Fribourgeoise des Sciences Naturelles, 12*, 98–102.

Règlement général des écoles primaires du Canton de Fribourg (1899). Imprimerie et librairie de l'œuvre de Saint-Paul.

Règlement général des écoles primaires du Canton de Fribourg (1913). Saint Paul.

Règlement général des écoles primaires du canton de Fribourg (1942). Saint Paul.

Zschokke, H. (1823). *Histoire de la nation suisse*. Traduit de l'allemand en français par Charles Monnard. Ducloux.

Bibliographie

Berlinger Konqui, M. (2000). Ernest Briod. *Dictionnaire historique de la Suisse (DHS)*. Version en ligne du 17.11.2000 : https://hls-dhs-dss.ch/fr/articles/008059/2000-11-17/.

Chervel, A. (1988). L'histoire des disciplines scolaires. Réflexions sur un domaine de recherche. *Histoire de l'éducation, 38*, 59–119.

Choppin, A. (1992). *Les manuels scolaires : Histoire et actualité*. Hachette.

Darme-Xu, A. (2018). *Enseigner la grammaire pour développer l'expression de la pensée ? éléments d'histoire de la grammaire scolaire en Suisse romande (1830-1990)*. Thèse de doctorat. Université de Genève.

De Mestral, A. (2018). *Enseigner l'histoire en Suisse romande et édifier la nation helvétique ? Évolution d'un savoir scolaire à l'aune des programmes et des manuels (XIXe-XXe siècles)*. Thèse de doctorat. Université de Genève.

Extermann, B. (2013). *Une langue étrangère et nationale. Histoire de l'enseignement de l'allemand en Suisse romande (1790-1940)*. Alphil.

Haenggeli-Jenni, B. (2015). Essor des mouvements pédagogiques alternatifs. In G. Durand, R. Hofstetter & G. Pasquier (Ed.), *Les bâtisseurs de l'école romande. 150 ans du Syndicat des enseignants romands et de l'Educateur* (pp. 236-261). Georg.

Hofstetter, R. (2012). La Suisse et l'enseignement aux XIXe-XXe siècles. Le prototype d'une « fédération d'Etats enseignants » ? *Histoire l'éducation, 134*, 59-80.

Hofstetter, R. & Schneuwly, B. (2018). Métamorphoses et contradictions de la forme école au prisme de la démocratie. In J.-Y. Seguy (Ed.), *Variations autour de la "forme scolaire" : mélanges offerts à André D. Robert* (pp. 27-49). Presses Universitaires de Nancy.

Hofstetter, R. & Schneuwly, B. (2019). Les manuels comme emblèmes des reconfigurations disciplinaires de la forme école au 19e siècle ? Essai historiographique. In S. Wagnon (Ed.), *Le manuel scolaire, objet d'étude et de recherche : enjeux actuels et perspectives* (pp. 19-54). Lang.

Julia, D. (1995). La culture scolaire comme objet historique. *Paedagogica Historica. Supplementary Series, 1*, 353-378.

Pache, A. (2006). *Comment former des citoyens catholiques et patriotes ? L'enseignement de l'histoire suisse dans les écoles primaires fribourgeoises (1848-1979)*. Mémoire de licence. Université de Fribourg.

Puren, Ch. (1988). *Histoire des méthodologies de l'enseignement des langues*. Nathan CLE International.

Rouiller, V. (2020). *Apprendre la langue de la majorité des Confédérés : La discipline scolaire de l'allemand, entre enjeux pédagogiques, politiques, pratiques et culturels (1830-1990)*. Lang.

Schneuwly, B. & Dolz, J. (2009). *Des objets enseignés en classe de français*. Presses Universitaires de Rouen.

Schneuwly, B., Lindauer, T., Darme, A., Furger, J., Monnier, A., Nänny, R. & Tinembart, S. (2016). Enseignement de la langue première « Deutsch » – « Français ». Remarques sur l'histoire de la discipline en Suisse (~ 1840 à~

1990) dans une perspective comparative. *Forum lecture*, 2. Repéré à http://www.forumlecture.ch/sysModules/obxLeseforum/Artikel/567/2016_2_Schneuwly_Lindauer_et_al_de.pdf.

Schneuwly, B. & Hofstetter, R. (2017). Forme scolaire : un concept trop séduisant ? In A. Dias-Chiaruttini & C. Cohen-Azria (Ed.), *Théories-didactiques de la lecture et de l'écriture : fondements d'un champ de recherche en cheminant avec Yves Reuter* (pp. 153–167). Presses universitaires du Septentrion.

Schneuwly, B. & Hofstetter, R. (en préparation). Einleitung : Schulisches Wissen, Lehrpläne und Lehrmittel im Wandel. Support de l'introduction à [Criblez, L., Giudici, A. ; Hofstetter, R., Manz, K. & Schneuwly, B.]. In L. Criblez, A. Giudici, R. Hofstetter, K. Manz & B. Schneuwly (Ed.), *Transformation schulischen Wissens seit 1830*. Chronos.

Vincent, G. (1980). *L'École primaire française – Étude sociologique*. Presses Universitaires de Lyon.

Weber, M.-T. (2005). Tobie-Raphaël Horner. *Dictionnaire historique de la Suisse (DHS)*. Version en ligne du 14.10.2005 : https://hls-dhs-dss.ch/fr/articles/009683/2005-10-14/

Giorgia Masoni et Sylviane Tinembart

Les acteurs de l'édition scolaire, chevilles ouvrières de la forme scolaire

La naissance et le développement de l'École publique favorisent l'essor de secteurs économiques et notamment d'acteurs spécialisés dans le scolaire. Plus précisément, la mise en place de l'École engendre une demande d'infrastructures matérielles liées aux lieux de formation (architecture et mobilier scolaires) et, en même temps, aux moyens d'apprentissage (tableaux, cahiers, manuels) (Hofstetter & Schneuwly, 2017). Il s'avère que d'une part l'École est à la fois à l'origine du marché de l'édition scolaire, mais que d'autre part ce marché, en constante croissance dès le second 19e siècle, exerce une influence sur les méthodes d'enseignement, les contenus d'apprentissage et les savoirs scolaires (Bahuaud, 2006 ; Mollier, 1996). Ainsi, l'édition scolaire reste un champ d'investigation privilégié pour observer les processus de généralisation et de standardisation de la forme scolaire moderne définie par Hofstetter et Schneuwly (2017).

Nous postulons que la production de « proto-manuels » scolaires (Choppin, 2008) dans la seconde moitié du 19e siècle et la spécialisation progressive de ses acteurs sont des signes tangibles de l'émergence de cette forme scolaire moderne. Par une étude s'inspirant de la prosopographie et par un croisement systématique des sources archivistiques, il est possible de mettre en évidence une part de ces réseaux. Aussi, nous postulons que ces derniers permettent de rendre visibles les débats, les consensus, les projets et les transferts culturels liés à la mise en œuvre des systèmes scolaires et à l'institutionnalisation de la forme scolaire moderne.

La Suisse en tant que fédération d'États (cantons) dont chacun reste autonome et responsable de son système d'instruction et de formation est un environnement privilégié pour comparer et analyser les processus d'institutionnalisation, de transformation et de généralisation de la forme scolaire. Sa position au cœur de l'Europe, sa diversité confessionnelle et linguistique donnent l'occasion aux chercheurs d'adopter diverses focales à la fois cantonales, intercantonales voire internationales pour les étudier.

Le livre scolaire et son édition, vecteurs de l'Instruction publique

Au début du 19ᵉ siècle, en l'absence généralisée d'un corps enseignant formé et diplômé, les livres occupent une place importante au sein de l'École (Ganon, 1999). Dans ce contexte, une nouvelle fonction est attribuée aux livres qui deviennent alors des moyens d'enseignement privilégiés pour généraliser et démocratiser l'instruction. Dans les différents cantons suisses se développe progressivement, dès les années 1820, la production de livres exclusivement pensés pour être utilisés dans les classes[1]. Nous assistons alors à la conception et à l'évolution graduelle de manuels scolaires. Dans une première phase, les livres de lecture se présentent comme des supports idéaux pour un enseignement pluridisciplinaire et occupent une place centrale. Pour favoriser une alphabétisation de masse et diffuser certaines valeurs, connaissances et normes nécessaires à la consolidation des nouvelles institutions politiques, administratives et économiques de l'État confédéral, certains acteurs, particulièrement les maîtres, rédigent des ouvrages scolaires ayant les caractéristiques de proto-manuels (Tinembart, 2015). Les livres de lecture, comme en témoigne le cas tessinois du *Libro di letture popolari*, ouvrage écrit par Stefano Franscini en 1837, rassemblent plusieurs parties consacrées à des savoirs (proto)disciplinaires liés, par exemple, à l'enseignement de l'histoire et des droits et devoirs des futurs citoyens (Masoni, 2019).

Le rôle attribué aux manuels scolaires au sein de l'École publique encourage non seulement leur production de la part des maîtres mais éveille également l'intérêt d'autres acteurs. Parmi ceux-ci, nous pouvons nommer les sociétés philanthropiques et les imprimeurs. Les premières encouragent la production d'ouvrages scolaires, car elles les considèrent comme des vecteurs de diffusion des idéaux de leur politique culturelle ; les deuxièmes perçoivent dans le manuel un fort potentiel économique. Ces facteurs amènent ainsi à une rapide expansion de la production de livres d'école et, par ce biais, à l'essor du marché de l'édition scolaire (Tinembart & Masoni, 2019). Cette dynamique amène les autorités scolaires à légiférer et contrôler cette production autant du point de vue formel que conceptuel. Dans le canton du Tessin, par exemple, la mise en place de la politique de réglementation de la production et de la diffusion des manuels scolaires répond à un processus qui implique un dialogue entre l'État

---

[1] En ce qui concerne les caractéristiques des manuels scolaires, voir les études de Choppin (2002, 2008) ; pour le cas suisse voir Tinembart (2015).

et les imprimeurs et qui aboutit à un décret, en 1848, dont le but est de codifier la production et le processus d'autorisation des manuels scolaires (Masoni, 2019).

L'augmentation de la production de manuels scolaires a donc le mérite de pousser l'État à clarifier son rôle à ce sujet et, en même temps, à façonner le marché de l'édition scolaire. Dès la deuxième moitié du 19ᵉ siècle, celui-ci est caractérisé par la présence et la coexistence d'imprimeurs, de libraires qui proposent des rééditions de textes déjà en circulation et d'éditeurs qui se spécialisent dans ce genre d'ouvrages destinés à l'école[2]. Si vers 1840, les ouvrages pédagogiques leur permettent d'avoir des revenus d'appoint, progressivement, ces derniers se consacrent à l'édition scolaire et finissent par jouer un rôle significatif dans l'évolution des disciplines et des savoirs scolaires. Avec la prolifération de leur littérature pédagogique, ces éditeurs se présentent ainsi non seulement comme des agents économiques mais également comme des médiateurs culturels. Les études de marché et, par conséquent, les projets éditoriaux qu'ils proposent favorisent l'introduction de nouvelles méthodes d'apprentissage et, en même temps, leur circulation au niveau intercantonal.

Des acteurs de premier plan : les éditeurs scolaires

L'étude des trajectoires de deux imprimeurs actifs dans le canton de Vaud et au Tessin permet de saisir le rôle joué par la création et le développement du marché de l'édition scolaire dans la standardisation des savoirs scolaires au sein d'un pays caractérisé par une fédération d'États enseignants. En effet, comme le montrent Chartier et Martin (1982–1986/1990–1998) pour le cas de la France ou Karafiat-Seitz (2012) pour le cas de l'Autriche, les imprimeurs, les libraires et les éditeurs joueront progressivement des rôles importants dans la diffusion des ouvrages destinés à l'école primaire. À l'instar de Louis Hachette (Mollier, 1999), ceux-ci déploient dès le deuxième tiers du 19ᵉ siècle des stratégies éditoriales et commerciales permettant de développer la niche florissante que deviendra l'édition scolaire. Ils tissent aussi des réseaux sociaux parmi les multiples acteurs de l'instruction et de l'éducation.

À propos de cette dynamique, Corsini (2012) déclare que :

---

2   Gerard et Rogiers (2003) différencient les corps de métiers relatifs à l'édition. Pour ces auteurs, l'édition est un processus qui « assure les liens entre conception, utilisation et évaluation » d'un livre. « L'éditeur assume en outre la fabrication, le financement et la diffusion du manuel scolaire » (p. 27). À ce propos voir également les études de Marazzi (2010 ; 2014). En ce qui concerne l'évolution du proto-manuel au manuel scolaire, voir Tinembart (2019).

Le livre peut être étudié, du point de vue historique, tantôt comme la manifestation d'une création intellectuelle (littéraire, scientifique, voire artistique pour les grands ouvrages de planches) – on place alors les auteurs au centre du propos –, tantôt comme une marchandise (fabriquée, vendue, échangée) – ce sont alors les éditeurs, imprimeurs, relieurs et libraires qui figurent au premier plan –, tantôt comme objet de consommation dont on étudie les conditions et les modes d'appropriation par le public – on s'intéresse alors aux lecteurs, et donc aux bibliothèques, publiques ou privées (p. 11).

Le livre serait donc indissociable des acteurs qui gravitent autour de lui. Corsini relève notamment le fait que ceux impliqués dans son édition sont de la première importance : ils sont confrontés aux lois du commerce et leur réussite dépend de la diffusion des ouvrages qu'ils produisent. Aussi, ils mettent un point d'honneur à répondre au plus près possible à la demande. Dans un contexte où l'Instruction publique vit ses premiers balbutiements et se réglemente progressivement, le besoin en ouvrages scolaires se fait plus pressant provoquant quelques vocations du corps des instituteurs nouvellement diplômés. Rendre visible leur profil paraît ainsi utile pour circonscrire à la fois les prémices de l'explosion du marché du livre scolaire et les impacts que celui-ci a sur la généralisation de la forme scolaire ainsi que sur la disciplinarisation des matières enseignées.

Nous avons choisi de présenter deux personnages emblématiques liés à ce mouvement. D'une part, le Tessinois Giuseppe Bianchi et d'autre part le Vaudois Samuel Blanc[3].

L'essor de l'édition scolaire au Tessin

Au cours des années 1830 au Tessin, le processus de développement de l'École publique favorisé par le mouvement de régénération libérale a des répercussions également sur le marché éditorial cantonal. L'évolution du cadre législatif scolaire imposé par l'inclusion de l'école dans la nouvelle constitution cantonale (art. 13)[4] est marquée par la promulgation d'une nouvelle loi scolaire (1831) et d'un premier règlement scolaire (1832). Ces textes de loi sont à la base d'une nouvelle réflexion au sujet des ouvrages scolaires, de leur place au sein de l'École et, notamment, du rôle qui doit leur être attribué dans l'instruction et

---

3   Ce n'est qu'un pur hasard de l'histoire si ces personnages ont tous deux le même nom de famille ; la traduction française de Bianchi étant « Blanc ».

4   Dans ce texte de loi est affirmé que « la loi veillera sans tarder à l'instruction publique ». À ce propos voir également les études suivantes : Marcacci (2015) et Mena (1998).

l'éducation des élèves. En 1828, cette question avait été déjà soulevée par l'intellectuel et politique tessinois Stefano Franscini[5] qui, dans un essai appelant à la réforme du système scolaire tessinois, avait affirmé à propos des ouvrages scolaires que « cette question des bons manuels scolaires est si essentielle qu'aucun gouvernement n'a peut-être jamais créé des écoles sans la prévoir » (Franscini, 1828, p. 18). Grâce aux nouvelles lois, cette question et plus précisément celle de l'« uniformité » des livres scolaires est confrontée à une première réglementation. Dans une circulaire émise en 1831, l'autorité scolaire interroge, par exemple, les municipalités et les curés à propos des livres scolaires en leur demandant lesquels sont utilisés pour instruire les enfants[6]. Une année après, le règlement pour les écoles définit que les ouvrages scolaires seront choisis par la Commission d'Instruction Publique (art. 56)[7]. L'autorité scolaire commence également à se soucier de leur distribution et de leur production formelle. En 1835, celle-ci ouvre ainsi un concours pour l'impression de ces livres afin de les rendre accessibles, à prix réduit, au plus grand nombre[8]. De plus, dans l'annonce de ce concours est indiquée une série de conditions que les imprimeurs doivent observer dans leur production en même temps que des « ouvrages modèles » auxquels ils doivent se conformer[9]. Ce concours provoque la réaction de certains imprimeurs. Ceux-ci interprètent les contraintes imposées par l'autorité comme contraires à la liberté de commerce et poussent ainsi l'autorité scolaire à proposer un nouveau concours moins contraignant[10]. Le concours de 1835 démontre l'importance progressive acquise par le manuel au sein de la production éditoriale ainsi que l'essor d'un secteur spécialisé. Il témoigne également de la difficulté rencontrée par l'autorité scolaire dans l'imposition d'un cadre normatif relatif à la production des ouvrages scolaires. La situation se complique par la mise en place d'une constellation d'acteurs, aux profils et aux intérêts variés, qui se lient rapidement aux manuels scolaires. La même

---

5 Stefano Franscini (1796–1857). Enseignant, politicien, auteur de manuels scolaires. Libéral. Chancelier du gouvernement tessinois (1830–1837, 1845–1847), membre du gouvernement cantonal (1837–1845, 1847–1848), Conseiller fédéral (1848–1857) (Ghiringhelli, 2011).
6 Circulaire de la Commission pour l'Instruction publique envoyée aux municipalités et aux curés, 28.06.1831.
7 Regolamento per le scuole della Repubblica e Cantone del Ticino (1832).
8 Archivio di Stato del Cantone Ticino (ASB), Dipartimento di Pubblica Educazione (DPE), Fondo Ottocentesco, Registri governativi, 1/10, séance du 25.07.1835.
9 *Ibid.*
10 *Ibid.*, séances du 13–14.08.1835 et du 23.09.1835.

dynamique se reproduit aussi en 1845 quand l'autorité décide d'élaborer un projet lié à l'uniformisation des éditions des ouvrages scolaires. Celui-ci ne sera pourtant adopté qu'à la fin de 1848[11] (Masoni, 2019).

L'imprimerie Bianchi

Dans ce contexte s'inscrit l'histoire de l'imprimerie Bianchi. Cette petite entreprise familiale est fondée par Giuseppe Bianchi[12] en 1833 à Lugano. En 1835, ce dernier a comme employés un *torcoliere*[13] et un claviste (Mena, 2004). À côté de la publication d'ouvrages disparates et de l'impression de quelques périodiques[14] qui sont la plupart du temps marqués, par la pensée libérale de Bianchi – l'imprimerie s'occupe également, pour un temps, de fournitures de papier et de matériel de bureau pour l'administration cantonale. À la mort de Giuseppe Bianchi, en 1848, l'imprimerie est confiée d'abord à son épouse Luigia et suite à son décès en 1862, à son fils Giuseppe Francesco[15]. Maître aux écoles primaires de Lugano, dans lesquelles il enseigne depuis l'obtention de son diplôme en 1857, Bianchi fils suit et redynamise l'activité familiale. L'imprimerie Bianchi, toujours caractérisée par une marque de fabrique libérale, continue de publier des périodiques (Mena, 2004). Si Bianchi père avait déjà publié des ouvrages scolaires tels ceux du Lombard Cesare Cantù ou des Tessinois

---

11 Foglio officiale del Cantone Ticino, 1848.
12 Giuseppe Bianchi (1809–1848). Malheureusement, à l'état actuel de nos recherches, peu d'informations ont été retrouvées au sujet de la vie de ce personnage. À propos de son activité éditoriale, voir les notices recueillies par l'historien Mena (2004).
13 À savoir un ouvrier chargé du tirage, de l'impression.
14 Entre 1847 et 1851, Giuseppe Bianchi s'occupe de l'impression de "L'amico del popolo. Giornale delle tre Società ticinesi d'Utilità pubblica, della Cassa di risparmio e degli Amici dell'educazione". À ce propos, le dépouillement de ce périodique, qui met en évidence la pratique de publier des annonces publicitaires relatives à des ouvrages scolaires, souligne l'utilisation de la presse comme espace vitrine de cette production éditoriale spécifique. Cette dynamique démontre, comme souligné dans les études de Vallotton (2001a), l'exploitation en Suisse, dès la deuxième moitié du 19e siècle, des principales stratégies éditoriales expérimentées dans les grands pays limitrophes (Vallotton, 2001b). À ce propos, voir également les études de Tinembart (2015) et de Marazzi (2010, 2014).
15 Giuseppe Francesco Bianchi (1838–07.03.1901). Imprimeur-Éditeur (1862–1867) et enseignant dans les écoles primaires et secondaires (I) entre 1857 et 1899. Fondateur de la *Société de secours mutuel des imprimeurs et libraires* de Lugano (1861) et membre de la *Société des Amis de l'Éducation et du peuple* (*Demopedeutica*) depuis 1867 (Masoni, 2019).

Antonio Fontana et Stefano Franscini[16], Bianchi fils donne un nouvel élan à leur production au sein de l'entreprise familiale.

En effet, il ne se contente pas de (ré)éditer les ouvrages qui sont prescrits par l'État (comme le faisait son père), mais dès les années 1860, il se lance personnellement dans la conception, l'élaboration et la production de nouveaux ouvrages scolaires. L'intérêt porté par Bianchi fils à leur production s'explique d'une part par sa formation et sa pratique d'enseignant et d'autre part, par la crise qui traverse le secteur typographique tessinois au cours des années 1850[17]. Bien que la production scolaire ne représente qu'un faible palliatif de cette crise, elle est encouragée par l'État et de fait échappe à la récession. Malgré cela, il s'avère que l'activité typographique tessinoise se caractérise par un certain dynamisme qui se traduit dans la fondation de nouvelles imprimeries et dans la création de la *Société de secours mutuel des imprimeurs et libraires* de Lugano en1861. Cette société, dirigée par Bianchi fils et dont le caractère est social et laïque, a pour but de soutenir les ouvriers et, plus généralement, les hommes liés à ce corps de métier (Mena, 1994).

Comme nous l'avons dit, Bianchi fils ne se limite pas à publier des ouvrages scolaires déjà en circulation, mais il décide d'en concevoir de nouveaux. Bien que ceux-ci soient destinés à plusieurs disciplines, ils présentent des traits communs au niveau formel et conceptuel.

---

16 Les ouvrages des auteurs mentionnés publiés par Bianchi père sont les suivants : Cantù, C. (éditions retrouvées 1842, 1844). *Il buon fanciullo* ; Cantù, C. (1845). *Il giovinetto drizzato alla bontà* […] ; Cantù, C. (1854). *Il galantuomo* […] ; Franscini, S. (1849), *Prime letture de' fanciulli e delle fanciulle* […] ; Fontana, A. (éditions retrouvées 1844 et 1846). *Grammatichetta italiana* […] ; Fontana, A. (1845). *Trattenimento di lettura pei fanciulli di campagna*.

17 À ce propos, voir Mena (1994).

Tableau 1. Liste des ouvrages scolaires écrits par Bianchi fils

Dates des éditions	Titre de l'ouvrage, premier lieu d'édition
1867, 1871, 1876, 1880, 1882, 1884	*Compendio di storia svizzera ridotto a domanda e risposta ad uso delle scuole minori ticinesi.* Lugano : Bianchi.
1867, 1868, 1876	*Principali doveri dell'uomo cavati dai libri di testo e ridotti a dimanda e risposta per le scuole elementari ticinesi.* Lugano : Bianchi.
1867, 1876, 1881, 1882, 1886, 1890, 1898	*Regole di civiltà cavate dai libri di testo e ridotte a dimanda e risposta per le scuole elementari ticinesi.* Lugano : Libreria E. Bianchi, Traversa e Degiorgi.
1868, 1878	*Prinicipi generali di geografia proposti ad uso delle scuole elementari minori ticinesi.* Lugano : Libreria E. Bianchi.
1868	*Principi generali di geometria propisti ad uso delle scuole elementari ticinesi.* Lugano : Libreria E. Bianchi.
1876, 1890	*Elementi di agricoltura cavati dai libri di testo e ridotti a dimanda e risposta per le scuole minori ticinesi.* Lugano : Lib. E. Bianchi.
1876	*Lo scolaro educato nelle regole di civiltà nei principali doveri dell'uomo e nei principi di agricoltura.* Lugano : Traversa e Degiorgi.
1878, 1881	*Breve compendio di geografia fisica dell'Europa e di geografia fisica e politica della Svizzera compilato per le scuole elementari minori.* Lugano : Traversa e Degiorgi.
1880	*Il fanciulletto. Libro primo di lettura e nomenclatura proposto ad uso delle scuole minori ticinesi.* Lugano : Traversa e Degiorgi.
1881, 1883, 1890, 1904	*La buona Ernestina ovvero la fanciulla educata nei suoi doveri, nell'economia domestica e nelle regole di civiltà.* Lugano : Lib. E. Bianchi.
1893	*Lezioni di geometria piana, disegno lineare e planimetria ad uso delle scuole.* Lugano : Lib. E. Bianchi.

Les ouvrages scolaires proposés par Bianchi fils (cf. Tableau 1), comme leurs titres l'indiquent, sont des abrégés conçus pour les écoles primaires contenant des notions disciplinaires et des enseignements moraux tirés d'autres manuels. L'exposition de leurs contenus suit le modèle dialogique des catéchismes développés sur la base de la formule « question-réponse » : une méthode d'enseignement probablement encore très diffusée et utilisée pendant les leçons (bien qu'elle ne soit pas prescrite par le nouveau programme scolaire pour les écoles primaires de 1867). La production des ouvrages scolaires de Bianchi fils ainsi que leur diffusion et utilisation ont le mérite de contribuer à formuler de nouvelles réflexions concernant les interrelations entre les enseignants, les savoirs scolaires et leurs méthodes de transmission. L'abrégé d'histoire suisse *Compendio di storia svizzera* (Bianchi, 1867a) est exemplaire de cette dynamique. Publié en 1867, il est prescrit officiellement par l'autorité scolaire comme moyen d'enseignement de l'histoire suisse dans le programme pour les écoles primaires tessinoises de 1867 (Dipartimento di Pubblica Educazione, 1867). *L'histoire suisse* de Zschokke (1858), l'un des récits historiques utilisés dans les écoles de toute la Suisse, représente la source principale utilisée par Bianchi fils pour élaborer son ouvrage. Celui-ci mérite d'être mis en évidence pour plusieurs raisons. Tout d'abord, il a pour mission de légitimer les institutions et l'ordre politique imposés par le nouvel État fédéral (1848), tout en contribuant à la formation de sa nouvelle communauté de citoyens. En effet, cet abrégé diffuse des modèles sociaux dans lesquels les élèves doivent se reconnaître et auxquels ils devraient se conformer. Sa vision de l'histoire suisse est conforme aux idéaux politiques de la classe libérale et se heurte donc à la vision de l'État des Conservateurs. De plus, cette publication est emblématique de la difficulté pour un manuel d'histoire de faire consensus et de proposer une vision partagée de l'histoire nationale. En effet, peu après sa publication, ce manuel est au cœur d'une polémique. Critiqué dans le journal conservateur *La libertà* à cause des passages dédiés aux réformes religieuses et à la guerre du Sonderbund[18], l'ouvrage est encensé dans le périodique pédagogique *L'Educatore della Svizzera italiana* (ESI)[19]. Ces prises de position opposées mettent en évidence la difficulté pour un auteur d'un tel manuel de se montrer impartial tout en mettant en évidence les finalités publiques dévolues à l'enseignement de l'histoire. La narration proposée par Bianchi fils, dont le but premier est de diffuser une connaissance du passé historique de la Suisse, organise également les savoirs scolaires de manière à rendre intelligible l'idéologie sous-jacente.

À l'instar de l'abrégé d'histoire, en 1868, cinq autres abrégés écrits par Bianchi fils font débat[20]. Ceux-ci – ainsi que d'autres ouvrages scolaires – sont

---

18 La guerre du Sonderbund est une guerre civile de 1847 entre les cantons libéraux radicaux et les cantons conservateurs. Pour plus de renseignements voir Roca (2012).
19 Grâce au dépouillement de l'*ESI*, il a été possible de retracer cette controverse. Les articles parus dans l'*ESI* sont les suivants : Compendio di storia svizzera, *Educatore della Svizzera italiana*, 9/7, 15.04.1867 ; Corrispondenza, *Educatore della Svizzera italiana*, 9/8, 30.04.1867.
20 Les abrégés en question sont les suivants : Bianchi (1867a ; 1867b ; 1867c ; 1868a ; 1868b).

passés en revue dans la presse et ne sont pas reconnus par l'autorité scolaire[21]. Leurs aspects conceptuels et formels sont critiqués. Au sein de ces articles publiés dans l'*ESI* à propos de ces ouvrages, définis comme « marchandise de contrebande et de mauvaise qualité », il est affirmé que :

> le prix en apparence n'est pas élevé, mais la valeur morale de ces petits livres est considérablement inférieure à leur valeur vénale. En effet, il nous semble presque impossible de réunir dans si peu de pages un si grand nombre de bourdes, de fautes grammaticales et de fautes de bon sens[22].

Dans ces articles sont également blâmés les imprimeurs et les enseignants qui, respectivement, impriment et utilisent ces ouvrages dans les classes. Bianchi fils ne reste pas impassible face à ces critiques et s'exprime ainsi publiquement en tant qu'auteur, imprimeur et enseignant[23]. Dans cette prise de position, il explique les choix qui l'ont poussé à écrire ces abrégés, légitime les contenus inclus dans ces ouvrages – en éclairant surtout les sources dont il s'est servi pour l'élaborer – et partage son avis par rapport à la politique officielle de prescriptions des manuels scolaires. À ce propos, Bianchi fils affirme donc :

> Mais nous, les pauvres enseignants, n'avons pas le droit de nous mêler de ces affaires et nous devons, comme des machines, recevoir l'impulsion de la force motrice à vapeur et l'huile par le machiniste. […] Quel était mon but lors de la création de ces ouvrages je le dirais en quelques mots. Certains manuels, utilisés en tant que livres de lecture, sont tombés en désuétude après l'introduction des livres de lecture du Prof. Sandrini[24]. Cependant, il était nécessaire d'enseigner aux étudiants les matières si magistralement traitées par Franscini, Fontana et Soave. Donc, pour satisfaire un tel besoin, j'ai pensé à imprimer pour ces disciplines […] un abrégé séparé et formulé sur la base du système dialogique afin de les rendre plus faciles pour l'intelligence de l'élève[25].

---

21 Alcune parole sui Libri scolastici, *Educatore della Svizzera italiana*, 10/22, 30.11.1868, pp. 344–45 ; À ce propos voir aussi ASB, DPE, Fondo ottocentesco, Registri governativi, 1/8, séance du 02.12.1868.

22 Alcune parole sui Libri scolastici, *Educatore della Svizzera italiana*, 10/22, 30.11.1868, p. 345.

23 Article publié par Giuseppe Bianchi dans *La Tribuna*, 2/15, 20.02.1869, pp. 2–3.

24 Giuseppe Sandrini (1800–14.03.1885). Exilé italien dans le Canton du Tessin (probablement depuis les premiers mouvements du *Risorgimento* italien jusqu'aux années 1870). Enseignant au gymnase de Bellinzona, auteur et traducteur de manuels scolaires. Membre de la société *Demopedeutica* depuis 1862 (Masoni, 2019). La série de livres de lecture de Sandrini à laquelle Bianchi fait allusion est la suivante : Sandrini, G. (1850, 1851). *Saggio di letture giovanili ad uso delle scuole popolari* (vol. 2 et vol. 1). Bellinzona : Colombi.

25 Article publié par Giuseppe Bianchi dans *La Tribuna*, 2/15, 20.02.1869, pp. 2–3.

Avec Bianchi fils, nous sommes confrontés à un cas de juxtaposition entre l'activité d'imprimeur est celle d'enseignant. La production d'ouvrages scolaires proposée par cet acteur polyvalent favorise ainsi une nouvelle réflexion autour de la relation entre les savoirs scolaires, leur mise en forme et leurs méthodes de transmission.

Le développement de l'édition scolaire dans le canton de Vaud

Dans la première loi scolaire de 1806, les autorités scolaires vaudoises émettent le vœu de doter toutes les classes d'ouvrages destinés aux enfants. Or, les difficultés économiques auxquelles le canton doit faire face dans les deux premières décennies du 19e siècle les empêchent de mettre en œuvre ce projet. Elles concentrent avant tout leur énergie à généraliser l'instruction dans toutes les communes et à lutter contre le fléau de l'absentéisme.

Or, en 1823 puis en 1825, elles décident de lancer un concours en vue d'obtenir des manuscrits d'ouvrages de lecture destinés aux élèves maîtrisant d'ores et déjà les rudiments. Malgré des prolongations, des relances, des précisions et des adaptations de ces deux programmes de concours relayés largement dans la presse de l'époque, aucun manuscrit ne trouve grâce aux yeux des autorités. Quelques années plus tard, en 1833, l'École normale ouvre ses portes et le premier directeur propose à ses étudiants des concours pour la création de matériel pédagogique (Gauthey, 1839, pp. 157–168). Ces pratiques, ainsi que les pétitions de leurs aînés qui revendiquent la publication et l'adoption d'ouvrages scolaires, encouragent d'une part la *Société vaudoise d'utilité publique* et d'autre part de futurs instituteurs à s'intéresser à la production de manuscrits. La première lance son propre concours en 1836 qui ne donne pas plus de résultats probants. Les seconds débattent de cette carence en ouvrages scolaires au sein de la jeune *Société pédagogique du canton de Vaud* et s'indignent du manque de réactivité des autorités scolaires. Celles-ci rédigent pourtant un nouveau concours en 1840 : les trois manuscrits de livres de lecture sont jugés par les experts mandatés par l'administration « trop incomplets quant aux choix des morceaux et trop pauvres de faits instructifs pour qu'ils puissent satisfaire à ce que le programme exige d'un livre de lecture courante »[26], faisant ainsi échouer cette troisième initiative du Département de l'Instruction publique. Pourtant, la frilosité des experts n'arrête pas les bonnes volontés et les initiatives : entre juin 1855 et le 1er août 1860, pas moins de neuf manuscrits d'ouvrages scolaires de lecture et trois d'ouvrages de grammaire sont rédigés et soumis au Conseil de l'Instruction

---

26 ACV KVIII 231/1 : rapport de la commission d'experts du 21 octobre 1842.

publique afin d'être expertisés. Ils sont écrits par neuf instituteurs (dont six sont d'anciens Normaliens) et par deux éditeurs-libraires de Lausanne. Ces divers auteurs sont motivés à la fois par des raisons pédagogiques et par des raisons économiques et commerciales. Il s'avère que c'est un moment charnière qui voit naître l'édition scolaire dans le canton de Vaud.

Alors que le canton souhaitait pouvoir statuer quant à la publication des ouvrages, la première moitié du 19e siècle se caractérise par des décennies d'improvisation et les agréments pour la publication d'ouvrages scolaires sont distribués sans que les critères soient clairs. Les autorités peinent à prendre des décisions et à légiférer quant aux procédures d'autorisation, de validation ou d'officialisation à mettre en œuvre. L'État se contente alors de recommander certains ouvrages :

> Dans cet état des choses, le Conseil n'a pas cru devoir prendre des mesures décisives et il s'est borné à mentionner, chaque année, dans une circulaire aux Commissions d'écoles, les ouvrages dont il avait pris connaissance et qui lui paraissaient dignes d'être recommandés à l'attention de Messieurs les instituteurs[27].

Ainsi, les autorités scolaires laissent le champ libre aux initiatives individuelles et valident les ouvrages qu'elles jugent dignes d'intérêt tout en étant conscientes qu'il serait essentiel d'uniformiser les ouvrages scolaires pour harmoniser l'enseignement. J. Berney, vice-président du Conseil de l'Instruction publique soutenant plus de rigueur dans le choix des moyens d'enseignement déclare qu'une telle mesure aurait pour avantage notamment de déterminer un plan d'études, de permettre aux élèves de passer d'une école à l'autre sans difficulté, de réduire les coûts de production du matériel scolaire, d'éviter d'introduire des ouvrages « nuisibles » dans les écoles, etc.[28]. Cependant, J. Berney ne verra pas son vœu entièrement se réaliser. La seule mesure qu'il obtient est de publier une liste officielle d'ouvrages scolaires, mais chaque enseignant aura le droit de choisir ceux qui lui conviennent dans celle-ci.

La conséquence est que de nombreux instituteurs, libraires, imprimeurs se saisissent de cette manne potentielle et se découvrent un intérêt nouveau pour l'édition scolaire. Samuel Blanc est une figure emblématique de ce mouvement en extension.

---

27 ACV KXIII 231/3 : projet d'arrêté du 12 mars 1862.
28 *Ibid.*

Les acteurs de l'edition scolaire et la forme scolaire 131

La librairie Blanc

Samuel Blanc (1820-1890)[29] est instituteur, mais en 1855, il se mue en auteur d'ouvrages scolaires en publiant un ouvrage d'arithmétique et un abrégé d'histoire adapté d'un ouvrage allemand. Lorsqu'il quitte son poste en 1856, fort du succès de ses premiers livres scolaires dans les cantons de Vaud et de Genève, il ouvre une échoppe dans le centre de la ville de Lausanne. Dans sa librairie spécialisée, il propose des fournitures scolaires et commercialise ses opuscules. Il met en évidence les qualités requises pour assurer le succès d'un livre destiné à l'enseignement et l'apprentissage : ses contenus doivent être organisés de manière progressive et donc être structurés en leçons ; ils doivent être simples, compréhensibles à tous, facilement mémorisables et répertorier les notions essentielles (Tinembart, 2019). Enfin, l'ouvrage doit être bon marché et donc accessible à toutes les bourses. Étant membre depuis 1842 de la *Société des instituteurs du district de Vevey* et dès 1856, de la *Société pédagogique vaudoise*, Blanc entend les revendications de ses collègues enseignants et comprend rapidement la nécessité de leur faire connaître ses éditions. Il instaure alors un système de pré-publications au moyen de la revue *Le Moniteur des écoles et des familles* et annonce également leur diffusion dans la presse locale en proposant des souscriptions. Il explique dans sa revue ses intentions concernant ses publications. Celles-ci ont

> pour but de simplifier le travail des instituteurs, ainsi que celui des élèves en mettant entre leurs mains un résumé des diverses branches d'enseignement, à commencer par celles pour lesquelles aucun ouvrage n'est encore adopté, telles que le civisme que nous croyons nécessaire de compléter par quelques notions d'économie politique, l'astronomie, les sciences naturelles, etc. résumé assez court pour servir nos écoles et enrichi de notes qui en feront un travail très utile, même pour les instituteurs (Blanc, 1856, pp. 1-2).

Blanc participe aussi activement aux rencontres d'enseignants organisées dans chaque district du canton et n'hésite pas à envoyer ses manuscrits au Département de l'Instruction publique en faisant ce qu'on appelle aujourd'hui du lobbying pour gagner les faveurs des autorités. Même si Blanc ne peut compter que sur le marché local, il se fait rapidement une réputation et ne pouvant plus rédiger lui-même des ouvrages scolaires, il s'entoure d'autres enseignants qu'il mandate pour réaliser des manuscrits. Il s'impose alors pour un temps comme le seul éditeur scolaire du canton et devient un interlocuteur privilégié du Département de l'Instruction publique.

---

29 Pour plus de précisions voir Tinembart (2019).

Son attitude et sa réussite finissent pourtant par en agacer certains comme le pasteur Baillif qui expertise souvent des manuscrits pour le compte du chef du Département de l'instruction publique du canton de Vaud :

> Monsieur,
> J'ai l'avantage de vous envoyer ci-joint le préavis demandé sur l'introduction officielle de l'histoire suisse de M. Matthey, éditée par M. Blanc. Ce dernier me parait exploiter un filon assez lucratif de l'industrie typographique. Comme Larousse en France, il s'est plus ou moins constitué le pourvoyeur de nos écoles. Les livres les plus divers sont sortis de sa plume, ou si l'on aime mieux de son officine féconde[30].

Blanc va néanmoins faire fructifier son entreprise et publier bon nombre d'ouvrages (cf. Tableau 2).

---

30 ACV KXIII 231-3 : Lettre du 26 juin 1867 adressée par le pasteur F. Ballif au chef du Département de l'Instruction publique.

Les acteurs de l'edition scolaire et la forme scolaire 133

Tableau 2. Liste des ouvrages scolaires édités par Blanc

Dates des éditions	Titre de l'ouvrage, premier lieu de publication
1853, 1857, 1861	*Petite arithmétique des écoles. Méthode de calcul oral mise à la portée des plus jeunes enfants.* Lausanne : Genton, Luquiens.
1855	*Essai d'une histoire universelle à l'usage des écoles de la Suisse française des familles et des pensionnats.* Lausanne : Genton, Voruz et Vinet.
1856, 1861	*Le Moniteur des écoles et des familles.* Lausanne : Samuel Blanc. Remarque : revue comportant les pré-publications des ouvrages de Blanc.
1856	*Essai d'un cours d'instruction civique et d'économie politique, dédié aux écoles de la Suisse française.* Lausanne : Samuel Blanc.
1856, 1862, 1866, 1872, 1874	*Essai d'une histoire universelle à l'usage des écoles de la Suisse française des familles et des pensionnats.* Lausanne : Blanc ; Paris, Genève : J. Cherbuliez.
1857, 1872	*Petit cours d'astronomie dédié aux écoles de la Suisse française.* Lausanne : Samuel Blanc.
1857	*Cours pratique de sciences naturelles, dédié aux écoles de la Suisse française : premier cours, physique et chimie.* Lausanne : Samuel Blanc.
1858, 1870	*Recueil de problèmes de calcul de tête et d'arithmétique, dédié aux écoles de la Suisse française.* Lausanne : Samuel Blanc.
1859	*Cours pratique de tenue des comptes.* Lausanne : Samuel Blanc.
1859	*Album de souvenirs.* Lausanne : Samuel Blanc. Remarque : il s'agit d'un recueil de poèmes destinés à l'enfance.
1859, 1861	*Cours pratique de géométrie et de toisé à l'usage des écoles de la Suisse française.* Lausanne : Samuel Blanc.
1860	*Lectures sur l'histoire naturelle, dédiées aux écoles, aux familles et aux pensionnats.* Lausanne : Samuel Blanc.
1860	*Panorama du monde habité.* Lausanne : Samuel Blanc. Remarque : ouvrage de sciences naturelles.
1861	*Cours pratique de physique et de chimie.* Lausanne : Samuel Blanc.
1861	*Solutions des questions de compte du Cours pratique de tenue des comptes.* Lausanne : Samuel Blanc.
1862	*Essai d'un cours d'économie politique.* Lausanne : Samuel Blanc.
1862, 1863, 1875	*Essai d'un cours d'instruction civique et d'économie politique.* Lausanne : Samuel Blanc.
1864	*Petite grammaire pratique des écoles primaires.* Lausanne : Samuel Blanc.
1880	*Album d'histoire naturelle : pour faire suite aux ouvrages dédiés aux écoles et aux familles.* Lausanne : Samuel Blanc.

La production de Blanc, annonciatrice du manuel scolaire

Le nombre d'éditions successives de certains livres de Blanc prouve le succès qu'il rencontre. La concurrence ne se fait dès lors pas attendre. D'autres instituteurs investissent ce nouveau créneau économique. Même si les tirages sont limités puisque destinés essentiellement aux écoles vaudoises, voire de la Suisse romande, les progrès techniques dans la fabrication du papier et la mécanisation de l'impression rendent le marché florissant et les publications moins coûteuses. Pour faire face aux nouveaux venus sur le marché, Blanc ouvre une autre librairie avec deux associés en 1868, mais il les quittera peu après. La compétitivité du marché de l'édition scolaire se renforce et Blanc fera faillite en 1879. Son aventure éditoriale se termine avec la publication d'un dernier manuel au début de l'année 1880. Même si son affaire n'a duré que vingt-trois ans et n'a pas eu le brillant avenir de l'entreprise Hachette, son modèle, Samuel Blanc aura eu au moins le mérite de développer le marché de l'édition scolaire vaudoise. Surtout, son histoire met en évidence les liens entre le monde éducatif et le monde de l'édition scolaire. En tant qu'instituteur, il connaît les demandes, les attentes et les besoins des enseignants ; il en tire parti pour proposer des ouvrages en adéquation dans lesquels nous observons des signes tangibles de didactisation (titraille variée ; usage de polices de différentes grandeurs ; présence de chapitres et de leçons ; mises en évidence des notions à retenir en gras ou en italique ; contenus organisés en respectant une progression allant du général au particulier ou du simple au complexe, etc.). Les titres des ouvrages annoncent d'ores et déjà leur usage et leurs destinataires : il s'agit d'abrégés, d'essais, de cours pratiques, de recueils destinés aux écoles ou aux familles. De plus, ils sont de petits formats facilement transportables et maniables et comportent une centaine de pages maximum. Ils revêtent les caractéristiques du manuel scolaire (Choppin, 2008), si ce n'est qu'ils ne sont pas encore distribués à tous les élèves. Il faut attendre la gratuité du matériel pour que cette généralisation se réalise au début du 20e siècle.

Conclusion : des profils et des parcours à la fois proches et contrastés

En comparant la vie de Bianchi fils et de Blanc, nous pouvons mettre en évidence de nombreuses similitudes. Tout d'abord, tous deux sont enseignants et ont pratiqué durant quelques années. Ils ont ainsi conscience des lacunes en matière d'ouvrages scolaires. Ils savent aussi comment organiser les contenus d'enseignement pour qu'ils soient accessibles aux élèves. En comparant leurs manuels, nous observons une sorte de standardisation au niveau des couvertures qui comportent les mêmes types de titres et d'indications. Leur organisation interne y est identique si ce n'est que, dans les livres de Bianchi fils, la méthode interrogative est préconisée alors que chez Blanc, c'est plus une logique expositive qui prédomine. Cependant, les ouvrages tessinois tout comme les vaudois sont structurés en leçons pour permettre aux enseignants de répartir les contenus au fil de l'année. Ces deux éditeurs ont également le point commun de publier dans les diverses matières d'enseignement et de viser comme utilisateurs les élèves des degrés primaires.

Si Bianchi fils a hérité de l'entreprise familiale et qu'il a pu continuer à exercer comme enseignant, Blanc a fondé lui-même sa librairie. Il semble avoir adopté une politique commerciale plus agressive que Bianchi fils en côtoyant sans cesse les enseignants et en tentant de se constituer une clientèle captive. Cependant, tous deux sont des interlocuteurs privilégiés de leurs autorités scolaires respectives car ils professionnalisent l'édition scolaire. Jusqu'alors, le processus revêtait une forme d'amateurisme : l'État peine à recruter des auteurs et ne reçoit que quelques manuscrits qu'il donne à examiner, mais les expertises durent des mois voire des années ; il ne fixe que peu ou pas de critères de sélection laissant, dans le cas vaudois, les experts mandatés faire leurs choix. En ayant comme interlocuteurs des éditeurs professionnels qui font l'intermédiaire avec les auteurs, les autorités scolaires peuvent se concentrer sur les critères d'approbation ou d'officialisation. Du reste, au Tessin, une liste d'ouvrages recommandés est incluse dans le programme de scolaire à partir de 1857 ; dans le canton de Vaud, c'est à partir de 1862 que l'État établit un inventaire officiel d'ouvrages à choix pour l'enseignement en restreignant le nombre d'ouvrages potentiels. Dès la fin du 19e siècle, les éditeurs seront soumis à des cahiers des charges beaucoup plus précis qu'ils devront respecter pour avoir une chance de voir leurs manuels choisis par le Département de l'Instruction publique.

En suivant et en observant finement les parcours de Bianchi fils et de Blanc ainsi que leur production d'ouvrages scolaires, nous avons mis en évidence la constellation d'acteurs qui gravitent autour de celle-ci. Nous avons pu constater les liens qu'entretiennent les autorités avec ces éditeurs d'un nouveau genre et les potentiels auteurs. Les éditeurs deviennent des intermédiaires privilégiés. Le développement économique rapide de leur secteur et l'apparition de bon nombre d'entre eux dès la seconde moitié du 19e siècle ont obligé les autorités scolaires à légiférer et surtout à s'imposer progressivement comme mandants pour la publication de moyens d'enseignement. Elles ont pris conscience qu'il devenait impératif d'uniformiser les manuels, de maîtriser le processus d'édition et d'en approuver ou d'en officialiser la publication pour harmoniser l'enseignement dans leur canton. Nous constatons également que les programmes et plans d'études font leur apparition à la même période. Ils précisent ainsi la législation et les attentes départementales. L'essor de l'édition scolaire contribue ainsi à l'élaboration d'une juridiction scolaire et à la mise en place d'instructions officielles qui, à leur tour, introduisent graduellement la formalisation de conditions d'enseignement et d'apprentissage. Dans le processus de mise en place de la forme scolaire moderne, la codification des savoirs scolaires et la genèse des disciplines scolaires sont ainsi favorisées par la production d'ouvrages scolaires. Pendant toute la deuxième moitié du 19e siècle ces trois éléments – les manuels, les programmes et les disciplines scolaires – s'influencent et se nourrissent réciproquement contribuant ainsi à l'établissement d'un catalogue de savoirs scolaires et à sa circulation au niveau transcantonal.

De plus, il est à noter que les enjeux financiers sont toujours en toile de fond. Pour massifier l'acquisition de manuels alors que la gratuité du matériel n'est pas encore promulguée – elle le sera en 1891 dans le canton de Vaud et en 1931 au Tessin –, il faut que leur prix coûtant soit le plus bas possible. Là, encore, les éditeurs jouent un rôle fondamental. Leur concurrence les rend plus compétitifs et en négociant directement avec les auteurs voire avec d'autres prestataires (imprimeurs, papetiers, etc.), ceux-ci peuvent fixer les rétributions en fonction de l'offre et de la demande.

Ainsi, nous pouvons affirmer qu'entre 1850 et 1870 les instituteurs-éditeurs participent activement au processus durant lequel se met en place la forme scolaire. Leurs emprunts à d'autres éditeurs francophones ou italophones, leurs liens étroits avec les enseignants, leurs échanges multiples avec les autorités, les formes que prennent leurs publications reflètent les changements fondamentaux qui traversent l'Instruction publique. Caractérisés par un double profil économique et culturel, ces acteurs jouent donc un rôle dans la diffusion de masse des savoirs scolaires tout en accélérant – en termes de didactisation et de disciplinarisation – leurs méthodes de transmission.

RÉFÉRENCES BIBLIOGRAPHIQUES

Sources

(s.n). (1832). *Regolamento per le scuole della Repubblica e Cantone del Ticino.* Ruggia.

Bianchi, G. (1867a). *Compendio di storia svizzera ridotto a domanda e risposta ad uso delle scuole minori ticinesi.* Bianchi.

Bianchi, G. (1867b). *Principali doveri dell'uomo cavati dai libri di testo e ridotti a dimanda e risposta per le scuole elementari ticinesi.* Bianchi.

Bianchi, G. (1867c). *Regole di civiltà cavate dai libri di testo e ridotte a dimanda e risposta per le scuole elementari ticinesi.* Libreria E. Bianchi, Traversa e Degiorgi.

Bianchi, G. (1868a). *Prinicipi generali di geografia proposti ad uso delle scuole elementari minori ticinesi.* Libreria E. Bianchi.

Bianchi, G. (1868b). *Principi generali di geometria propisti ad uso delle scuole elementari ticinesi.* Libreria E. Bianchi.

Bianchi, G. (1876a). *Elementi di agricoltura cavati dai libri di testo e ridotti a dimanda e risposta per le scuole minori ticinesi.* Lib. E. Bianchi.

Bianchi, G. (1876b). *Lo scolaro educato nelle regole di civiltà nei principali doveri dell'uomo e nei principi di agricoltura.* Traversa e Degiorgi.

Bianchi, G. (1878). *Breve compendio di geografia fisica dell'Europa e di geografia fisica e politica della Svizzera compilato per le scuole elementari minori.* Traversa e Degiorgi.

Bianchi, G. (1880). *Il fanciulletto. Libro primo di lettura e nomenclatura proposto ad uso delle scuole minori ticinesi.* Traversa e Degiorgi.

Bianchi, G. (1881). *La buona Ernestina ovvero la fanciulla educata nei suoi doveri, nell'economia domestica e nelle regole di civiltà.* Lib. E. Bianchi.

Bianchi, G. (1893). *Lezioni di geometria piana, disegno lineare e planimetria ad uso delle scuole.* Lib. E. Bianchi.

Blanc, S. (1853). *Petite arithmétique des écoles. Méthode de calcul oral mise à la portée des plus jeunes enfants.* Genton, Luquiens

Blanc, S. (1855). *Essai d'une histoire universelle à l'usage des écoles de la Suisse française des familles et des pensionnats.* Genton, Voruz et Vinet.

Blanc, S. (1856-1861). *Le Moniteur des écoles et des familles.* Samuel Blanc.

Blanc, S. (1856a). *Essai d'un cours d'instruction civique et d'économie politique, dédié aux écoles de la Suisse française.* Samuel Blanc

Blanc, S. (1856b). *Essai d'une histoire universelle à l'usage des écoles de la Suisse française des familles et des pensionnats.* Blanc / J. Cherbuliez.

Blanc, S. (1857a). *Petit cours d'astronomie dédié aux écoles de la Suisse française.* Samuel Blanc.

Blanc, S. (1857b). *Cours pratique de sciences naturelles, dédié aux écoles de la Suisse française : premier cours, physique et chimie.* Samuel Blanc.

Blanc, S. (1858). *Recueil de problèmes de calcul de tête et d'arithmétique, dédié aux écoles de la Suisse française.* Samuel Blanc.

Blanc, S. (1859a). *Cours pratique de tenue des comptes.* Samuel Blanc.

Blanc, S. (1859b). *Album de souvenirs.* Samuel Blanc.

Blanc, S. (1859c). *Cours pratique de géométrie et de toisé à l'usage des écoles de la Suisse française*. Samuel Blanc.

Blanc, S. (1860a). *Lectures sur l'histoire naturelle, dédiées aux écoles, aux familles et aux pensionnats*. Samuel Blanc.

Blanc, S. (1860b). *Panorama du monde habité*. Samuel Blanc.

Blanc, S. (1861a). *Cours pratique de physique et de chimie*. Samuel Blanc.

Blanc, S. (1861b). *Solutions des questions de compte du Cours pratique de tenue des comptes*. Samuel Blanc.

Blanc, S. (1861c). *Solutions des questions de compte du Cours pratique de tenue des comptes*. Samuel Blanc.

Blanc, S. (1862). *Essai d'un cours d'instruction civique et d'économie politique*. Samuel Blanc.

Blanc, S. (1864). *Petite grammaire pratique des écoles primaires*. Samuel Blanc.

Blanc, S. (1880). *Album d'histoire naturelle : pour faire suite aux ouvrages dédiés aux écoles et aux familles*. Samuel Blanc.

Dipartimento di Pubblica Educazione (1867). *Programma d'insegnamento per le scuole minori*.

Franscini, S. (1828). *Della pubblica istruzione nel Cantone Ticino*. Ruggia.

Franscini, S. (1837). *Letture popolari ad uso delle scuole elementari maggiori della Repubblica e cantone del Ticino*. Veladini.

Gauthey, L.-F.-F. (1839). *De l'École normale du Canton de Vaud : depuis sa fondation en 1833 jusqu'à aujourd'hui*. Ducloux.

Zschokke, H. (1858, trad. Franscini, S.). *Istoria della Svizzera pel popolo svizzero*. Colombi.

Bibliographie

Bahuaud, M. (2006). Les éditeurs scolaires traditionnels à la recherche d'un modèle économique. In E. Bruillard (Ed.), *Manuels scolaires, regards croisés* (pp. 55–78). CRDP Basse-Normandie.

Chartier, R., & Martin, H.-J. (Ed.). (1982–1986/1990–1998). *Histoire de l'édition française (Vol. 1–4)*. Fayard.

Choppin, A. (2002). *Voyage en lecture. L'évolution des manuels de lecture, trace de l'évolution de l'École*. Savoir Livre.

Choppin, A. (2008). Le manuel scolaire, une fausse évidence historique. *Histoire de l'éducation, 117*, 7–56.

Corsini, S. (2012). Introduction. *Revue historique vaudoise. Livres et lecteurs en terre vaudoise : une histoire à écrire, 120*, 11–13.

Ganon, S. (1999). *De l'oralité à l'écriture. Le manuel de français à l'école primaire. 1830-1900*. Les Presses de l'Université de Laval.

Gerard, F.-M. & Roegiers, X. (2003). *Des manuels scolaires pour apprendre. Concevoir, évaluer, utiliser*. De Boeck.

Ghiringhelli, A. (2011). Stefano Franscini. *Dictionnaire historique de la Suisse (DHS)*. Version en ligne du 10.11.2011 : https://hls-dhs-dss.ch/de/articles/003508/2011-11-10/

Hofstetter, R. & Schneuwly, B. (2017). Forme scolaire, un concept trop séduisant ? In A. Dias-Chiarutimi & C. Cohen-Azria (Ed.), *Théories didactiques de la lecture et de l'écriture : Fondements d'un champ de recherche – en cheminant avec Yves Reuter* (pp. 153–167). Presses universitaires du Septentrion.

Karafiat-Seitz, C. (2012). *Am Anfang war der Buchstabe – ABC-Bücher in Ostereich im Wandel vom Leselernbuch zum künstlerisch illustrierten Bilderbuch*. Magistra der Philosophie. Universität Wien.

Marazzi, E. (2010). *Editori per la scuola elementare a Milano nel secondo Ottocento. Autori, testi e mercato (1861-1900)*. Tesi di dottorato. Università di Milano.

Marazzi, E. (2014). *Libri per diventare italiani. L'editoria per la scuola a Milano nel secondo Ottocento*. Franco Angeli.

Marcacci, M. (2015). Alle origini della scuola publica ticinese. In N. Valsangiacomo & M. Marcacci (Ed.), *Per tutti e per ciascuno. La scuola pubblica nel Cantone Ticino dall'Ottocento ai giorni nostri* (pp. 23–46). Armando Dadò editore.

Masoni, G. (2019). *Rapsodia del sapere scolastico : storia del manuale e dei suoi attori nel Canton Ticino (1830-1914)*. Thèse de doctorat. Université de Lausanne.

Mena, F. (1994). La società Tipografico-Libraria di Lugano (1845-1863) nella crisi editoriale di metà Ottocento. *Pagine Luganesi*, 6, 9–54.

Mena, F. (1998). La pubblica istruzione. In R. Ceschi (Ed.), *Storia del Cantone Ticino, L'Ottocento* (pp. 167–182). Stato del Cantone Ticino.

Mena, F. (2004). Fiches sur le Canton du Tessin. In A. Gigli Marchetti & M. Infelise (Ed.), *Editori italiani dell'Ottocento. Repertorio* (Appendice). Franco Angeli.

Mollier, J.-Y. (1996). L'histoire de l'édition, une histoire à vocation. *Revue d'histoire moderne et contemporaine*, 43(2), 329–348.

Mollier, J.-Y. (1999). *Louis Hachette (1800-1864). Le fondateur d'un empire*. Fayard.

Roca, R. (2012). Sonderbund. *Dictionnaire historique de la Suisse (DHS)*. Version en ligne du 20.12.2012 : https://hls-dhs-dss.ch/it/articles/017241/2012-12-20/

Tinembart, S. (2015). *Le manuel scolaire de français, entre production locale et fabrique de savoirs. Le cas des manuels et de leurs concepteurs dans le canton de Vaud au 19ᵉ siècle*. Thèse de doctorat. Université de Genève.

Tinembart, S. (2019). Le manuel scolaire vaudois : fruit d'instituteurs devenus libraires ? In S. Wagnon (Ed.), *Le manuel scolaire, objet d'étude et de recherche : enjeux et perspectives* (pp. 171–186). Peter Lang.

Tinembart, S. & Masoni, G. (2019). Manuels scolaires et création des nations modernes. Une question de transferts culturels. *Traverses, 1*, 71–80.

Vallotton, F. (2001a). *L'édition romande et ses acteurs 1850–1920*. Slatkine.

Vallotton, F. (2001b). La Suisse, un modèle éditorial spécifique ? In J. Michon & Y. Mollier (Ed.), *Les mutations du livre et de l'édition dans le monde du XVIIIᵉ siècle à l'an 2000* (pp. 280–288). Les Presses de l'Université Laval.

Troisième partie
Manuels et normes scolaires

Rebecca Laffin

LES TÂCHES FINALES DANS TROIS MANUELS D'ALLEMAND DE TERMINALE : PERSPECTIVE ACTIONNELLE ET NORMES DISCIPLINAIRES

Qu'attend-on de l'enseignement scolaire d'une langue étrangère ? Que les élèves apprennent à lire, écrire, comprendre et parler cette langue. Ces quatre activités langagières correspondent à l'objectif communicationnel qui peut être considéré comme une norme disciplinaire à la fois du point de vue de la didactique des langues, du point de vue institutionnel et comme pratiques partagées. En effet, les activités de réception et de production écrite et orale sont une composante essentielle des courants méthodologiques successifs[1]. Elles occupent notamment une place importante dans l'approche communicative répandue dans les années 1990 (Puren, 2004, p. 10) et n'ont pas été remises en cause, du moins de manière directe et massive, depuis. On peut donc considérer ces activités comme une des normes disciplinaires de la didactique des langues. Elles sont également ancrées dans les prescriptions institutionnelles qui régissent l'enseignement des langues en France. Les programmes fixés par le Ministère de l'Education nationale prescrivent la pratique régulière des activités langagières de communication en classe (Ministère de l'Éducation nationale, 2010).

Dans ce contexte, les manuels scolaires, intermédiaires entre les prescriptions officielles, les théories et les pratiques, ont pour fonction, d'après deux des quatre fonctions essentielles distinguées par Alain Choppin[2], de fournir les supports documentaires des activités de compréhension (textes, enregistrements sonores, vidéos ...) et de proposer des activités de production orale et écrite à partir de ces supports.

L'observation de certains manuels récents permet pourtant d'identifier un nouveau type d'activités situé en fin de chapitre. Dans les manuels d'allemand de terminale publiés à partir de 2012, leur désignation varie : elles sont intitulées

---

1 Pour une synthèse des approches successives en didactique des langues, voir Puren (2004) qui distingue l'approche par la grammaire, le lexique, la culture, la communication et l'action.
2 Alain Choppin distingue les fonctions référentielle (appelée aussi curriculaire ou programmatique), instrumentale (avec la proposition d'activités), didactique et culturelle, et enfin documentaire (Choppin, 2005, pp. 39-40).

« tâches finales » dans le sommaire de *Perspektiven* (Decocqman, Bocage, Le Bourg & Reynis, 2012, pp. 6-9), « projet final » dans la préface du même manuel (Decocqman *et al.*, 2012, p. 3) ainsi que dans celle de *Fokus* (Bally, Benhamou, Delposen & Lenz, 2012, p. 3), et enfin « projet final de fin de séquence » dans la préface de *Fokus Neu* (Bally, Benhamou, Delposen & Lenz, 2017, p. 3).

La présence de ces activités dont le nom met l'accent sur l'aboutissement d'un apprentissage et non sur la communication en langue étrangère interroge les pratiques et les priorités de l'enseignement des langues. S'agit-il toujours de communiquer par le biais des activités langagières ou bien assiste-t-on à l'introduction d'un type d'activité qui obéit à une autre logique disciplinaire et pourrait devenir une nouvelle norme ?

Dans un premier temps, cet article rappellera le cadre institutionnel (européen et français) et les éléments de l'approche actionnelle qui président aux tâches présentes dans certains manuels récents. Dans un second temps, une étude de cas sera consacrée à trois manuels récents d'allemand de terminale qui ont connu une large diffusion parmi les enseignants après la publication du programme de 2010 (Ministère de l'Éducation nationale, 2010) et qui contiennent ce type d'activités : *Fokus* (Bally *et al.*, 2012), *Perspektiven* (Decocqman *et al.*, 2012) et *Fokus Neu* (Bally *et al.*, 2017). Ce dernier manuel est une réédition avec d'importantes modifications, ce qui nous amène à étudier la manière dont les auteurs ont cherché à améliorer les tâches finales proposées. Il s'agira d'analyser les tâches finales de ces manuels dans une démarche comparative pour comprendre dans quelle mesure leurs constituants correspondent aux normes institutionnelles, mais aussi pour mesurer l'inclusion des activités langagières dans ces nouveaux projets. Dans un dernier temps, nous étudierons les modalités d'intégration des tâches finales dans les chapitres qu'elles concluent. Nous dégagerons ainsi leur dimension structurante dans l'organisation générale des manuels qui peut servir de modèle ou de repère aux enseignants pour la préparation des cours tout au long de l'année scolaire.

Le cadre institutionnel des tâches finales

Les tâches finales qui sont proposées aux élèves et enseignants à la fin des chapitres de manuels s'inscrivent dans une approche globale : la perspective actionnelle définie à un niveau institutionnel par le *Cadre européen commun de référence pour les langues : apprendre, enseigner, évaluer* (CECRL) publié par le Conseil de l'Europe en 2001. Les auteurs de ce document précisent dès les premières pages qu'il ne constitue pas une norme prescriptive :

Soyons clairs : il ne s'agit aucunement de dicter aux praticiens ce qu'ils ont à faire et comment le faire. Nous soulevons des questions, nous n'apportons pas de réponses. La fonction du *Cadre européen commun de référence* n'est pas de prescrire les objectifs que ses utilisateurs devraient poursuivre ni les méthodes qu'ils devraient utiliser (Conseil de l'Europe, 2001, p. 4).

Cette restriction ne signifie pas que le CECRL ne contient ni objectifs ni méthodes, mais qu'il ne prétend pas imposer les repères qu'il énonce. L'application d'éléments du CECRL se fait donc de manière choisie par les praticiens qui le désirent ou de manière imposée, mais non par des acteurs européens, pour ceux soumis à une législation nationale qui intègre ces principes.

Le deuxième chapitre du CECRL présente l'approche retenue : une « perspective [...] de type actionnel en ce qu'elle considère avant tout l'usager et l'apprenant d'une langue comme des acteurs sociaux ayant à accomplir des tâches » (Conseil de l'Europe, 2001, p. 14). On note que, dans cette définition, c'est l'apprenant d'une langue, donc l'élève dans un contexte scolaire, qui réalise la tâche. Ce dernier terme est ensuite expliqué : « Est définie comme tâche toute visée actionnelle que l'acteur se représente comme devant parvenir à un résultat donné en fonction d'un problème à résoudre, d'une obligation à remplir, d'un but qu'on s'est fixé » (Conseil de l'Europe, 2001, p. 16). L'« acteur », donc par extension l'élève, se trouve dans une situation donnée qui nécessite une action (la nécessité pouvant aussi bien être de l'ordre de la contrainte, du problème ou de l'objectif personnel). La réalisation de l'action ne mène pas uniquement à l'absence de problème ou de projet, mais à un « résultat donné » identifiable.

Il se pose alors la question du lien entre les tâches et les activités langagières. Le CECRL précise en effet que les tâches ne sont pas nécessairement langagières. En revanche, les activités langagières sont considérées comme des composantes des tâches : « Si les actes de parole se réalisent dans des activités langagières, celles-ci s'inscrivent elles-mêmes à l'intérieur d'actions en contexte social qui seules leur donnent leur pleine signification » (Conseil de l'Europe, 2001, p. 15). C'est donc le « contexte social » qui inclut les activités langagières de réception et de production dans une perspective actionnelle. Christian Puren explique ce passage de l'approche communicative à l'approche actionnelle par l'adoption d'un « nouvel objectif social » de l'apprentissage des langues, « celui de préparer les apprenants à vivre et travailler, dans leur propre pays ou dans un pays étranger, avec des natifs de différentes langues-cultures étrangères », un objectif « lié aux progrès de l'intégration européenne » (Puren, 2004, p. 7). L'apprentissage d'une langue étrangère vise ainsi une situation future nécessitant une action commune avec des locuteurs d'une langue étrangère dans le domaine personnel ou professionnel. L'action prime sur la communication puisqu' « il ne s'agit plus de communiquer avec l'autre (de s'informer et d'informer), mais d'agir avec l'autre en langue étrangère » (Puren, 2004, p. 7).

Cet objectif centré sur l'avenir des apprenants amène le lecteur à s'interroger sur le statut des tâches réalisées à l'école : sont-elles une simulation des actions ayant lieu dans un contexte social extérieur à l'école (le contexte réel et immédiat étant celui de la salle de classe) ou sont-elles déjà des tâches telles qu'elles sont définies dans le CECRL ? Les auteurs répondent à cette question dans le septième chapitre consacré à l'enseignement scolaire des langues. Ils y distinguent deux types de tâches : celles qui reposent directement sur les activités langagières, sont « 'proches de la vie réelle' et sont choisies en fonction des besoins de l'apprenant hors de la classe » d'un côté et les tâches « de nature plus spécifiquement 'pédagogique', [qui] sont fondées sur la nature sociale et interactive 'réelle' et le caractère immédiat de la situation de classe » de l'autre. « Les apprenants s'y engagent dans un 'faire-semblant accepté volontairement' pour jouer le jeu de l'utilisation de la langue cible » (Conseil de l'Europe, 2001, p. 121). Les enseignants et les auteurs de manuels sont ainsi invités à prendre en compte les besoins ressentis et les situations vécues par les élèves au quotidien[3] (le CECRL donne l'exemple de la réponse à un formulaire) sans pour autant faire abstraction des spécificités du cadre scolaire qui permet de simuler des actions menées en langue étrangère, par le biais de jeux de rôle par exemple. Ainsi, la perspective actionnelle définie à un niveau européen a pu servir de référence à des auteurs de manuels, même si les prescriptions directes qu'ils doivent prendre en compte se situent au niveau national.

L'utilité du CECRL consiste entre autres à « inspirer la réorientation de curriculums de langues étrangères par la prise en compte de la 'perspective actionnelle' » (Maurer, 2011, p. 15), un processus effectué progressivement en France[4]. La référence aux tâches en contexte social dans les programmes du

---

3 Cette recommandation n'est pas spécifique au CECRL comme le montre la réflexion autour des situations authentiques d'apprentissage en Allemagne notamment (Wiater, 2011, p. 32).

4 Le programme de langues vivantes du cycle terminal publié en 2004 définit les niveaux du référentiel de compétences du CECRL attendus pour les différentes activités langagières (Ministère de l'Éducation nationale, 2004, p. 25). Les niveaux exigés à différents moments de la scolarité sont inscrits dans le Code de l'Éducation deux ans plus tard : « Les niveaux de compétences en langues vivantes étrangères attendus des élèves des écoles, collèges et lycées relevant de l'enseignement public ou privé sous contrat sont fixés, conformément à l'annexe de la présente sous-section de la façon suivante : 1. À la fin de l'école élémentaire, le niveau A1) dans la langue vivante étudiée ; 2. À la fin de la scolarité obligatoire, le niveau B1 pour la première langue

cycle terminal est plutôt tardive (elle n'apparaît pas dans le programme de 2004) et allusive. En effet, le programme de 2010 précise que le croisement entre plusieurs domaines d'origine du fait culturel « est au cœur du projet de séquence et facilite l'appropriation des compétences linguistiques et pragmatiques en contexte » (Ministère de l'Éducation nationale, 2010)[5]. Le « projet de séquence » n'est pas défini et semble correspondre à un élément connu de l'enseignement. On retrouve pourtant des constituants de la définition des tâches dans le CECRL comme l'importance du contexte comme situation de départ, et le terme de « projet » rappelle une action menée pour atteindre un objectif avec un résultat identifiable[6]. La référence à la séquence introduit une dimension qui n'était pas présente dans le CECRL, celle de l'activité qui a pour référent une séquence entière, ce qui peut inclure des activités intermédiaires réalisées au cours de la séquence. Enfin, le rappel des « compétences linguistiques » ancre l'usage de la langue étrangère dans les projets finaux. Si nous n'avons pas pu identifier de référence plus précise aux tâches du CECRL dans le programme du cycle terminal de 2010, cela ne signifie pas qu'elles sont absentes des directives de l'Éducation nationale. En effet, des guides d'accompagnement destinés aux enseignants contractuels au sein d'une académie explicitent le lien entre le CECRL et le projet final[7].

---

vivante étudiée et le niveau A2 pour la seconde langue vivante étudiée ; 3. À la fin des études du second degré, le niveau B1 pour la seconde langue vivante étudiée. Les programmes et méthodes d'enseignement des langues vivantes étrangères sont définis en fonction de ces objectifs » (Article D312-16 codifié par le décret 2006-583 du Code de l'Éducation 24 mai 2006).

5 La référence au CECRL est en revanche explicite sur les activités langagières de communication : « Il [le programme] prend appui sur le CECRL élaboré par le Conseil de l'Europe et vise à développer l'autonomie de l'élève dans la pratique des langues vivantes dans les activités langagières » (Ministère de l'Éducation nationale, 2010). Les différentes activités langagières sont ensuite énumérées.

6 Sur la manière d'associer perspective actionnelle et projet pédagogique (plus ancien), voir Perrichon (2009).

7 À titre d'exemple, on peut mentionner un livret de l'académie de Poitiers dont la rédaction a été dirigée par deux inspecteurs. Ces derniers conseillent aux enseignants de commencer la préparation d'une séquence par la définition du projet de séquence (Bord & Vidal, s.d., p. 9). Ils précisent que « pour donner du sens à son enseignement, le professeur de langue vivante doit bâtir une séquence d'apprentissage cohérente, fédérée par la réalisation d'une 'tâche finale' ou 'projet final'. Cette approche permet la mise en œuvre de la perspective actionnelle (CECRL) » (Bord & Vidal, s.d., p. 9).

Malgré une mention succincte dans le programme de 2010, les projets de séquence sont annoncés comme des composantes essentielles des chapitres dans les préfaces des trois manuels retenus. Les auteurs de *Perspektiven* mentionnent « votre projet final (*Ihr Projekt*) » qui donne l'occasion aux élèves « de réinvestir connaissances et savoir-faire et d'atteindre progressivement les niveaux attendus (B1 en LV2, B2 en LV1) » (Decocqman *et al.*, 2012, p. 3). Le projet est ainsi placé explicitement en fin de chapitre. Il a pour fonction une réutilisation des connaissances et compétences acquises tout au long de la séquence, et est au service de la progression linguistique. Dans *Fokus*, des « tâches (*Aufgaben*) [...] aident [les élèves] à réaliser le projet final (*Abschlussaufgaben*) » (Bally *et al.*, 2012, p. 3), ce qui met l'accent sur le caractère conclusif du projet. Dans la préface de *Fokus Neu*, cette dimension est réaffirmée. On note que les auteurs évoquent « le projet final de fin de séquence (*Abschlussaufgabe*) » (Bally *et al.*, 2017, p. 3) pour accentuer qu'il est l'aboutissement de la séquence, ce qui peut donner une impression de redondance des termes employés.

Les trois préfaces reprennent ainsi le projet de séquence du programme de 2010, alors que le terme de tâche, défini dans le CECRL, n'apparaît pas systématiquement. On peut alors se demander si les constituants des projets correspondent à la définition du CECRL.

Les tâches finales : composantes et activités langagières

La présente analyse des projets finaux (terme employé ici comme synonyme de tâche finale) du point de vue de leurs composantes et des activités langagières mobilisées s'appuie sur les sommaires des trois manuels. On y trouve une présentation concise des projets finaux. Le sommaire de *Perspektiven* (Decocqman *et al.*, 2012, pp. 6–9) annonce huit tâches finales (une par chapitre) en français. Celui de *Fokus* (Bally *et al.*, 2012, pp. 8–11) fait référence, en allemand, à deux ou trois « Abschlussaufgaben »[8] pour chacun des sept chapitres (ce manuel contient quinze tâches finales en tout), un procédé repris dans le sommaire des huit chapitres de *Fokus Neu* (Bally *et al.*, 2017, pp. 8–11) dont chacun contient deux « Abschlussaufgaben ».

Une comparaison des éléments qui constituent l'annonce de chaque projet final montre qu'ils correspondent à la définition de la tâche énoncée dans le CECRL (Conseil de l'Europe, 2001, p. 16). Les actions à mener pour réaliser le projet répondent à la « visée actionnelle ». Les verbes d'action (à l'infinitif dans

---

8   Ce terme peut être traduit par « tâches finales » ou « tâches conclusives ».

les sommaires et souvent à l'impératif sur les pages dédiées aux tâches finales) impliquent que c'est l'élève, seul ou en groupe, qui sera « l'acteur » qui effectue la tâche. Les sommaires désignent le « résultat donné » sous la forme d'une réalisation identifiée et concrète. Enfin, le « but qu'on s'est fixé » correspond à une situation qui n'est parfois que suggérée dans les sommaires et détaillée sur la page dédiée à la tâche finale. Cette situation est souvent fictive et exige alors des élèves « un faire-semblant » caractéristique de certaines tâches définies dans le CECRL. Les projets finaux des manuels sont langagiers en ce qu'ils reposent sur l'utilisation de la langue cible, une possibilité prévue par le CECRL.

La présentation des projets finaux dans les sommaires contient un élément supplémentaire qui ne figure pas dans la définition européenne de la tâche : la référence à un thème. Ce dernier reprend le thème général du chapitre dont le projet constitue l'aboutissement. Par exemple, la deuxième tâche finale de *Perspektiven*, intitulée « Participer à un concours sur le thème de la frontière » (Decocqman et al., 2012, p. 7), conclut le chapitre nommé « Dépasser les frontières[9] » (Decocqman et al., 2012, pp. 6–7). L'élève sera l'acteur de cette tâche décrite par le verbe « participer ». Le résultat, c'est-à-dire la forme que prend la participation, n'est pas mentionné dans le sommaire. La situation est le concours qui peut être fictif ou alors réel si l'enseignant choisit de l'organiser au sein de la classe.

Le tableau 1 ci-dessous établit, à titre d'exemple, la liste des tâches finales telles qu'elles sont présentées dans le sommaire de *Perspektiven* (Decocqman et al., 2012, pp. 6–9). Les numéros indiqués dans la première colonne correspondent aux pages du manuel qui sont consacrées à ces tâches. La tâche de la page 140 n'a pas de résultat annoncé dans le sommaire puisque le complément du verbe correspond au thème dans ce cas précis. La dernière colonne indique les activités langagières mobilisées. Les cases correspondantes sont vides lorsque les activités langagières ne peuvent pas être déduites de la présentation de la tâche finale dans le sommaire[10]. La participation à un projet ou à un concours par exemple peut être écrite ou orale.

---

9 « Grenzen überwinden ».
10 Les pages dédiées aux tâches finales précisent les activités langagières mobilisées. Ces dernières seront analysées plus loin.

Tableau 1. Intitulé des tâches finales dans le sommaire de *Perspektiven* et activités langagières requises

Page	Action	Résultat	Thème	Activité langagière
24	Participer	au projet	«Mon idée pour l'Allemagne»	
48	Participer	à un concours	sur le thème de la frontière	
62	Rédiger	un questionnaire	sur les médias	Expression écrite
82	Imaginer	la page d'accueil d'un site web	de promotion du *Standort Deutschland*	Expression écrite
106	Rédiger	un tract	pour un nouveau parti politique	Expression écrite
120	Participer	à un débat	sur la mobilité	Expression orale
140	Présenter		un scientifique allemand ou autrichien	
156	Présenter	un projet	écologique	

Les projets finaux de *Fokus* et de *Fokus Neu*, présentés en allemand, ont les mêmes composantes. Par exemple, *Fokus* propose la « Abschlussaufgabe » suivante : « Ein Bewerbungsgespräch für einen Erasmus-Platz vorbereiten und führen » (préparer et mener un entretien de candidature à une bourse Erasmus). Elle est composée d'une action en deux étapes (« préparer et mener ») ayant pour résultat l'entretien et entrant dans le thème de la mobilité étudiante, ce qui correspond à une activité langagière d'expression écrite (si la prise de notes est autorisée) et orale. Le résultat des tâches finales est concret et surtout durable lorsque les activités incluent une production écrite avec des supports comme une lettre, une affiche ou un document en ligne. En revanche, certaines activités orales, comme « débattre sur les conséquences de la production énergétique »[11] (Bally *et al.*, 2012, p. 8), ont un résultat qui n'est pas explicité dans la présentation, même si on peut considérer que le débat est le résultat de la préparation.

L'évolution des tâches finales entre *Fokus* et *Fokus Neu* est liée aux modifications des chapitres. Ainsi, dans les six premiers chapitres de *Fokus Neu* dont les grands thèmes sont identiques ou proches de ceux du manuel précédent, sept projets finaux ont été conservés, deux ont été modifiés intégralement, trois ont fait l'objet d'une modification partielle ou d'une reformulation, et un a été supprimé. Chacun des deux nouveaux chapitres contient deux tâches finales.

L'annonce des tâches finales dans les sommaires permet donc d'identifier des composantes présentes de manière systématique, ce qui suggère que ces tâches sont construites à partir d'une norme commune issue d'une intégration

---

11 « Über die Konsequenzen der Energiegewinnung diskutieren », en allemand dans le manuel.

des repères du CECRL dans l'enseignement scolaire des langues. On peut alors se demander quelle est la place des activités langagières, reconnues comme normes disciplinaires avant l'apparition des tâches finales, dans ces manuels. Comme le rappelle Francis Goullier, « on a toujours affaire à une combinaison entre plusieurs dimensions : les compétences générales et communicatives, les activités langagières de réception ou de production, les domaines et les thèmes abordés, les stratégies mises en œuvre et les tâches » (Goullier, 2006, p. 25)[12]. L'auteur précise que certaines de ces dimensions sont souvent « prépondérantes » (p. 25). La part des activités langagières dans les tâches finales révèle ainsi les priorités de l'enseignement des langues : la norme disciplinaire de la pratique de la communication en langue étrangère se trouverait renforcée dans le cas d'une mobilisation forte des activités langagières dans les projets finaux. Dans le cas contraire, on pourrait considérer que les projets finaux transforment les pratiques et par là même les normes de l'enseignement scolaire des langues étrangères.

Dans les sommaires des trois manuels, les activités langagières sont représentées par des symboles (une bouche ouverte pour l'expression orale, un crayon pour l'expression écrite ...). Dans le sommaire de *Perspektiven*, ces symboles correspondent aux « activités langagières dominantes » (Decocqman *et al.*, 2012, p. 6) de chaque partie de chapitre et non aux tâches finales, alors que, dans *Fokus* et *Fokus Neu*, ils précèdent la présentation de chaque « Abschlussaufgabe ».

La répartition des différentes activités langagières varie selon les manuels. Les huit tâches finales de *Perspektiven* (dont les verbes permettent d'identifier les activités langagières) correspondent à six activités d'expression écrite et à deux activités d'expression orale (dont une en groupe). L'écrit est donc majoritaire. Les auteurs de *Fokus* associent le plus souvent une activité langagière à chaque tâche finale (une seule tâche finale est associée à deux activités langagières). Six tâches finales relèvent de l'expression écrite et neuf de l'expression orale (dont quatre en groupe). On observe également la présence d'une activité de compréhension de l'oral. L'oral est ainsi plus représenté que l'écrit. Enfin, *Fokus Neu* révèle une mise en valeur de l'oral avec deux nouveaux chapitres dont les tâches finales relèvent exclusivement de l'expression orale[13].

---

12 Les stratégies n'apparaissent pas dans les sommaires des manuels étudiés, mais sont bien présentes et identifiées sur les pages explicatives des tâches finales.
13 Les tâches intermédiaires de ces chapitres sont en revanche majoritairement écrites, ce qui assure un certain équilibre au sein de ces deux chapitres.

Les projets finaux sont donc bien fondés sur les activités langagières de communication qui constituent ainsi une norme disciplinaire durable. On remarque cependant que la communication n'est qu'une composante de la tâche. En effet, le contexte social assuré par la situation de départ et la dimension de projet dépassent la dimension langagière de la tâche, si bien que l'on pourrait considérer les activités langagières non plus comme une fin mais comme un moyen. Une autre caractéristique des projets finaux est leur place dans les chapitres des manuels. Ils sont présentés comme l'aboutissement des chapitres (conformément aux programmes et directives de l'Éducation nationale), ce qui interroge sur les liens qui les unissent aux autres composantes des chapitres.

L'intégration des tâches finales dans les chapitres

Dans son analyse de l'application du CECRL dans l'enseignement des langues, Francis Goullier rappelle la nécessité d'établir une cohérence entre les activités langagières et les différentes tâches : « Pour éviter l'éclatement dangereux de l'unité de la séance, les activités langagières (réception et production) sont mises en œuvre dans des tâches crédibles dont la succession est déterminée par une tâche plus large » (Goullier, 2006, p. 34). La distinction entre la tâche finale et des tâches intermédiaires qui la préparent est également établie dans les préfaces de *Fokus* et de *Fokus Neu*. La première indique uniquement que des « tâches (*Aufgaben*) [...] aident [les élèves] à réaliser le projet final (*Abschlussaufgaben*) » (Bally et al., 2012, p. 3), alors que la deuxième développe le propos :

> Que ce soit en expression ou en compréhension, les différentes tâches à visée communicationnelle (*Aufgaben*) qui vous demanderont d'expliciter un propos, de réagir, d'analyser ou de défendre un point de vue, d'argumenter sur une gamme étendue de sujets sont d'autant d'aides pour vous permettre de réaliser en autonomie, seul ou dans le cadre d'un travail collaboratif, le projet final de fin de séquence (*Abschlussaufgabe*) (Bally et al., 2017, p. 3).

Les tâches intermédiaires sont donc des activités de communication diversifiées conçues comme des « aides » à la réalisation du projet final, ce qui suggère que c'est principalement par ces activités que ce dernier est intégré au chapitre qu'il conclut. Ce fonctionnement n'est pas propre aux manuels des éditions Bordas, mais est également présent dans *Perspektiven* même si sa préface ne le précise pas. C'est le sommaire qui annonce trois ou quatre tâches nommées « Aktion ! »[14]

---

14 On trouve également le terme de « micro-tâches » dans ce sommaire (Decocqman et al., 2012, p. 7).

pour chaque chapitre. Elles sont situées en bas à droite sur les doubles pages du manuel avec un symbole de l'activité langagière mobilisée. Elles font référence à des documents variés souvent reproduits sur la double page ou accessibles en ligne[15]. Le sommaire les présente succinctement, sans mention des activités langagières. Dans *Fokus*, chaque chapitre contient de nombreuses « Aufgaben » qui ont également indiquées dans le sommaire avec le symbole de l'activité langagière correspondante. Il s'agit de 12 activités d'expression écrite et de 27 activités d'expression orale (dont 15 en groupe). L'oral est ainsi majoritaire, ce qui peut être dû à une volonté d'encourager la pratique de l'oral. Comme certaines de ces activités consistent à réagir à des documents reproduits sur les doubles pages, il est aussi possible que les auteurs cherchent à favoriser des activités rapides d'expression orale spontanée. Le fonctionnement de ces tâches intermédiaires a été repris dans *Fokus Neu*.

Il se pose alors la question de la manière dont les tâches intermédiaires préparent la réalisation du projet final. On constate que cette préparation s'effectue de plusieurs manières. Une première modalité est celle de la correspondance des activités langagières. Par exemple, *Perspektiven* contient de nombreuses tâches intermédiaires orales dans les chapitres dont le projet final repose sur une activité d'expression orale. Dans *Fokus*, de nombreuses tâches intermédiaires orales sont situées dans les chapitres conclus par deux *Abschlussaufgaben* orales. En dehors de ce cas de figure, il n'y a pas de correspondance nette entre les activités langagières des tâches intermédiaires et des tâches finales de ce manuel.

Une deuxième modalité d'intégration est la présence d'un type précis d'activité langagière dans une tâche intermédiaire et dans la tâche finale du chapitre. Dans *Fokus*, le chapitre 2 et le chapitre 10 contiennent des « Abschlussaufgaben » consistant à débattre (« diskutieren ») et (pour chaque chapitre) trois tâches intermédiaires de même nature. *Perspektiven* contient des tâches de ce type, même s'il ne s'agit pas exactement de la même activité dans les tâches intermédiaires et finales. Le projet final de la page 120 est un « débat sur la mobilité », ce à quoi peut préparer la tâche intermédiaire « prendre position sur une question d'actualité » (Decocqman *et al.*, 2012, p. 9) bien que le thème des deux activités soit différent.

Une troisième manière de préparer à la tâche finale par la tâche intermédiaire consiste à utiliser le même type de support. C'est ce que font les auteurs

---

15 Dans *Perspektiven*, les activités intermédiaires elles-mêmes ont souvent une composante numérique.

de *Perspektiven* avec une tâche finale demandant de « rédiger un tract pour un nouveau parti politique » (Decocqman *et al.*, 2012, p. 9), un support connu des élèves ayant réalisé la tâche intermédiaire qui consiste à « écrire un tract » (p. 9). Dans le chapitre 4 de *Fokus*, une tâche finale propose la rédaction d'un courrier du lecteur en réaction à un article de journal[16] (Bally *et al.*, 2012, p. 9), une activité préparée par une tâche intermédiaire incluant une lettre : « écrire une lettre dans laquelle le fils fait des reproches à son père »[17] (p. 9). Cet exemple montre que les deux activités ne sont pas similaires, puisque l'identité de l'émetteur et du destinataire des deux lettres et donc les situations sont différentes. De plus, chacune des deux activités fait référence à un document spécifique. La tâche intermédiaire renvoie au texte reproduit sur la même page[18], un extrait de *Das Wochenende* de Bernhard Schlink publié en 2008. L'extrait du roman narre la discussion entre un ancien terroriste membre de la RAF (*Rote Armee Fraktion*) après sa sortie de prison et son fils. La lettre de la tâche intermédiaire s'inscrit ainsi dans la situation fictive du roman. La tâche finale, telle qu'elle est expliquée à la page 97, renvoie elle aussi à un document reproduit dans le manuel. En effet, le courrier du lecteur est envisagé comme une réaction à un extrait de l'hebdomadaire *Focus* reproduit page 84. Il s'agit d'énoncer et de justifier son opinion sur la manière dont l'auteur de l'article présente la jeunesse du début des années 2010 (la recherche d'une vie stable primerait sur d'éventuelles tendances critiques voire révolutionnaires). Les tâches diffèrent ainsi par leur ancrage documentaire, mais restent liées par la dimension argumentative des lettres.

Enfin, une quatrième modalité d'intégration des projets finaux dans les manuels ne se concentre pas sur les tâches intermédiaires. En effet, la continuité entre le corps du chapitre et la tâche finale est aussi thématique et documentaire. La tâche finale résume alors les éléments abordés dans le chapitre. Dans certains cas, les documents reproduits dans le chapitre constituent une ressource utile pour la réalisation du projet final. Ce procédé est assez fréquent dans *Perspektiven*, un manuel dans lequel le chapitre entier est parfois proposé explicitement comme ressource de la tâche finale. Par exemple, la tâche finale du chapitre 8 consistant à présenter un projet prouvant la protection de l'environnement précise : « Vous pouvez vous inspirer d'idées présentées dans ce chapitre » (Decocqman *et al.*, 2012, p. 156)[19]. Le renvoi ne se limite pas aux

---

16 « Einen Leserbrief schreiben, in dem Sie auf einen Zeitungsartikel reagieren ».
17 « Einen Brief schreiben, in dem der Sohn seinem Vater Vorwürfe macht ».
18 Il s'agit de la page de droite d'une double page consacrée à la radicalisation du mouvement étudiant allemand de 1968 (Bally *et al.*, 2012, pp. 90–91).
19 « Sie können sich von Ideen aus diesem Kapitel inspirieren lassen ».

documents, mais inclut les questions et les problématiques posées tout au long du chapitre. Dans *Fokus*, il est rare que le chapitre entier soit proposé comme ressource de cette manière. En revanche, on peut observer des liens thématiques entre la tâche finale et le chapitre. Par exemple, la « Abschlussaufgabe » proposée page 31 (la préparation et la réalisation d'un entretien pour l'obtention d'une bourse Erasmus) a été préparée dans la section « Ab nach Deutschland mit Erasmus ! » (C'est parti pour l'Allemagne avec Erasmus) (Bally et al., 2012, p. 23), une activité de compréhension de l'oral à partir de l'interview d'une étudiante. Le thème de la mobilité étudiante en général et du programme Erasmus en particulier est ainsi introduit dans le chapitre pour être ensuite repris dans la tâche finale.

Les modifications apportées aux tâches finales de *Fokus Neu* révèlent une évolution significative vers un renforcement de leur lien avec les documents du chapitre. On passe ainsi d'une continuité thématique non explicitée à la revendication d'une continuité documentaire qui avait été rare dans *Fokus*. Une comparaison d'une des « Abschlussaufgaben » du chapitre 1 des deux manuels fournit un exemple de cette évolution. La tâche finale a été modifiée dans *Fokus Neu* : il ne s'agit plus de jouer un entretien pour une bourse Erasmus (Bally et al., 2012, p. 31), mais de présenter un projet d'études en Allemagne (Bally et al., 2017, p. 29). Au-delà de cette nouvelle tâche consacrée au même thème général, on observe une explicitation de la fonction de ressource du chapitre. En effet, *Fokus* ne contient que la consigne « Préparez maintenant cet entretien » (Bally et al., 2012, p. 31)[20], alors que la consigne de *Fokus Neu* précise « Cherchez les informations correspondantes sur internet et dans le chapitre » (Bally et al., 2017, p. 29)[21]. L'intégration thématique et documentaire des projets finaux dans les chapitres est ainsi moins centrée sur les activités langagières que les modalités d'intégration par les tâches intermédiaires. On observe cependant que la consultation des documents et des sujets abordés dans le chapitre relève de la compréhension de l'écrit (et de l'oral pour l'écoute d'enregistrements) et met ainsi en œuvre des activités langagières.

Les projets finaux sont ainsi intégrés aux chapitres par la reprise des mêmes activités langagières, générales ou spécifiques, par le recours au même type de support et par le renvoi aux thèmes ou aux documents du chapitre. Les tâches intermédiaires constituent un lien privilégié entre les thèmes du chapitre, les documents reproduits et la tâche finale. La dimension communicative est plus

---

20 « Bereiten Sie nun dieses Gespräch vor ».
21 « Suchen Sie im Internet und im Kapitel nach den entsprechenden Informationen ».

ou moins explicite dans les différentes formes d'ancrages des projets finaux dans les chapitres sans jamais en être absente, ce qui démontre la dimension langagière réelle et constante des tâches finales. Leur dimension actionnelle est quant à elle assurée par la mise en situation réelle ou fictive des élèves, une mise en situation préparée elle aussi par les tâches intermédiaires.

Conclusion

Les projets finaux des trois manuels d'allemand de terminale étudiés s'inscrivent donc dans un cadre institutionnel précis. Ce cadre est européen d'une part puisque c'est le CECRL qui définit la visée actionnelle de l'enseignement des langues en ancrant la tâche dans un contexte social. La communication devient ainsi partie intégrante d'une action réalisée en fonction d'un objectif précis en vue d'un résultat identifiable. Cette proposition inspire une norme institutionnelle au niveau national : elle est en effet reprise et appliquée dans les textes officiels français, notamment par la mention du « projet de séquence » (Ministère de l'Éducation nationale, 2010) dans le programme de 2010 du cycle terminal consacré aux langues vivantes étrangères. Les trois manuels d'allemand de terminale étudiés (*Perspektiven*, *Fokus* et *Fokus Neu*) mettent ces deux incitations institutionnelles en pratique en faisant preuve de précision. En effet, les constituants des projets placés à la fin des chapitres correspondent à la définition du CECRL aussi bien qu'au caractère conclusif exigé par le programme. Les tâches finales des manuels sont donc une proposition de mise en pratique d'une nouvelle norme, mais aussi une précision de cette norme à destination des enseignants. Si cette application spécifique du CECRL semble plutôt tardive, elle correspond néanmoins à une intégration méticuleuse de l'approche actionnelle dans le déroulement des séquences. Les tâches des manuels allient la communication par les activités langagières (l'oral étant privilégié dans les tâches finales de *Fokus Neu*) à une action présentée comme résultant d'une situation concrète (souvent fictive et pouvant dépasser le cadre du cours). Les projets finaux s'inscrivent dans les chapitres grâce aux tâches intermédiaires, mais aussi, de manière moins récurrente, par un lien thématique et documentaire précis avec les pages précédentes.

La communication en langue étrangère n'est donc pas remise en question par les tâches finales puisqu'elle en est une composante essentielle, même si l'on peut considérer que la réalisation de l'action est devenue prioritaire. La perspective actionnelle appliquée à l'enseignement des langues par les tâches finales peut donc être considérée comme une nouvelle norme disciplinaire.

Si ce sont bien les tâches finales qui constituent l'aboutissement d'un chapitre et donc d'une séquence de cours, on peut se demander ce qu'il advient d'un objectif majeur de l'année de terminale, la préparation aux épreuves du baccalauréat. Dans les trois manuels, des pages spécifiques y sont consacrées avant ou après celles dédiées aux projets finaux. Cette coexistence dans les manuels ne signifie pourtant pas qu'il n'existe aucune concurrence entre ces deux objectifs en classe. La préparation du baccalauréat, qui est la mise en œuvre d'une norme institutionnelle stricte, prime-t-elle sur la réalisation des tâches finales en terminale ? Si le présent chapitre consacré aux manuels ne permet pas de répondre à cette interrogation, on peut rappeler une remarque de Pugibet (2015, p. 104) sur la priorité de la préparation du baccalauréat sur les projets finaux dans les manuels d'espagnol. Une telle situation suggère un certain déséquilibre. Ce serait alors une intégration des projets finaux dans les épreuves du baccalauréat qui assurerait peut-être son passage d'une norme à une pratique incontestée.

Références bibliographiques

Sources

Article D312-16 du Code de l'Éducation, version en vigueur depuis le 24 mai 2006. Repéré à https://www.legifrance.gouv.fr/loda/article_lc/LEGIARTI000006526467/2020-10-07

Bally, L., Benhamou, B., Delposen, A. & Lenz, C. (2012). *Fokus. Allemand Tles. B1/B2*. Bordas.

Bally, L., Benhamou, B., Delposen, A. & Lenz, C. (2017). *Fokus Neu. Allemand Tles B1/B2*. Bordas.

Bord, O. & Vidal, V. (s.d.). *Livret à destination des enseignants de LV débutants contractuels*. Académie de Poitiers. Repéré à http://ww2.ac-poitiers.fr/espagnol/IMG/pdf/livret_contractuels_allemand-espagnol.pdf

Conseil de l'Europe (2001). *Cadre européen commun de référence pour les langues : apprendre, enseigner, évaluer. Guide pour les utilisateurs*. Division des Politiques Linguistiques.

Decocqman, C., Bocage, J., Le Bourg, S. & Reynis, U. (2012). *Perspektiven. Allemand Term. B1/B2*. Nathan.

Ministère de l'Éducation nationale. (2004). *Programme des lycées. Langues vivantes. Classes terminales – séries générales et technologiques : Annexe* (Arrêté du 6 juillet 2004 publié au BO hors série n° 5 du 9 septembre 2004). Repéré à http://www.education.gouv.fr/bo/BoAnnexes/2004/hs5/lv_terminale.pdf

Ministère de l'Éducation nationale. (2010). *Programme d'enseignement de langues vivantes du cycle terminal pour les séries générales et technologiques : Annexe* (Arrêté du 21 juillet 2010 publié au BO spécial n° 10 du 9 septembre 2010). Repéré à http://www.education.gouv.fr/cid53320/mene1019796a.html

Bibliographie

Choppin, A. (2005). L'édition scolaire française et ses contraintes : une perspective historique. In E. Bruillard (Ed.), *Manuels scolaires, regards croisés* (pp. 39–53). SCEREN-CRDP Basse-Normandie.

Goullier, F. (2006). *Les outils du Conseil de l'Europe en classe de langue : cadre européen commun et portfolios*. Didier.

Maurer, B. (2011). *Enseignement des langues et construction européenne. Le plurilinguisme, nouvelle idéologie dominante*. Editions des archives contemporaines.

Perrichon, E. (2009). Perspective actionnelle et pédagogie du projet : De la culture individuelle à la construction d'une culture d'action collective. *Synergies pays riverains de la Baltique*, 6, 91–111.

Pugibet, V. (2015). Les récents manuels d'espagnol de terminale : une tentative d'innovation ? In D. Vigneron, D. Vandewoude & C. Pineira-Tresmontant (Ed.), *L'enseignement-apprentissage des langues étrangères à l'heure du CECRL : enjeux, motivation, implication études* (pp. 87–104). Artois Presses Université.

Puren, C. (2004). L'évolution historique des approches en didactique des langues-cultures, ou comment faire l'unité des « unités didactiques ». Communication présentée au Congrès annuel de l'Association pour la Diffusion de l'Allemand en France (ADEAF). Repéré à https://www.christianpuren.com/mes-travaux/2004c/

Wiater, W. (2011). Aufgaben im Schulbuch. In E. Matthes. & S. Schütze (Ed.), *Aufgaben im Schulbuch* (pp. 31–42). Julius Klinkhardt.

Xavier Riondet

Normes disciplinaires, scolaires et sociales : valoriser la coopération par les manuels scolaires pendant l'Entre-deux-guerres ?

Cette contribution cherche à observer comment les manuels scolaires (et en particulier d'histoire et de géographie) sont traversés par des relations complexes et ambiguës entre normes disciplinaires (l'histoire universitaire et scientifique), normes scolaires (l'enseignement de l'histoire et de la géographie) et normes sociales (usages en jeu ou à valoriser dans la société)[1]. Pour traiter cette question proprement philosophique des normes, nous l'abordons à partir d'un cas concret à l'œuvre dans les archives de l'UNESCO[2], lorsqu'il s'est agi, de 1925 à 1939, de réviser les manuels scolaires au prisme du pacifisme pendant l'Entre-deux-guerres (Renoliet, 1999).

Bien que le Pacte de la *Société des Nations* (SDN) n'ait pas initialement prévu la création d'un organisme technique en charge de la coopération des intellectuels, la *Commission Internationale de Coopération Intellectuelle* (CICI) fut créée en 1922. Cette commission bénéficia progressivement d'un organe exécutif, l'*Institut International de Coopération Intellectuelle* (IICI), qui chercha rapidement à mettre en relation des commissions nationales de Coopération Intellectuelle (CN), composées de personnalités scientifiques, culturelles et associatives, reconnues par les États, mais *a priori* distinctes et autonomes des gouvernements (Renoliet, 1999 ; Riondet, 2020b). Dans un monde traumatisé par la Grande guerre et ses conséquences (Riondet, 2019a), l'enjeu social

---

1   Il s'agit de proposer quelques éléments de problématisation autour de la forme scolaire, des normes et des manuels à partir de quelques chantiers portant sur l'histoire de la révision des manuels et sur le rôle des institutions internationales dans ces processus.
2   Les archives de l'UNESCO sont situées à Paris, dans les locaux du site de l'UNESCO, et contiennent notamment les archives de *l'Institut International de Coopération Intellectuelle* (IICI) et de nombreux documents issus des archives de la *Commission Internationale de la Coopération Intellectuelle* (CICI).

défendu par la *Coopération Intellectuelle*[3], en lien avec la SDN, était que la coopération puisse devenir la norme des relations sociales et politiques dans les différentes sociétés nationales (Riondet, 2015). Pour cela, l'éducation et l'École apparurent progressivement comme des leviers d'action possibles, et c'est dans cette conjoncture pacifiste qu'une réflexion sur les manuels scolaires fut assumée par la *Coopération Intellectuelle* à partir de 1925 (Hofstetter & Riondet, 2018).

Notre étude interroge le processus de révision des manuels scolaires tel qu'il est mis en œuvre dans le cadre de la *Coopération Intellectuelle* pendant l'Entre-deux-guerres, en décryptant le *modus operandi* à l'œuvre, de manière à questionner dans un second temps les relations entre « normes », « forme scolaire » et « manuels scolaires », ainsi que les limites des stratégies mises en place dans ce contexte.

Forme scolaire et économie normative

Dans le cadre de ce chapitre, il s'agit de réinscrire les stratégies de la *Coopération Intellectuelle* au sujet de la révision des manuels scolaires dans une histoire de la forme scolaire. En France, cette terminologie renvoie à deux usages différents. Indéniablement, le terme de « forme scolaire » est encore profondément lié au travail de Guy Vincent. Initialement, il correspond à un moment historique particulier en Occident du 16e au 18e siècles : la substitution d'un « mode d'apprentissage par ouï-dire, voir faire et faire avec » par une « forme de transmission de savoirs et de savoir-faire » privilégiant non seulement l'écrit mais instaurant une séparation entre l'« écolier » et la vie adulte et entre le savoir et le faire (Vincent, Courtebas & Reuter, 2013, p. 112). La « forme scolaire » correspond alors à un mode de socialisation de plus en plus dominant dans la société qui se déroule dans un « lieu à part », une « configuration spatio-temporelle » particulière, avec des bâtiments et une architecture de plus en plus spécifique dans laquelle l'enfant devient un « écolier ». Ce « lieu », l'école, se caractérise dès lors par une organisation de l'espace et du temps, et des objets spécifiques, comme le manuel, qui doit être « lu, appris, récité » (p. 114). L'écolier incorpore progressivement la discipline, au sens d'un ordre scolaire et social, et les disciplines, relatives à des matières d'enseignement (p. 118).

---

3   Nous utilisions, ici, l'italique pour *Coopération Intellectuelle*, pour désigner une organisation spécifique se constituant comme un ensemble d'institutions et de dispositifs spécifiques (CICI, IICI, CN, etc.) et correspondant à un moment de l'histoire bien plus vaste de la coopération entre les intellectuels de manière générale.

Dans ce contexte, l'enjeu de l'écrit est fondamental, comme a pu le relever Lahire (2000). Pour autant, on oublie souvent que le terme de « forme scolaire » fut également employé par des disciples d'Althusser (Hofstetter & Schneuwly, 2018, p. 32 ; Riondet, 2021). Mobilisant les termes de « forme scolaire » et d'« appareil idéologique d'État » dans le prolongement des concepts marxistes de « forme » et d'« appareil d'État », ces conceptualisations permettaient de réfléchir à une « conjoncture » spécifique (sortie de la féodalité, évolution du mode de production dominant, émergence de la bourgeoisie, révolution industrielle, transition de la monarchie vers la République) dans laquelle l'École allait devenir un appareil idéologique dominant de la formation sociale capitaliste française. Là où les althussériens souhaitaient insister sur l'inscription de la montée en puissance de la forme scolaire dans une formation sociale spécifique et sur la contribution de l'appareil scolaire au mode de production capitaliste caractérisant cette formation sociale, Vincent et ses collaborateurs souhaitaient au contraire valoriser la spécificité de la forme scolaire et de ce qu'on y faisait.

Néanmoins, il faut préciser que d'autres termes sont utilisés au niveau international, comme « schooling » ou « grammar of schooling » (Hofstetter & Schneuwly, 2018). Certaines de ces recherches apportent des éléments supplémentaires dans cette réflexion sur la forme école, la scolarisation, son histoire et ses spécificités. Sans rentrer dans les détails de ces discussions et débats, nous souhaiterions isoler trois aspects (les dimensions internationale, disciplinaire et matérielle) auxquelles cette contribution va être sensible. Le travail de Ramirez et Boli (1987) sur le « mass schooling » a permis de davantage prendre en compte la question des États-nations, les processus transnationaux tout en abordant le contexte international global.

En parallèle à ces évolutions dans lesquelles le postulat d'éducabilité et la valeur « égalité » accompagnaient la mise en place des systèmes éducatifs gérés par les États s'est mise en œuvre une reconfiguration des savoirs (dans des disciplines et à travers des transpositions didactiques) dont il était attendu des conduites et des pratiques des élèves et qui s'est incarnée dans des attentes de professionnalisations et de formation professionnelle (Hofstetter & Schneuwly, 2018). Cela renvoie donc autant aux curricula, aux programmes, qu'aux conceptions didactiques et aux partages des tâches, activités et responsabilités entre professionnels.

En lien avec ce cadre, Caruso (2006) a mis en évidence la place fondamentale prise par le livre dans le développement de la forme scolaire, et c'est un point essentiel à prendre en compte pour réfléchir aux liens entre forme scolaire, normes et manuels. En conséquence, nous voulons contribuer aux réflexions sur la forme scolaire en l'envisageant dans un contexte dans lequel l'instruction publique au niveau des États-Nations se confronte à des synergies transnationales dans un contexte global, pour y observer cette place du livre et des manuels qui, elle-même, s'inscrit dans des processus de disciplinarisation et de discipline.

Fort de ces éclairages sur la forme scolaire (mais également ses coulisses et son inscription dans une formation sociale et un contexte international), nous souhaitons aborder la question des normes. Le lieu spécifique dans lequel se concrétise l'idée d'une forme scolaire spécifique se caractérise par des normes propres, qui ne sont pas nécessairement *continuistes* par rapport aux normes régissant l'espace social global, mais qui n'en sont jamais radicalement différentes non plus. Si le silence, l'obéissance, la discipline, la rigueur sont des valeurs scolaires génériques, elles s'associent à des valeurs plus globales, comme les valeurs républicaines, nationales, patriotiques.

Ainsi, le manuel scolaire, dans son contenu et son usage, s'inscrit alors dans une économie normative complexe. Il constitue à la fois un produit des normes et des valeurs à l'œuvre dans l'espace social, et un outil de diffusion de ces mêmes normes et valeurs. Seulement, il est déterminé par une double conjoncture. Une conjoncture didactico-épistémologique : la manière de concevoir les manuels scolaires, dans ce contexte, dépend alors à la fois de ce qui est considéré comme normal et acceptable d'un point de vue historique et ce qui est considéré comme normal et acceptable de faire dans une classe scolaire. Mais également une conjoncture socio-pédagogique marquée par un contexte social, économique, politique : former des citoyens, des patriotes ou des fidèles, disciplinés et insérés dans une formation sociale et un mode de production.

L'objet « manuel » et les débats qu'il génère (en lien avec les questions de discipline et de disciplinarisation) permettent d'observer ces processus normatifs complexes, d'analyser ces processus continuistes/discontinuistes, et dans quelle mesure la forme scolaire peut évoluer ou au contraire « absorber » certaines velléités de changement.

Forme scolaire et forme nation : le cas français

La formation sociale française et d'autres formations sociales nationales ont été profondément marquées par la « forme nation ». La mise en place de l'instruction publique dans certains États fut non seulement surdéterminée par ce contexte global (qui touche les contextes nationaux en Europe), mais également par l'histoire spécifique de ces États-Nations en développement et de leurs rapports de force internes. En France, le 19e siècle se distingue par l'émergence de la *forme scolaire républicaine* (Go, 2013). Le fait d'évoquer une *forme scolaire* proprement *républicaine* permet de décrire un moment particulier de l'histoire de la forme scolaire en France, sans pour autant parler de « variantes » de la forme scolaire ou même d'une autre forme scolaire. En effet, la mise en place de l'École Républicaine, sous la Troisième République sous l'action de Jules Ferry, incarnait la volonté de s'adresser à toute la population alors que le processus de scolarisation jusqu'ici en France n'avait pas toujours concerné de la même manière les enfants, selon leur milieu social d'origine, et selon leur sexe.

La mise en place de l'instruction obligatoire, de l'école primaire gratuite et de la laïcité (des programmes, de l'espace scolaire et des enseignants) permit à l'École publique de s'adresser à une pluralité d'enfants. Noiriel (2018) rappela il y a peu que le rôle essentiel joué par l'école primaire dans l'intégration des classes populaires à l'État-nation n'était pas tant en lien avec l'alphabétisation qu'avec l'imposition de valeurs communes : « [les petits Français] apprirent l'histoire de France dans les mêmes livres, célébrant les mêmes héros » (p. 380)[4]. Dans le « plébiscite de tous les jours » qu'est l'incorporation de l'idée de nation (Renan, 2009/2011, p. 75), il était fondamental de mettre en évidence un fonds commun, des références précises et symboliques, entraînant du désir et susceptibles de provoquer un engagement. L'École et en particulier l'enseignement de l'histoire constituaient à cet égard des moyens possibles, d'autant que l'appareil scolaire permettait dorénavant de toucher une masse importante de la population[5]. Pour organiser au préalable ce « plébiscite », cela nécessitait néanmoins la mise en place d'une forme d'historiographie et des contenus disciplinaires qui pouvaient, en certains contextes, évoluer au gré de certaines innovations, donnant lieu des combinaisons complexes, et parfois paradoxales, de valeurs.

Ce « moment républicain » s'ancra dans une conjoncture particulière : guerre des deux France (entre républicains et libéraux, d'un côté ; monarchistes et cléricaux, d'un autre côté), défaite de 1871 face à la Prusse et perte de l'Alsace-Moselle, développement du capitalisme et prolifération des tensions entre nationalismes. Exemple symbolique de ces imbrications multiples : le livre de

---

4   Dans la célèbre conférence « Qu'est-ce qu'une nation ? », Ernest Renan (2009/2011) explique qu'« une nation est une âme, un principe spirituel » (p. 74). Ce principe se constitue conjointement de la « possession en commun d'un riche legs de souverains » et du « consentement actuel », du « désir de vivre ensemble », de « la volonté de continuer à faire valoir l'héritage qu'on a reçu indivis » (p. 74). Cela sous-entend un travail important que devaient mener la société et les institutions à l'égard des jeunes générations et des « nouveaux venus » dans le monde.
5   C'est pour cette raison qu'Althusser estimait que l'École était l'Appareil Idéologique d'État le plus important.

lecture intitulé *Tour de France par deux enfants*, tout en constituant un « hymne au travail » (Ozouf, 1982, p. 123), fit office de « leçon de patriotisme contribuant à forger chez tout un chacun une certaine idée de la France » (Watrelot, 1999, p. 311), en mettant en scène la migration de deux jeunes Lorrains, fuyant Phalsbourg, pour se diriger vers Marseille pour rester « enfants de France » (p. 312). Une certaine image de la France se diffusa en s'appuyant sur les « petites patries » (Chanet, 1996) et les spécificités locales dans lesquelles évoluaient les enfants (Ottavi, 2014). Les répercussions de ces contextes complexes étaient parfaitement observables dans certains enseignements, comme l'Histoire et la Géographie scolaires, indéniablement devenues des affaires d'État.

Le cas Français est emblématique, sans constituer une exception nationale. Dès la Révolution, l'enseignement de la science géographique avait été envisagé pour permettre de « sortir le peuple des ténèbres de l'ignorance » (Chevalier, 2010, p. 327). Dans un rapport général sur l'enseignement de l'histoire et de la géographie signé par Emile Levasseur et Auguste Himly à la fin du 19e siècle, l'enseignement de la géographie était même perçu comme une « condition de redressement économique et moral du pays » (Chevalier, 2010, p. 328) avant d'être généralisé de l'école maternelle au cours supérieur sous le Ministère Ferry. Les liens entre histoire, nation et politique étaient tout aussi imbriqués.

Dès le Second Empire, et par la loi du 10 avril 1867, l'histoire de France devint une matière obligatoire dans les écoles publiques. Devenue un enseignement central de l'École de la République, l'histoire enseignée était reliée à des objets scolaires particulièrement emblématiques, à l'image du Manuel Lavisse qui avait pour objectif de « renforcer le sentiment national et réconcilier les Français entre eux en leur montrant qu'ils possédaient une histoire commune » (Bruter, 2010, p. 323).

L'imbrication d'une forme pédagogique et d'un contexte idéologique déterminé est un des traits distinctifs les plus saillants du système éducatif français à cette époque. En effet, ces contenus, et leur exaltation, prenaient place dans des situations pédagogiques particulières. Comme le remarque Ogier (2007) : « Les nouveaux manuels d'histoire [à la fin du 19e] offrent un récit tout prêt, rédigé par leurs auteurs. Le manuel est construit pour être utilisé comme un livre de lecture en classe, avec les élèves, ou pour donner le canevas du récit qui sera fait par le maître » (p. 100). Relisons à cet égard Chervel au sujet de l'enseignement de l'histoire en France à la fin du 19e siècle :

> L'enseignement de l'histoire, réputé novateur au moment où il se met en place dans les premières années de l'Université, a du mal à se constituer réellement en discipline, et en particulier à faire appel à autre chose qu'à la mémoire de l'élève. Il procède

essentiellement par récits : c'est l'histoire-bataille. La plupart des maîtres estiment qu'il doit délivrer un message, et déboucher sur des conclusions morales, édifiantes et patriotiques, y compris aux dépens de l'exactitude historique (1993, pp. 175-176).

Bien que l'organisation scolaire héritée des Jésuites et réinvestie initialement dans les lycées napoléoniens ne puisse se résumer à une entreprise de disciplinarisation des corps, un certain nombre de comportements et d'habitudes étaient incorporés pendant la scolarisation et se dédoublaient d'une entrée dans les disciplines scolaires. C'est par ces relations sociales spécifiques entre adultes et « écoliers », dans des conditions spatio-temporelles spécifiques, que les jeunes générations étaient exposées à des valeurs jugées fondamentales.

Autre point à évoquer pour rendre compte de la formation sociale française et son école : « la *pulsion de mort* [avait] fait son entrée manifeste dans le cours de l'histoire et de la politique de masse : elle est devenue elle-même une force politique, une détermination de cette histoire […] » (Balibar, 2020, p. 43). En lien avec cette pulsion, le « poids » de la guerre dans les mentalités et cette réactivité à la guerre dans les consciences constituaient les traits caractéristiques fondamentaux de cette époque. Concernant la période de guerre à proprement parler, beaucoup d'historiens ont montré comme l'École fut marquée directement par le contexte de la guerre. Les écoles devaient faire face tout d'abord à la mobilisation des personnels au front, ce qui réduisait le nombre d'intervenants. Si la guerre avait touché l'École, c'est parce que les enseignants eux-mêmes furent mobilisés : les instituteurs, comme d'autres, furent pour certains des combattants de la Grande Guerre (Saint-Fuscien, 2014).

En parallèle, les écoles devaient faire face à la mobilisation des pères de famille, ce qui avait pu avoir des répercussions sur la fréquentation des écoles par les enfants (Marquis, 2014, pp. 138-141). Ce contexte particulier exigeait des instituteurs de diversifier leur action et leur rôle au sein de la population civile. Parfois, les bâtiments furent réquisitionnés pour accueillir et soigner les blessés (p. 145). Malgré cela, certaines écoles continuèrent de fonctionner et leur quotidien se réajusta pour participer à l'effort de guerre.

Tout un discours patriotique était déployé sur le banc des écoles et l'éducation physique était importante pour participer à la formation des futurs soldats (Marquis, 2014, pp. 150-153). Cette entrée de la guerre dans l'École s'observait également à travers l'évolution du *Manuel général de l'instruction primaire*, créé en 1832 et qui participait à la formation des instituteurs. À travers ce manuel, on pouvait observer comment le patriotisme et la culture de la guerre pénétraient la culture scolaire : les exercices de vocabulaire, de grammaire, de conjugaison, d'orthographe ou encore la composition française s'orientaient en destination de la patrie et du bellicisme (Messonnier, 2014, pp. 182-183)[6].

Tout un travail de régulation s'avéra donc nécessaire pour desserrer cette empreinte belliciste et nationaliste sur les choses éducatives. Ce travail n'allait pas s'effectuer qu'en France et que par *en bas*, mais devenait une question transnationale qui allait interpeller les différents appareils scolaires nationaux. Balibar évoque des tentatives qui furent mises en place pour « inverser la pulsion » et « mettre fin à l'effet de répétition » tout comme avaient émergé des « résistances à la guerre » en faisant référence aux « initiatives révolutionnaires » et à au « pacifisme de masse » (2020, p. 48). Comment rectifier cette orientation belliciste et cette pulsion de guerre qui avaient contaminé à ce point forme et culture scolaire dans différents contextes nationaux ? Par quelles stratégies et quels dispositifs, des réseaux et des groupes sociaux allaient s'organiser et procéder pour produire des effets sur les appareils scolaires, et notamment l'appareil scolaire français ?

Stratégies et enjeux pour la *Coopération Intellectuelle*

L'économie normative précédemment évoquée fut largement bousculée lors des premières années du 20e siècle. La Première Guerre mondiale causa d'innombrables dégâts, tant humains que matériels et, *in fine*, économiques. Avec l'entrée de la forme scolaire dans cette période marquée par deux guerres mondiales, différents synergies internationalistes se développèrent dans le champ éducatif. Différents réseaux s'organisèrent pour faire évoluer l'éducation au prisme de valeurs, comme le pacifisme, pour remédier au bellicisme à l'œuvre dans les systèmes éducatifs et les sociétés nationales (Droux & Hofstetter, 2020 ; Fuchs, 2007a, 2007b ; Hofstetter, Droux & Christian, 2020). Parmi ces synergies, il est intéressant de se pencher sur les stratégies déployées au sein de la *Coopération Intellectuelle* pour aborder, d'une part, la question de l'évolution de la forme scolaire nationale au prisme des processus transnationaux et internationaux, et d'autre part, le croisement des normes en jeu dans ce contexte.

La création de la SDN, puis de la *Coopération Intellectuelle*, ont répondu à une volonté de résoudre les conflits par la négociation, et non des guerres, et de rendre possible la diffusion de certaines valeurs (l'entente mutuelle, le

---

6 Avec le manuel en question, on pouvait également trouver des textes comme des hagiographies militaires, des informations liées au contexte et soulignant les événements favorables à la France, ou encore des textes permettant de travailler sur le deuil et la mémoire (Messonnier, 2014, p. 189).

pacifisme) pour constituer un terreau idéologique global limitant le poids des bellicismes à l'œuvre au niveau international (Riondet, 2019a). Progressivement, les réflexions sur les actions à mener sur le terrain éducatif et scolaire se développaient d'autant que la SDN ne bénéficiait pas de pouvoir coercitif et que la responsabilité des scientifiques et des historiens fut rapidement évoquée pour rendre compte des tendances bellicistes en jeu et de l'évolution catastrophique des événements.

Bien qu'il n'y ait pas explicitement de mention originelle relative à l'éducation dans son organigramme, il est rapidement question d'éducation et celle-ci traverse les sous-commissions initiales de la *Coopération intellectuelle*. Sans revenir avec précisions sur certaines actions mises en place dans ce contexte (Riondet, 2019a, 2019b, 2020a, 2020b), on peut faire émerger quelques éléments significatifs. C'est initialement l'idée d'intéresser les jeunes générations aux buts et à l'idéal de la SDN et d'encourager les rapports entre les jeunes gens de différentes nationalités qui fut soumise initialement à l'Assemblée de la Société, lors de sa quatrième session en 1923[7].

Puis, au sein de la Commission Intellectuelle de la Coopération Intellectuelle (CICI), la mission du Sous-comité d'experts pour l'enseignement aux enfants et à la jeunesse de l'existence et des buts de la SDN devint, plus particulièrement, de trouver les méthodes les plus à mêmes d'« habituer les jeunes générations à considérer la coopération internationale comme le mode normal de conduire les affaires du monde »[8]. Pour le dire de manière simplifiée, il s'agissait de réfléchir à la manière dont la référence à la SDN, ses principes et son œuvre, pouvait faire son entrée dans les systèmes éducatifs, notamment *via* des disciplines comme la géographie, l'histoire ou l'instruction civique. Les recommandations se dirigeaient vers les autorités et les gouvernements et concernaient les praticiens, qu'il convenait d'équiper d'un exemplaire du Pacte de la Charte internationale du Travail, de résumés, d'outils et de références sur ces questions, ainsi que de la possibilité d'accéder à des éléments sur la SDN dans les musées pédagogiques.

Progressivement, il ne s'agissait plus de parler de la SDN ou d'encourager à la visite de Genève, mais de trouver des moyens pour valoriser la coopération et l'entente mutuelle par l'éducation et l'enseignement. Cependant, dire qu'il

---

7 Rapport présenté par Jules Destrée sur les travaux du Comité d'experts pour l'enseignement à la jeunesse des buts et de l'existence de la Société des Nations à la Commission plénière, 1923. C.I.C.I./E.J./32. Boîte 520. Archives de la CICI. Unesco, Paris.
8 Rapport Destrée, texte modifié des recommandations du Sous-Comité. Genève, le 18 juin 1929. C.I.C.I./E.J./24.

faut enseigner la coopération est une chose, rendre possible ces évolutions en est une autre. Un challenge philosophique et politique était tacitement formulé. D'une part, l'objectif était de faire coopérer les individus, mais, d'autre part, la SDN ne pouvait se résoudre à simplement recommander ces conduites et encourager à les enseigner. Il lui fallait chercher à impulser ces normes relationnelles, et c'est depuis l'éducation, et *via* la coopération des intellectuels, que tout cela fut davantage envisageable. En passant de recommandations complémentaires aux systèmes éducatifs à une indiscrétion consistant à s'inviter dans les cultures scolaires nationales, les réflexions s'accélérèrent dans les années 1930 et les manuels scolaires liés à l'enseignement de l'histoire et de la géographie devinrent progressivement un terrain à investir.

L'enjeu global portait sur la recherche d'adéquation entre différentes normes (disciplinaires, scolaires et sociales) et pouvait être formulé de la manière suivante : faire coopérer les intellectuels et les éducateurs pour agir par les normes disciplinaires (la manière de faire et d'écrire l'histoire et la géographie) et scolaires (la manière de diffuser ces contenus à des élèves) afin de faire évoluer les normes sociales (avoir des humains qui coopèrent).

Ce challenge reposait sur des aspects d'ordre *pratique* et d'ordre *théorique*. Pour des raisons structurelles, la *Coopération Intellectuelle* avait peu de moyens propres. Par ailleurs, elle n'avait pas de pouvoir de contraintes envers les gouvernements, les ministères de l'éducation et de l'instruction, et les communautés scientifiques. Concrètement et institutionnellement, elle ne pouvait donc pas réviser les manuels, mais faire réviser les manuels. Ce primat de l'action indirecte se légitimait d'un point de vue philosophique. Les normes reposent en effet sur trois propriétés : il s'agit de régularités, qui obligent et contraignent, et sont partagées (Prairat, 2009, p. 28). Ces dimensions jouent de la même manière qu'ils s'agissent de normes sociales, ou lorsqu'elles sont limitées à des champs particuliers, comme les normes disciplinaires ou les normes scolaires. La question stratégique à l'œuvre est à la fois pratique et théorique : comment s'instituent des nouvelles normes ? Or, c'est souvent en s'appuyant sur des régularités déjà à l'œuvre dans l'espace social que de nouvelles normes peuvent s'imposer. En d'autres termes : ce n'est pas un individu, fut-il bien situé dans l'appareil d'État ou dans une organisation internationale, qui va imposer de nouvelles pratiques à des masses, c'est au contraire en contribuant à changer les usages sur le terrain que des normes peuvent s'institutionnaliser.

Les différentes actions menées au sein de la *Coopération Intellectuelle* abordèrent en réalité une partie de ce problème global. Sans attendre que les décisions viennent d'en haut, des hautes sphères de l'État, des gouvernements ou des ministères, une stratégie multiple s'était déployée par en bas, au niveau des non-gouvernants et des usages. Tout d'abord, de longue date, une attention particulière fut consacrée au fait de préparer le terrain et d'influencer l'opinion publique ; il s'agissait de diffuser le pacifisme et l'intérêt de la SDN au local. À moyen et long terme, notamment pendant les années 1930, afin d'initier de nouveaux usages et d'autres pratiques concrètes, il fallait « faire faire » : faire coopérer les intellectuels pour supprimer les passages bellicistes (Riondet, 2019a), faire coopérer les historiens pour les faire travailler sur des sujets communs (Riondet, 2015), et espérer, un jour, faire coécrire des manuels scolaires. Entre ces deux logiques, il fallait influer sur les éditeurs : puisque la *Coopération Intellectuelle* n'avait pas de pouvoir coercitif et que les modalités de choix des manuels variaient considérablement d'un État à un autre, il convenait de dénoncer les manuels bellicistes par des listes de références, ou au contraire, de faire circuler les listes des manuels corrects (Riondet, 2019b). Les résultats ne furent pas spectaculaires (Riondet, 2020b), mais quelques modifications de contenus purent s'observer posant même quelques jalons de collaborations qui se concrétisèrent parfois par la suite (Riondet, 2019a).

Limites des actions et impensés à l'œuvre dans les stratégies liées aux normes

Dans cette quatrième partie, nous voudrions nous concentrer sur l'échec de ce projet de forme scolaire axée sur la coopération que certains membres de la *Coopération Intellectuelle* voulaient voir émerger à partir de ces jeux de normes. Les résultats de ces synergies sont complexes à analyser et à interpréter, mais cet échec nous semble symptomatique. La détérioration des relations internationales et le déclenchement de la Seconde Guerre mondiale prouvent effectivement que la révision des manuels scolaires n'eut que peu d'impacts sur des mentalités qui restèrent fortement marquées par le nationalisme (Riondet, 2019b). Néanmoins, la période était tellement tumultueuse et explosive que la simple révision des manuels scolaire ne pouvait suffire à elle seule à apaiser les relations entre États, entre gouvernements et entre les peuples. Quoi qu'il en soit, il apparaît que la manière dont les débats se sont orientés dans le cadre de la *Coopération Intellectuelle* portait en elle-même les germes de son échec dans sa volonté de repenser le rapport à l'histoire ou à la géographie à l'École. L'échec en question pouvait s'expliquer par des facteurs sociétaux extérieurs aux contextes scolaires (en lien avec la forme nation et la pulsion de mort), mais peut-être également par des raisons liées au contexte scolaire et à la forme scolaire en elle-même.

Un constat s'impose : les réflexions évoquées portaient, de manière centrale, sur les contenus scolaires, en contribuant, sans doute inconsciemment, à réduire l'enseignement de l'histoire (et de la géographie) aux manuels scolaires. Certes, cette centration peut s'expliquer, en partie, par le fait que, progressivement, ce furent les historiens professionnels qui se penchèrent, dans ces réseaux, sur la question et non les éducateurs de manière générale. Lors de la réunion de la Délégation du Sous-Comité des experts le 3 juillet 1931, deux conceptions s'étaient opposées : pour le belge Jules Destrée, il s'agissait d'une question réservée aux éducateurs ; pour l'italien Giuseppe Gallavresi, la révision était une affaire de spécialistes et plus particulièrement d'historiens.

Malgré la mobilisation effective des éducateurs et des instituteurs (Mole, 2020), c'est bien les historiens qui prirent les choses en main dans ces chantiers spécifiques (Hofstetter & Riondet, 2018). Pourtant, plus globalement, et pour aller plus loin que ce « poids disciplinaire », il apparaît que plusieurs problèmes furent réellement mésestimés dans les réflexions sur l'histoire et la géographie alors que certaines institutions et personnalités, comme le Bureau International d'Éducation (BIE) et Jean Piaget, avaient pourtant produit des réflexions fondamentales sur les questions éducatives, pédagogiques et scolaires (Hofstetter, 2015a, 2015b).

Le premier problème était le suivant : l'élève était à cette époque exposé au bellicisme des contenus, mais également à une logique de soumission et de docilité. Il faut en effet rappeler que ce qui est en jeu, de manière générale, dans une situation d'enseignement, ce sont les relations entre l'objet de savoir, l'enseignant et l'élève. Or, en se focalisant sur les contenus des manuels, les réflexions passèrent à côté de la remise en question de la relation dyadique de l'enseignement de l'histoire, dont on a vu qu'elle s'incarnait à l'époque dans un discours (souvent patriotique, sinon belliciste) à faire répéter par les élèves et qui installait ces derniers dans une position avec des automatismes de pensée et de conduite. D'un côté, l'enseignant et le savoir ; de l'autre côté, l'élève. D'une part, l'adulte sait ; d'autre part, l'élève ne sait pas.

Ce qui est au cœur est le rapport d'inégalité entre enseignant et élèves, mais ce rapport s'articulait ici à une obligation de soumission d'un individu à un autre et à une logique de répétition. Comme l'écrivent maintenant certains didacticiens : « La manière concrète de dépasser la dépendance de l'élève au professeur et leur assujettissement au contrat didactique consiste à placer un milieu entre le professeur et l'élève » (Sensevy, 2011, p. 642). Or, cette nouvelle manière de réfléchir aux situations d'enseignement, instaurant une relation triadique, en donnant de l'autonomie à l'élève et lui permettant de se confronter aux objets de savoir, était pourtant au cœur de nombreuses expériences pédagogiques de l'Éducation Nouvelle. En France, les classes-promenades chez Célestin Freinet dans le primaire (Go, 2007), ou l'étude du milieu (Riondet, 2013a ; Weiler, 1949), n'étaient pas particulièrement évoqués dans les instances de la *Coopération Intellectuelle* réfléchissant sur les manuels.

Le second problème est la question de la coopération, et plus particulièrement le fait d'obtenir un mode de vie entre adultes par une action sur les manuels. L'enjeu explicite était de favoriser la coopération par l'éducation, et en l'occurrence les contenus scolaires. Seulement, est-ce qu'une forme de vie spécifique peut être obtenue à partir de discours, quels qu'ils soient ? On se rappellera à cet égard certaines réflexions pédagogiques en France dans les années 1960 lorsqu'on songeait à distinguer l'éducation du citoyen de l'instruction civique. On estimait alors que les situations éducatives ne devaient plus produire des individus conformistes et dociles, mais au contraire des individus « éclairés », capable d'émettre un jugement et de prendre position (Riondet, 2013b). En France, Jean Delannoy, une des grandes figures des *Cahiers pédagogiques*, écrivait justement : « [La démocratie] s'enseigne, et non par des phrases, mais par un style de vie, par l'apprentissage de la liberté, c'est-à-dire de la responsabilité » (Delannoy, 1962, p. 25). Pour ce pédagogue, l'éducation devait rendre possible, d'une certaine manière, l'émergence de « démocraties de démocrates ». En lien avec d'autres réflexions similaires dans d'autres pays, cette formulation montre que la démocratie (ou dans le cas de notre objet d'étude, la coopération), pour ces militants, n'est pas juste un gouvernement ou une forme politique et économique, mais renvoie à des manières de vivre et des formes de vie :

> [...] Comment se dire et même se croire démocrate, si l'on admet un système éducatif où rien ne prépare le futur adulte à exercer ce contrôle, cette participation aux affaires, ces droits pour lesquels par ailleurs on est prêt à se faire tuer à l'occasion ? La démocratie n'est pas le vide, sous prétexte du respect des opinions [...] (Delannoy, 1962, p. 25).

Qu'il s'agisse de la réflexion sur les situations d'enseignement ou sur la vie scolaire, c'est bien la question pédagogique qui aurait pu être davantage au cœur des réflexions menées dans le cadre de la *Coopération Intellectuelle*, d'autant que le BIE pouvait se prévaloir d'une expertise et d'une visibilité sur ces questions C'est bien ce qui était le cœur de la critique des manuels telle qu'elle fut énoncée par le pédagogue français Célestin Freinet :

> Il est nécessaire, au préalable, de bien nous entendre sur la portée de nos critiques. Il ne s'agit pas ici ni des livres en général, ni des livres scolaires en particulier. On le verra au cours du développement de notre technique, nous ne sommes nullement contre l'emploi des livres à l'école. Nous croyons au contraire que c'est dans leur

richesse, plus originale et plus objective que la parole du maître, que les écoliers de l'avenir puiseront les éléments essentiels de leur développement culturel ; nous réhabilitons les livres ; nous leur donnons la place d'honneur qu'ils n'ont jamais eue à l'école ; nous voulons habituer nos élèves à. les aimer et à s'en servir tout au cours de leur vie. Mais nous rejetons l'emploi des *manuels scolaires* – livres conçus tout spécialement pour la technique de travail traditionnelle : tous les élèves d'un même degré possèdent les mêmes manuels : ceux-ci tracent et délimitent, pour toute l'année, le travail à faire, lequel est avant tout un exercice de mémoire. Le manuel est destiné à être appris, les nombreux résumés devant même en être sus par cœur (Freinet, 1935, p. 299).

Conclusion

Derrière les réflexions théoriques sur la forme scolaire, les recherches historiques montrent comment les appareils scolaires nationaux sont traversés par d'innombrables débats et habités par de multiples contradictions et comment les « internationalismes éducatifs » sont venus questionner et interpeller les pratiques à l'œuvre dans ces appareils (Droux & Hofstetter, 2020 ; Droux, Hofstetter & Robert, 2020).

Le détour par les synergies pacifistes témoigne de la diversité des mobilisations internationalistes au sujet des questions éducatives, mais également du « poids » de la forme nation (et de l'État-Nation dans les mentalités) et des tendances impérialistes de la forme nation pendant plusieurs décennies. Ce détour permet également de prendre conscience du « poids » de la forme scolaire elle-même. Si ingénieux puisse être le projet de diffuser et d'institutionnaliser de nouvelles normes sociales par de nouvelles normes scolaires et disciplinaires, il reposait néanmoins sur une erreur rédhibitoire : le non-questionnement de la *forme scolaire* et de la possibilité de se positionner sur des thématiques essentielles (relations entre enseignants et élèves, répartition des compétences dans les réflexions sur la culture scolaire, espace scolaire, temps didactique, vie sociale à l'école) qui étaient pourtant au cœur des propositions de certains réseaux internationalistes éducatifs et de certaines tentatives concrètes de reconstruction de la forme scolaire (Go & Riondet, 2018). C'était le cas en France où malgré la progression de l'idée de coopération à l'École (Chaïbi, 2018), l'influence des associations d'éducateurs et l'essaimage de l'Éducation Nouvelle (Savoye, 2004), la forme scolaire républicaine est restée relativement classique et traditionnelle pendant de longues décennies, ce qui montre, certes, les interactions entre les normes (disciplinaires, épistémologiques, sociales) mais également la difficulté de leur mise en lien.

Ces regards historiques font émerger trois questions qui sont sans doute encore d'actualité. Comment la « scolarisation des savoirs », se caractérisant historiquement par des « formules apprises par cœur » (Vincent, Courtebas & Reuter, 2014, p. 140) peut donner lieu à des enseignements prenant davantage en compte la démarche scientifique en jeu dans les savoirs de référence tout en donnant davantage d'autonomie à l'élève ? Comment la vie dans l'établissement peut valoriser certaines formes de vie ? Enfin, comment la vie scolaire hors la classe peut être la condition de possibilité, et non le Cheval de Troie, de ces situations d'enseignement ? Bien que les différents systèmes éducatifs nationaux aient considérablement évolué, nous estimons que ces questions restent actuelles et qu'on ne peut faire l'économie d'un regard historique sur la manière dont l'École s'est transformée sur les dernières décennies tout en minorant certains apports et réflexions pédagogiques.

Références bibliographiques

Sources

Comité d'experts pour l'enseignement à la jeunesse des buts et de l'existence de la SDN, 1923. Archives de la CICI, E ; J./1–17 et 18–21. Unesco, Paris.

Delannoy, J. (1962). Démocratie. *Les Cahiers pédagogiques, 39*, 25.

Freinet, C. (1935). L'imprimerie à l'école. Technique nouvelle d'éducation populaire. Fondements pédagogiques et sociaux. *L'Éducateur Prolétarien, 13-14-15*, numéro spécial.

Weiler, A. (1949). Introduction à l'étude du milieu. *Les Cahiers pédagogiques pour l'enseignement du Second degré, 1*, 8–10.

Bibliographie

Balibar, E. (2020). *Histoire interminable*. La Découverte.

Bruter, A. (2010). L'enseignement de l'histoire. In F. Jacquet-Francillon, R. d'Enfert & L. Loeffel (Ed.), *Une histoire de l'école* (pp. 319–324). Retz.

Caruso, M. (2006). Biopolitik und Schulbuch : Veränderung der Konzepte zur Verortung des Sculbuches in der Gestaltung des Volksschulunterrichts (Bayern, 1869–1918). *Paedagogica Historica, 38*, 282–299.

Chaïbi, O. (2018). De la formation à la coopération aux pédagogies coopératives : le rôle de l'Office central de la coopération à l'école dans l'entre-deux-guerres. *Cahiers d'histoire. Revue d'histoire critique, 138*, 81–98.

Chanet, J.-F. (1996). *L'Ecole républicaine et les petites patries*. Aubier.

Chevalier, J.-P. (2010). L'enseignement de la géographie. In F. Jacquet-Francillon, R. d'Enfert & L. Loeffel (Ed.), *Une histoire de l'école* (pp. 325–331). Retz.

Droux, J. & Hofstetter, R. (Ed.) (2020). *Internationalismes éducatifs entre débats et combats*. Peter Lang.

Droux, J., Hofstetter, R. & Robert, A. D. (Ed.) (2020). Organisations internationales et chantiers éducatifs. *Relations internationales, 183*.

Fuchs, E. (2007a). Networks and the History of Education. *Paedagogica Historica, 43*(2), 185–197.

Fuchs, E. (2007b). The creation of the new international network in Education: the League of Nations and Education organizations in the 1920's. *Paedagogica Historica, 43*(2), 199–209.

Go, H. L. (2007). *Freinet à Vence. Vers une reconstruction de la forme scolaire*. PUR.

Go, H. L. (2013). La question de la reconstruction chez Dewey. In H. L. Go, (Ed.), *Dewey penseur de l'éducation* (pp. 49–64). PUN-EDULOR.

Go, H. L. & Riondet, X. (2018). Reconstruire la forme scolaire d'éducation : l'alternative freinetienne. In J.-Y. Seguy (Ed.), *Variations autour de la "forme scolaire". Mélanges offerts à André D. Robert* (pp. 65–80). PUN-EDULOR.

Hofstetter, R. (2015a). Dans les coulisses du Bureau international d'éducation (1925-1946) : relier le particulier et l'universel pour édifier un « Centre mondial d'éducation comparée ». In J. Droux & R. Hofstetter (Ed.), *Globalisation des mondes de l'éducation* (pp. 145–168). PUR.

Hofstetter, R. (2015b). Building an International Code for Public Education: Behind the Scenes at the International Bureau of Éducation (1925-1946). *Prospects, 45*, 31–48.

Hofstetter, R, & Riondet, X. (2018). International Institutions, Pacifism, and the Attack on Warmongering Textbooks. In E. Fuchs et E. Roldán (Ed.), *Textbooks and War – Historical and Multinational Perspectives* (pp. 201–232). Palgrave Macmillan.

Hofstetter, R. & Schneuwly, B. (2018). Métamorphoses et contradictions de la forme école au prisme de la démocratie. In J.-Y. Seguy (Ed.), *Variations autour de la « forme scolaire ». Mélanges offerts à André D. Robert* (pp. 29–50). PUN-EDULOR.

Hofstetter, R., Droux, J. & Christian, M. (Ed.) (2020). *Construire la paix par l'éducation : réseaux et mouvements internationaux au XXe siècle. Genève au cœur d'une utopie*. Alphil.

Lahire, B. (2000). *Culture écrite et inégalités scolaires*. PUL.

Marquis, H. (2014). L'École primaire de la Charente dans la Grande Guerre. Un aspect de l'effort de guerre par la mobilisation patriotique. In J.-F. Condette (Ed.), *Les Écoles dans la guerre. Acteurs et institutions éducatives dans les tourmentes guerrières XVIIe siècle –XXe siècle* (pp. 137-157). Presses du Septentrion.

Messonnier, L. (2014). Le *Manuel général de l'instruction primaire* (1914-1919). Pédagogie heuristique, rémanence revancharde et mobilisation patriotique. In J.-F. Condette (Ed.), *Les Écoles dans la guerre. Acteurs et institutions éducatives dans les tourmentes guerrières XVIIe siècle–XXe siècle* (pp. 183-193). Presses Universitaires du Septentrion.

Mole, F. (2020). Paix ou révolution ? Dissensions politiques et pédagogiques entre les Fédérations internationales d'instituteurs (années 20). In J. Droux & R. Hofstetter (Ed.), *Internationalismes éducatifs entre débats et combats* (pp. 117-140). Peter Lang.

Noiriel, G. (2018). *Une histoire populaire de la France. De la guerre de Cent Ans à nos jours*. Agone.

Ogier, A. (2007). Le rôle du manuel dans la leçon d'histoire à l'école primaire (1870-1969). *Histoire de l'éducation, 114*, 87-119.

Ottavi, P. (2014). École et sentiment identitaire en Corse, sous la IIIe République. *Carrefours de l'éducation, 38*, 65-79.

Ozouf, M. (1982). *L'École, l'Église et la République*. Cana/Jean Offredo.

Prairat, E. (2009). Considérations sur l'idée de normes. *Les Sciences de l'éducation pour l'Ère nouvelle, 45*, 33-50.

Ramirez, F. & Boli, F. (1987). The political construction of mass schooling: Worldwide Institutionnalization. *Sociology of Education, 60*, 2-17.

Renan, E. (2009/2011). *Qu'est-ce qu'une nation ?* Flammarion.

Renoliet, J.-J. (1999). *L'Unesco oubliée. La Société des Nations et la coopération intellectuelle*. Publications de la Sorbonne.

Riondet, X. (2013a). Une approche des rapports entre pédagogie et science dans *Les Cahiers pédagogiques* entre 1945 et 1968. *Éducation et Didactique, vol. 7*, 3, 9-30.

Riondet, X. (2013b). La réception de l'œuvre de Dewey chez les enseignants militants dans les années 50. In H.-L. Go (Ed.), *Dewey, penseur de l'éducation* (pp. 115-132). PUN-EDULOR.

Riondet, X. (2015). La question des normes dans l'écriture de l'histoire. Une bataille autour de l'enseignement. In H. L., Go (Ed.), *Normes pour apprendre* (pp. 159-185). PUN-EDULOR.

Riondet, X. (2019a). Qu'est-ce qui vaut d'être conservé dans des manuels scolaires au prisme de la valeur du pacifisme. In J.-M. Barreau & X. Riondet (Ed.), *Les valeurs en éducation. Transmission, conservation, novation* (pp. 81-103). PUN-EDULOR.

Riondet, X. (2019b). Les manuels scolaires, un objet d'études pour penser la difficile autonomie de la culture scolaire. In S. Wagnon (Ed.), *Le manuel scolaire, objet d'étude et de recherche : enjeux et perspectives* (pp. 129–149). Peter Lang.

Riondet, X. (2020a). La résolution Casarès, ou les premiers pas difficiles de la Coopération Intellectuelle au sujet des manuels scolaires (1925–1939). In R. Hofstetter & J. Droux (Ed.), *L'internationalisme éducatif entre débats et combats (1919–1939)* (pp. 141–171). Peter Lang.

Riondet, X. (2020b). L'Institut international de coopération intellectuelle : comment promouvoir un enseignement répondant à l'idéal internationaliste (1931–1937) ? *Relations internationales*, 183/3, 77–93.

Riondet, X. (2021). L'althussérisme, une problématisation des questions éducatives oubliée par l'histoire de l'éducation en France. *Paedagogica Historica*. doi : 10.1080/00309230.2021.1905009

Saint-Fuscien, E. (2014). Les instituteurs combattants de la Grande Guerre : des soldats comme les autres ? In J.-F. Condette (Ed.), *Les Écoles dans la guerre. Acteurs et institutions éducatives dans les tourmentes guerrières XVIIe siècle–XXe siècle* (pp. 215–231). Presses Universitaires du Septentrion.

Savoye, A. (2004). L'Éducation nouvelle en France. De son irrésistible ascension à son impossible pérennisation (1944–1970). In A. Ohayon, D. Ottavi & A. Savoye (Ed.), *L'Éducation nouvelle, histoire, présence et devenir* (pp. 235–269). Peter Lang.

Sensevy, G. (2011). *Le sens du savoir*. De Boeck.

Vincent, G., Courtebas, B. & Reuter, Y. (2013). La forme scolaire : débats et mises au point. *Recherches en didactique*, 13, 109–135.

Vincent, G., Courtebas, B. & Reuter, Y. (2014). La forme scolaire : débats et mises au point. *Recherches en didactique*, 14, 127–142.

Watrelot, M. (1999). Aux sources du « Tour de la France par deux enfants ». *Revue d'histoire moderne et contemporaine*, 46(2), 311–324.

Claire Guille-Biel Winder et Édith Petitfour

ANALYSE DE PROPOSITIONS D'ENSEIGNEMENT DE NOTIONS GÉOMÉTRIQUES EN CM1 DANS LES MANUELS SCOLAIRES

Nos travaux ont pour objet les propositions d'enseignement de notions géométriques faites dans les manuels scolaires dans le cadre des programmes français d'enseignement à l'école primaire (Guille-Biel Winder & Petitfour, 2018, 2019). L'importance de cet enseignement dans la scolarité obligatoire est en effet soulignée dans les travaux en didactique (voir par exemple Perrin-Glorian & Salin, 2010), notamment par sa double finalité : donner des moyens de contrôler l'espace dans lequel nous vivons et traiter des problèmes spatiaux, favoriser l'apprentissage du raisonnement. Notre problématique porte sur la manière dont les manuels scolaires visent à fournir un accès aux savoirs géométriques. Puisque le cycle 3 est une période importante du développement des apprentissages géométriques, nous avons choisi de nous intéresser au niveau CM1, première année de ce cycle. Nous centrons notre étude sur l'enseignement du thème « perpendicularité et parallélisme » en CM1, au moment où ces notions sont introduites. Nous interrogeons les choix didactiques et pédagogiques des auteurs en lien avec le savoir mathématique à enseigner. Un premier travail concernant le manuel *La méthode de Singapour* nous a permis de développer une méthodologie d'analyse (Guille-Biel Winder & Petitfour, 2018).

Dans ce texte, nous présentons la méthodologie retenue ainsi que notre grille d'analyse des manuels avec les outils théoriques associés. Nous utilisons ensuite cette grille pour analyser un manuel scolaire de mathématiques de niveau CM1 en nous focalisant sur les éléments qui nous permettent de mettre en évidence la façon dont ce manuel fournit un accès aux savoirs géométriques.

Méthodologie retenue et outils d'analyse

Nous entendons par manuels scolaires, au sens où les livres scolaires sont définis dans le décret n° 2004-922 du 31 août 2004, « les manuels et leur mode d'emploi, ainsi que les cahiers d'exercices et de travaux pratiques qui les complètent ou les ensembles de fiches qui s'y substituent »[1]. Le manuel scolaire de

---

1 JORF n° 204 du 2 septembre 2004 page 15611, texte n° 36, Article 1.

mathématiques regroupe donc possiblement un livre-élève, un cahier d'exercices, un répertoire de mathématiques dans lequel figurent définitions et/ou méthodes, un guide de l'enseignant. Tous ces documents peuvent se présenter sous forme papier avec éventuellement des compléments numériques ou être entièrement sous forme numérique.

Nous avons élaboré une grille d'analyse de manuels qui tient compte du contenu de toutes les informations communiquées à l'enseignant dans ces différentes ressources ainsi que dans d'autres ressources associées à la collection comme la présentation des choix pédagogiques des auteurs sur le site de l'éditeur par exemple. Nous commençons par présenter les points d'appui de l'élaboration de cette grille, puis la méthodologie retenue ainsi que les principaux éléments d'analyse, en lien avec différents cadres théoriques.

Points d'appui

L'analyse des tâches destinées à l'élève et des éléments à retenir (sous forme orale ou écrite), proposés par le manuel, renseignent sur les contenus mathématiques ainsi que sur les connaissances abordées. L'analyse des éléments organisationnels et planificateurs (par exemple des fiches-élèves, des scénarios à utiliser, l'existence de plans de séquence, la présentation de progression) permet une compréhension de l'organisation générale de la ressource, montre la répartition des séances dans l'année et donne des informations sur leur articulation éventuelle. L'étude du guidage pédagogique (informations sur ce que devrait faire ou dire l'enseignant, mise en évidence des idées centrales du curriculum, éléments d'explicitation comme la ou les raisons sous-jacentes aux recommandations pédagogiques en lien avec les points d'appui théoriques de la méthode) permet d'identifier les connaissances mises en évidence ainsi que celles qui sont en jeu sans être explicitées. Elle permet aussi de pointer la « mise en mots » lorsqu'elle est suggérée, à terme d'analyser la cohérence dans l'enseignement des notions de perpendicularité et de parallélisme et plus généralement de préciser la manière dont le manuel « outille » les enseignants pour une mise en œuvre éclairée des séances proposées. Enfin, l'examen des apports didactiques (présentation d'erreurs ou de procédures d'élèves, explicitation de variables didactiques, mise en évidence de trajectoires d'enseignement) conduit à interroger la manière dont la ressource peut fournir à l'enseignant des éléments de formation.

Deux niveaux d'analyse

En nous inspirant de la méthodologie mise au point par Mounier et Priolet (2015), nous réalisons des allers-retours entre deux niveaux d'analyse : un niveau local sur le thème d'étude, lorsque nous analysons les séances consacrées à l'enseignement des notions de perpendicularité et de parallélisme, un niveau plus global sur le domaine d'étude, lorsque nous nous intéressons à l'organisation de l'enseignement de ces savoirs dans le domaine géométrique telle qu'elle est proposée dans le manuel.

Le niveau local d'analyse porte sur plusieurs éléments. Nous identifions les différents types de connaissances enseignées et/ou explicitées dans les manuels en prenant appui sur le cadre d'analyse de l'action instrumentée développé par Petitfour (2017). Nous analysons les ostensifs comme les éléments de langage (vocabulaire et expressions) proposés par le manuel, ainsi que le lien éventuel avec le réel.

À un niveau plus global, nous mettons en évidence le temps d'apprentissage consacré à l'étude des notions de perpendicularité et parallélisme, c'est-à-dire la durée que les manuels prévoient ainsi que le moment de l'année envisageable pour ce faire. Nous distinguons les séances dans lesquelles ces notions sont objets d'apprentissage (Douady, 1986), de celles dans lesquelles elles apparaissent comme outils permettant de résoudre des problèmes ou de développer d'autres connaissances géométriques. Nous cherchons en outre à identifier, dans l'enseignement proposé par les manuels, une articulation possible de ces deux notions entre elles, soulignée par les programmes de 2015, voire avec d'autres notions géométriques. Nous interrogeons aussi la cohérence de la progression retenue.

Différents types de connaissances

L'enseignement de la géométrie au cycle 3 recourt à une utilisation d'instruments pour contrôler des propriétés géométriques (par exemple vérifier un angle droit avec l'équerre, vérifier un alignement de points avec la règle, vérifier une égalité de longueurs avec le compas) ou pour réaliser des constructions de figures. Il s'agit ainsi de « faire émerger des concepts géométriques (caractérisations et propriétés des objets, relations entre les objets) et de les enrichir » (MEN, 2018, p. 106). Les élèves sont donc conduits à réaliser des actions instrumentées qui mettent en jeu différents types de connaissances identifiées dans les travaux de Petitfour (2018).

Les *connaissances géométriques* sont liées aux objets géométriques, à leurs relations et leurs propriétés. Dans notre étude, nous portons d'abord notre attention sur les significations des relations géométriques de perpendicularité et de parallélisme abordées dans le manuel, que ce soit dans la situation introductrice, dans les traces écrites ou les institutionnalisations orales prévues, ou encore dans les exercices. Nous étudions également la présence de liens entre les différentes significations abordées, mais aussi entre les significations et les tâches proposées. Nous examinons enfin les formulations des connaissances géométriques ainsi que le lexique employé. Différentes significations pouvant être abordées au cycle 3 sont rattachées aux concepts de perpendicularité et de parallélisme (Dussuc, Gerdil-Margueron & Mante, 2006 ; ERMEL, 2006 ; Reymonet, 2004).

Les principales significations rattachées au concept de perpendicularité sont les suivantes : droites qui se coupent en formant quatre angles droits / droites qui se coupent en formant un angle droit en lien avec la notion d'angle ; la distance d'un point à une droite d s'obtient sur la droite perpendiculaire à la droite d passant par le point en lien avec la notion de distance ; droites obtenues par le pliage pli sur pli d'une feuille de papier pliée en deux que l'on peut mettre en lien avec la notion de symétrie ; droites supports de côtés consécutifs d'un rectangle en lien avec des connaissances sur les propriétés du rectangle.

Les principales significations rattachées au concept de parallélisme sont : droites non sécantes (ou qui ne se coupent jamais) en lien avec l'incidence et basée sur la perception ; droites d'écart constant à relier avec la notion de distance ; droites de même direction (ou penchées pareil) et droites de même pente en relation avec la notion d'angle ; droites obtenues par glissement sans tourner en référence aux transformations du plan ; droites perpendiculaires à une même troisième en appui explicite sur la notion de perpendicularité (ce cas peut être considéré comme un cas particulier de droites de même direction) ; une dernière signification se rapporte aux côtés opposés de formes familières (le carré, le rectangle, voire le trapèze ou le parallélogramme).

Les *connaissances spatiales* sont relatives à la sélection et l'interprétation d'informations spatiales, à l'anticipation de transformations de déplacements, à l'extraction, aux décompositions et recompositions de figures. Nous examinons leur mise en jeu dans les séances.

Les *connaissances graphiques* correspondent aux informations graphiques à prélever et à interpréter. Elles sont donc reliées aux tracés, aux codages, aux notations et aux symboles. Nous étudions leur validité scientifique, leur conformité aux instructions officielles ou aux conventions culturelles.

Les *connaissances techniques* concernent les instruments (leurs fonctions, leurs schèmes d'utilisation). Elles jouent un rôle important dans le passage de l'action aux connaissances géométriques. Nous nous intéressons notamment à leur formulation.

Les *connaissances pratiques* relèvent du plan matériel et corporel. Elles peuvent aussi concerner l'organisation. Nous examinons la manière dont elles sont explicitées (ou pas).

Lien avec le réel

Dans l'introduction des concepts de perpendicularité et de parallélisme, nous étudions le lien éventuel avec le réel ainsi que la manière dont le passage au géométrique est balisé et/ou contrôlé. Certaines situations s'appuient en effet sur des objets issus de l'espace sensible qui sont *culturellement représentateurs*[2] *de la relation spatiale* (au sens de « servant à la représentation de la relation »). Ces objets réfèrent plus ou plus ou moins explicitement à une propriété spécifique de la relation. Pour le parallélisme, on pourra citer : des rails de train et leurs travées ou des montants d'une échelle et leurs barreaux, qui réfèrent à la propriété d'écart constant et peut-être même aussi à la relation d'incidence ; des traces de roues, les deux côtés d'une rue (en réalité ou sur un plan), qui réfèrent à la relation d'incidence ; les bords d'une règle qui réfèrent aux côtés opposés d'un parallélogramme. D'autres situations mettent en jeu des *objets issus de l'environnement quotidien*, non spécifiquement représentateurs de relations spatiales mais connus des élèves. D'autres situations enfin s'appuient sur des *objets géométriques* (droites, segments, côtés).

Plusieurs espaces de travail en interaction avec des connaissances géométriques et spatiales peuvent être convoqués : l'espace sensible, l'espace graphique et l'espace géométrique (Houdement, 2019 ; Soury-Lavergne & Maschietto, 2019). Les objets géométriques sont accessibles via des représentations dans l'espace graphique. Les objets issus de l'espace sensible en revanche peuvent apparaître dans l'espace sensible sous forme concrète (c'est le cas en particulier lorsque les élèves sont invités à identifier les relations géométriques autour d'eux dans la salle de classe) ou sous forme de dessins ou d'images, ou encore être seulement évoqués (généralement par des mots). En outre, les objets culturellement représentateurs de la relation spatiale sont quelquefois modélisés dans l'espace graphique sous les mêmes représentations que les objets géométriques.

---

2   Représentateur (adjectif) : Qui sert à la représentation. Les hiéroglyphes étaient des signes représentateurs d'objets visibles. (Littré, 1876). Site http://www.la-definition.fr/definition/representateur consulté le 20/12/2018.

Ces représentations peuvent alors jouer le rôle de signes-pivots (Bartolini Bussi & Mariotti, 2008) puisqu'elles peuvent permettre le passage vers le géométrique. Remarquons enfin que, dans l'espace graphique, différents supports peuvent être utilisés : unis, quadrillés ou pointés (à mailles carrées). Ces deux derniers types de supports sont constitués de réseaux de lignes porteurs des relations de parallélisme et de perpendicularité.

Passons maintenant à l'analyse du manuel scolaire que nous avons sélectionné entre autres pour sa spécificité d'être entièrement sous forme numérique. Dans la partie suivante, nous présentons nos analyses au niveau local puis global, après avoir présenté les ressources prises en compte ainsi que les points d'appui théoriques auxquels se réfère la collection.

Analyse du manuel *La Méthode heuristique de mathématiques*, CM1

La collection *La Méthode Heuristique de Mathématiques* (*MHM*), accessible sur le site methodeheuristique.com, se réfère à ce que son auteur, Pinel, qualifie de « méthode heuristique » et est tirée de son expérience de terrain. Cette méthode s'inscrit dans une pédagogie explicite, puisqu'il s'agit d'« annoncer ce qu'on va faire », d'« expliquer pourquoi on fait les choses », d'« expliquer comment on fait les choses » et de « faire expliquer par l'élève » (Pinel, 2018, pp. 78–79).

Chaque année de la collection est organisée en 24 modules, présentés pour permettre un enseignement en cours double. Ainsi, les modules de CM1 sont présentés parallèlement à ceux de CM2 dans le document *M+HxM – Séances CM1/CM2 – 1ère édition*. Chaque module comporte 6 à 8 séances. Les documents nécessaires à la mise en œuvre des modules sont répartis dans différents dossiers contenant des fichiers téléchargeables : *MHM CM1_CM2/ leçons / rallye maths / fichier* (fichiers d'exercices à réaliser en autonomie). Des compléments numériques sont proposés sous forme de liens hypertextes conduisant à d'autres sites : *Le point maths* (Youtube), des films d'animation de Canopé (https://www.reseau-canope.fr/lesfondamentaux/), « des compléments didactiques » (Primaths.fr). Enfin, un guide général de la « méthode » intitulé *La Méthode Heuristique de Mathématiques*, format papier, complète la ressource (Figure 1).

Manuels scolaires et notions geometriques

| Guide MHM, format papier | Documents pour la mise en œuvre des modules | Liens vers des ressources numériques |

Figure 1. La Méthode Heuristique de Mathématiques, CM1, 2018.

Connaissances géométriques (point de vue local)

La relation de perpendicularité est introduite en CM1 (Module 3, séance 5) à partir d'un exercice dans lequel il s'agit d'« identifier les angles qui sont droits » sur six couples de droites sécantes. La correction aboutit à « l'explicitation du vocabulaire : les droites sont perpendiculaires ou non perpendiculaires » et à la réalisation d'une affiche collective. La leçon 12 sur les droites, donnée aux élèves lors de la découverte de la notion de droites parallèles (module 10, séance 6), contient la définition suivante : « Quand deux droites se coupent en faisant un angle droit, on dit qu'elles sont perpendiculaires ». En outre, dans le film d'animation issu de Canopé sur la reconnaissance de droites perpendiculaires (lien dans la leçon 12), une vérification à l'équerre illustre l'affirmation « Et forcément, quand il y a un angle droit, les trois autres le sont aussi ». Le concept de perpendicularité est donc introduit en CM1 en lien avec le concept d'angle droit, ce dernier ayant été défini en CE1 en partant d'objets de la vie courante présentant un angle droit.

Dans le guide de l'enseignant de CE1-CE2, l'auteur suggère de construire en CM le sens « angle droit défini par la plus courte distance entre un point et une droite », en traçant et mesurant des segments dans la cour. Cette suggestion, non rappelée dans le guide de l'enseignant de CM1-CM2, ne pourra être suivie que par les enseignants de CM qui ont pris connaissance du guide de l'enseignant de CE1-CE2. Restera alors à leur charge de faire le lien avec la relation de perpendicularité tel que précisé dans les programmes de cycle 3. Nous pouvons enfin noter un manque de cohérence au niveau de la chronologie dans la programmation de l'enseignement de la notion de perpendicularité. En effet, le terme « perpendiculaire » est utilisé en CE2 sans avoir été introduit, une première fois pour énoncer les propriétés des diagonales du losange (CE2, Module

11, séance 6), une seconde fois pour réaliser des tracés de droites perpendiculaires à une droite passant par un point donné (CE2, Module 19, séance 7).

La première rencontre avec la notion de parallélisme se réalise par le biais d'une activité de classement de couples de droites et en lien avec les significations droites qui ne se coupent jamais. La relation apparaît comme « complémentaire » aux relations de perpendicularité et d'incidence réunies puisque le guide de l'enseignant (Module 10, séance 6) demande de « faire émerger les trois possibilités : droites qui se coupent (sécantes), droites perpendiculaires et droites qui ne se coupent jamais ». Ce classement est mathématiquement erroné puisqu'il conduit à ne pas considérer les droites perpendiculaires comme des droites sécantes. Il est aussi source d'obstacles dans le cadre de la situation : en effet, les couples de droites sont présentés dans des zones du plan bien délimitées par un cadre et l'ambigüité ne se coupent jamais ou ne se coupent pas dans l'espace de la feuille reste entière. Enfin, ce classement n'est pas transposable aux droites de l'espace. Pourtant, l'enseignant est invité à proposer une recherche dans la classe de droites « qui ne se coupent jamais ».

La signification en lien avec l'incidence est reprise dans la leçon 12 qui propose en réalité une définition « deux en un » : « quand deux droites gardent toujours le même écartement, qu'elles ne se coupent jamais, on dit qu'elles sont parallèles ». Le lien entre les deux significations semble aller de soi à partir du moment où les deux significations sont mentionnées dans la même phrase. Ces deux significations sont de nouveau explicitées dans un premier film d'animation issu de Canopé (film 1) et présentent une technique de contrôle du parallélisme. Un deuxième film d'animation (film 2) présente des techniques de tracé dont l'une s'appuie sur la propriété d'écart constant. Cependant, d'autres significations sont abordées, certaines en lien avec la direction : dans les films d'animation avec la proposition d'utilisation d'un guide-âne pour identifier des droites parallèles ou bien l'explicitation d'une technique de tracé de droites parallèles par pliage de la feuille selon l'un de ses bords ; dans le guide de l'enseignant qui propose de présenter une technique de tracé avec ce matériel et d'y entraîner les élèves.

Dans une activité préalable au travail sur les techniques de tracé, il est suggéré à l'enseignant de demander aux élèves de réaliser des tracés sur papier blanc. Deux procédures sont évoquées dans le guide comme étant « valides » : la procédure qui « utilise les deux côtés de la règle » et celle qui utilise « les deux côtés d'objets rectangles ». Ces deux procédures réfèrent au parallélisme des côtés opposés de rectangles, mais ce lien n'est pas explicité.

À l'issue de cette activité, il est suggéré à l'enseignant d'expliciter LA technique utilisant la règle et l'équerre. Or, il en existe au moins deux : celle présentée dans les films d'animation qui réfère à l'écart constant et celle qui s'appuie sur la double perpendicularité. En l'absence de toute indication supplémentaire, on ne peut conjecturer quelle technique sera explicitée. Enfin, si on revient sur cette activité préalable, et en l'absence de toute indication concernant le matériel utilisé, il est par exemple envisageable que des élèves réalisent un tracé *au jugé* en faisant glisser la règle sur la feuille, procédure à relier à la translation. On peut également imaginer d'autres procédures liées aux significations précédentes. Seule la signification en lien avec la pente ne pourra être abordée puisque les activités se déroulent systématiquement sur papier blanc. Le schéma suivant (Figure 2) synthétise les différentes significations de la notion de parallélisme abordées dans *MHM, CM1-CM2*.

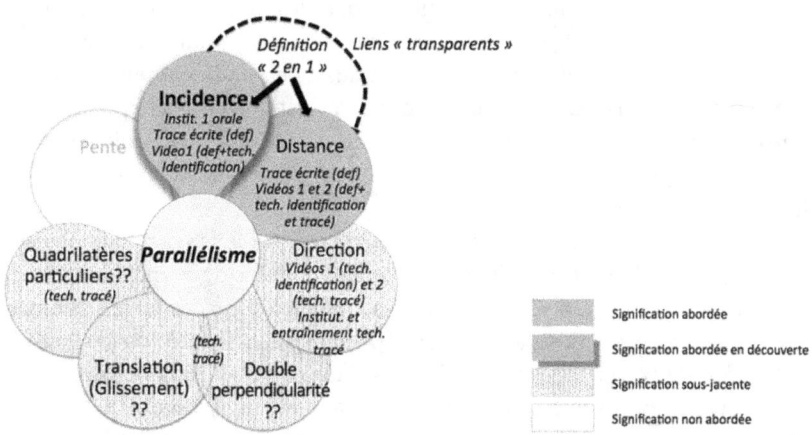

Figure 2. Les différentes significations de la notion de parallélisme abordées dans *MHM*, CM1-CM2.

Notons que la transitivité de la relation de parallélisme (la droite d1 est parallèle à la droite d2, et la droite d2 est parallèle à la droite d3, donc la droite d1 est parallèle à la droite d3) est abordée dans un des films d'animation mentionné précédemment (film 1).

Pour ce qui est du vocabulaire, le guide de l'enseignant porte l'attention sur la confusion fréquente des élèves entre les notions de perpendicularité et de parallélisme. Il semble l'attribuer essentiellement à un « mélange des mots » puisqu'il propose un affichage visant à associer chaque notion au bon mot (Figure 3).

Figure 3. Affichage proposé par *MHM*, CM1-CM2.

Concernant les différentes formulations des relations géométriques, un exemple est donné pour la perpendicularité dans le film d'animation de Canopé sur la reconnaissance de droites perpendiculaires (« La droite verte est perpendiculaire à la noire en E, donc la noire est aussi perpendiculaire à la verte. »), et pour le parallélisme, l'équivalence des formulations (« droite parallèle à »/ « droites parallèles entre elles ») s'entend dans le film 1. Les équivalences de formulations pour la perpendicularité et le parallélisme ne sont pas explicitées dans le guide de l'enseignant.

Nous constatons une imbrication manifeste entre le langage courant et le langage géométrique. Ainsi, dans les exercices de tracé de perpendiculaires et parallèles (intitulés « La ville au trésor »), nous relevons des formulations du type : « la droite parallèle au segment [JF] qui passe par la ville du Mans », « Cette droite traverse ou passe très près d'une ville ». Dans les films d'animation, nous notons une confusion entre droite et ligne / bord / trait (« [cette droite] aussi est parallèle à la première ligne rouge », « faire des droites parallèles au bord de la feuille », « deux traits à égale distance »), qui peut constituer un obstacle à l'appropriation du concept de droite nécessaire pour résoudre les problèmes liés au parallélisme. Nous observons aussi l'utilisation du terme non mathématique « écartement » qui réfère à la distance entre deux droites et qui n'est en outre jamais défini ni dans les films d'animation, ni dans la trace écrite proposée dans la leçon.

Nous relevons enfin des formulations mathématiquement incorrectes qui peuvent être source d'obstacles. Parfois, en effet, les concepts de perpendicularité et de parallélisme apparaissent chacun comme la propriété d'une droite plutôt que comme une relation entre deux droites. Pour la perpendicularité, le « jeu » consiste, sur le film d'animation, à « trouver des droites perpendiculaires » et un compteur en indique le nombre au fur et à mesure. Il apparaît à la fin que l'on a six droites perpendiculaires, ce qui n'a pas de sens. Pour le parallélisme, on trouve un « rappel de ce qu'est une droite parallèle » dans le guide de l'enseignant, et on parle de « droites qui sont parallèles […] celles qui ne le sont pas » dans un des films d'animation. À l'inverse, le même film présente la distance entre deux droites comme une relation (« [l']écartement entre trois droites est le même »), ce qui n'a pas de sens non plus.

Autres types de connaissances (point de vue local)

Aucune *connaissance spatiale* n'est formulée dans *MHM, CM1-CM2*. Apparaît cependant la volonté de l'auteur de ne pas privilégier la position prototypique de droites perpendiculaires lors des tracés (en appui sur la verticalité et l'horizontalité) dans la phase d'apprentissage en CE2 du tracé de la perpendiculaire à une droite (D) passant par un point. Il est en effet précisé que la droite (D) à tracer au tableau, lors de la démonstration collective, doit être « oblique pas forcément parallèle au bas du tableau ! » (CE2, Module 19, séance 7). Ce choix permet d'éviter que les élèves associent la perpendicularité à des orientations de droites (verticale ou horizontale) et qu'ils ne l'identifient que dans ce cas.

Concernant les *connaissances graphiques*, des codages pour signifier les relations géométriques sont employés dans la leçon 12 sans être explicités dans la trace écrite. Un carré rouge est utilisé pour signifier la perpendicularité entre deux droites. La distance constante entre les deux droites parallèles est représentée, dans le dessin accompagnant la trace écrite de la leçon 12, par deux doubles flèches de même couleur qui semblent perpendiculaires aux deux droites. Outre que ce codage n'est ni institutionnel, ni mathématique, son interprétation est laissée à la charge de l'enseignant (voire des élèves) : l'égalité de longueur des deux segments n'est pas explicitée, leur perpendicularité à l'une des droites non mentionnée (ce qui a pour conséquence une absence de mise en lien entre les deux concepts de perpendicularité et de parallélisme). En outre, le codage couleur n'est pas homogène puisqu'il prend deux significations distinctes selon le support de travail : il semble être l'expression de l'égalité de longueur dans la trace écrite, alors qu'il réfère à une famille d'objets géométriques (droites ou segments) dans les films d'animation. De plus, le codage de l'angle droit pour marquer la perpendicularité est utilisé dans ces films, mais n'est pas repris dans la trace écrite pour les droites parallèles. Pour ce qui est de la représentation des points, des représentations graphiques différentes sont employées dans « Ville au Trésor » : les croix surmontées d'une lettre représentent les objets géométriques (par exemple le point « A ») alors que les ronds désignent une ville (par exemple « Nantes »). Enfin, certaines notations d'objets géométriques conventionnelles sont proposées : (D) ou (AB) pour les droites, [AB] pour les segments.

Les *connaissances techniques* sont transmises à travers des « leçons animées » dont le lien est donné dans la leçon 12, il s'agit des quatre films d'animation de Canopé intitulés ainsi : « Reconnaître des droites parallèles » (film 1), « Tracer des parallèles » (film 2), « Reconnaître des droites perpendiculaires » (film 3), « Tracer des perpendiculaires » (film 4).

La technique de reconnaissance de la perpendicularité est exposée dans le film 3. Un personnage dialogue avec un autre en se déplaçant sur un réseau quadrillé sur lequel sont tracées des droites de couleurs différentes avec le but de trouver « des droites perpendiculaires ». La nécessité d'une vérification à l'équerre est affirmée (« 'on dirait bien' ça ne suffit pas, il faut le prouver »). La vérification de la relation de perpendicularité entre deux droites est présentée dans une animation du déplacement de l'équerre, accompagnée d'un discours contenant des implicites à décoder en regardant les illustrations : « il faut mettre l'équerre dans le bon sens », avec l'équerre il faut « aller jusqu'au point de rencontre, dans l'angle », il faut regarder si « l'angle droit de l'équerre s'ajuste bien aux droites ».

La technique de tracé de la droite perpendiculaire à une droite donnée en un point donné est à extraire de la présentation de la résolution du problème « partager un cercle en quatre parties égales » exposée dans le film 4. Une première droite passant par le centre O du cercle étant tracée, la technique exposée revient à celle du tracé de la droite perpendiculaire à une droite donnée en un point appartenant à cette droite (ici le point O centre du cercle). Le cas où le point est extérieur à la droite n'est pas traité. Les positionnements de l'équerre conjointement à ceux de la règle sont montrés, mais le discours qui accompagne les illustrations laisse des implicites (Figure 4). Il n'est en effet pas précisé quelle partie de l'angle droit de l'équerre doit être le long de la règle (« *un côté* de l'angle droit de l'équerre »), il n'est pas non plus mentionné que le sommet de l'angle droit de l'équerre doit être sur le point O : l'information doit être prélevée sur les illustrations.

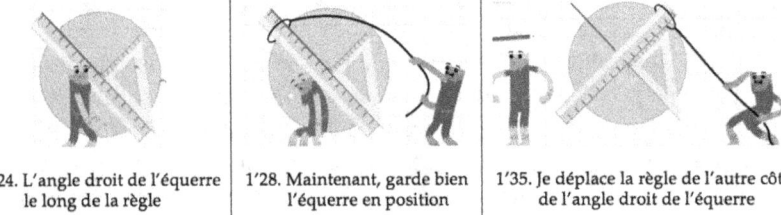

| 1'24. L'angle droit de l'équerre le long de la règle | 1'28. Maintenant, garde bien l'équerre en position | 1'35. Je déplace la règle de l'autre côté de l'angle droit de l'équerre |

Figure 4. Tracé de la perpendiculaire à une droite passant par un point (extraits du film 4).

Pour le parallélisme, on constate que les films d'animation sont porteurs de connaissances techniques en image : positionnement de l'équerre par rapport à la règle pour vérifier ou pour tracer des droites parallèles, positionnement du guide-âne pour vérifier le parallélisme de deux droites, positionnement du bord de la feuille dans la réalisation du pliage. Aucune de ces connaissances n'est verbalisée dans les films, ni n'est explicitée dans le manuel (partie élève ou guide de l'enseignant).

Le matériel de géométrie nécessaire à la mise en œuvre des deux séances sur le concept de parallélisme (règle graduée, équerre, guide-âne) n'est évoqué nulle part. La règle graduée a une unique fonction de mesurage dans le film 1 (elle ne sert pas pour prolonger les droites par exemple), puis est employée pour mesurer des longueurs et tracer des droites dans le film 2. Les diverses utilisations sont mises en scène mais ne sont pas accompagnées d'un discours. Le film 2 présente (Figure 5), sans le verbaliser, l'usage combiné de la règle graduée et de l'équerre pour vérifier le parallélisme de deux droites (« on positionne l'équerre perpendiculairement à une première droite, on colle la règle graduée à l'équerre et on mesure l'écartement ; on fait pareil un peu plus loin, puis on compare les mesures »). Cependant cette fonction n'est pas présentée dans le guide de l'enseignant.

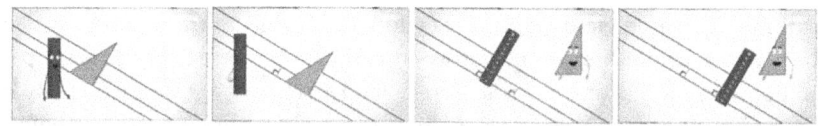

Figure 5. Usage combiné de la règle graduée et de l'équerre (extraits du film 1).

Le guide pédagogique annonce l'usage combiné de la règle graduée et de l'équerre pour tracer une droite parallèle à une autre donnée, mais sans le détailler. Le film 2 le met en scène (Figure 6). Dans cette vidéo, seule la position de l'équerre pour tracer la droite perpendiculaire à la droite donnée est mentionnée.

Figure 6. Usage combiné de la règle graduée et de l'équerre (extraits du film 2).

Des *connaissances pratiques* apparaissent dans les conseils formulés par les personnages du film 4 : « Tiens bien la règle », « Garde bien l'équerre en position ». On ne peut cependant retirer d'informations des illustrations pour mettre en œuvre avec les mains la manipulation simultanée (et donc assez complexe) de la règle et de l'équerre puisque ce sont les deux personnages qui la prennent en charge dans le film d'animation (Figure 4). Enfin, une connaissance pratique qui a trait au mouvement de l'équerre dans la construction de droites parallèles apparaît dans le film 2.

Lien avec le réel (point de vue local)

Malgré la grande insistance de la méthode sur l'importance de la manipulation (Pinel, 2018), le travail sur le parallélisme débute sans référence au matériel. La notion est introduite et définie dans l'espace graphique avec des représentations d'objets géométriques réalisées uniquement sur support uni.

L'enseignant est également incité à proposer une recherche « d'exemples de droites parallèles dans la classe », mettant donc en jeu des objets issus de l'environnement quotidien. Cette recherche de droites dans l'espace se révèle délicate puisque le domaine de validité de la définition du parallélisme retenue (droites non sécantes) concerne seulement le plan.

Enfin, un ensemble de quinze exercices (« La ville au trésor ») consistant à tracer des droites perpendiculaires ou parallèles à un segment passant par un point donné sur une carte de France (voir par exemple l'exercice 11 sur la Figure 7) est proposé aux élèves. Les exercices proposent en outre des points modélisant des villes et entretiennent une confusion objet géométrique/objet graphique qui ne sera jamais levée.

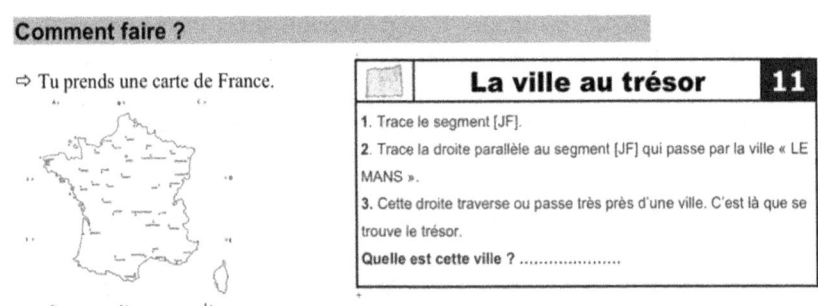

Figure 7. « La ville au trésor », exercice 11.

Éléments d'analyse du point de vue global

MHM, CM1-CM2 propose une introduction de la notion de perpendicularité en période 1, avec une reprise en période 3 par un enseignement quasi-simultané de la perpendicularité et du parallélisme, ce qui augmente le risque de confusion entre les deux notions. En outre, malgré cette quasi-simultanéité, les deux notions ne sont pas articulées entre elles. Alors que l'auteur de la méthode annonce une progression « cyclique » (Pinel, 2018, p. 83), les deux notions sont seulement retravaillées dans un exercice proposé en période 4. Enfin, ces notions ne sont jamais réinvesties dans le travail sur les quadrilatères ou la symétrie axiale, pourtant programmés ultérieurement. La Figure 8 illustre ces différents points d'analyse.

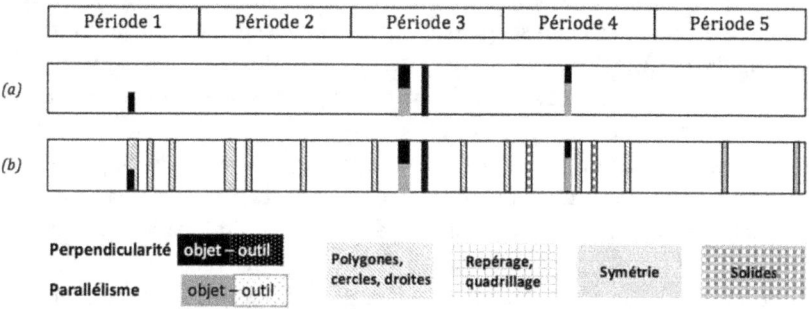

Figure 8. Le thème d'étude perpendicularité et parallélisme dans l'année *(a)* et le domaine d'étude de la géométrie dans l'année *(b)*.

Conclusion

Comme le souligne le récent rapport sur l'enseignement des mathématiques, « il est important de [...] porter une attention particulière sur les caractéristiques pédagogiques et didactiques des matériels utilisés dans la classe et sur l'effet induit sur les apprentissages des élèves » (Villani, Torossian & Dias, 2018, p. 58). La grille d'analyse élaborée nous permet de faire un pas dans cette direction. En effet, au niveau global, la grille conduit à la mise en évidence de choix opérés par les auteurs des manuels. Dans *La Méthode Heuristique de Mathématiques, CM1-CM2*, certains choix ne nous semblent pas pertinents car générateurs d'obstacles didactiques : l'institutionnalisation quasi-simultanée des notions de perpendicularité et de parallélisme se fait au risque de voir apparaître une confusion entre les deux, confusion renforcée au niveau local par un affichage peu pertinent et une absence de mise en relation de ces deux notions. D'autres choix s'avèrent manquer de cohérence comme la programmation envisagée pour la notion de perpendicularité.

Au niveau local, cette grille met au jour les connaissances géométriques, spatiales, graphiques, techniques et pratiques en jeu, ainsi que leur caractère implicite ou explicite. Elle permet notamment de mettre en évidence les différentes significations des relations de perpendicularité et de parallélisme abordées dans le manuel (implicitement ou explicitement). L'attention portée aux ostensifs comme les éléments de langage utilisés et/ou proposés par le manuel, les objets sur lesquels portent l'étude (et leur lien avec le vécu expérimental et manipulatoire des élèves), les instruments utilisés, révèle aussi le moyen choisi par les auteurs pour amener les élèves à accéder aux concepts géométriques enseignés. Concernant les objets choisis pour l'étude des concepts, nous constatons que *MHM, CM1-CM2* s'ancre dès le départ dans le contexte géométrique puis fait un détour (que nous avons vu problématique) par des objets du quotidien sans baliser le passage au géométrique qui est laissé à la charge de l'enseignant. Nous relevons également un usage de divers instruments (la règle et l'équerre mais aussi le guide-âne), en référence à des significations différentes de la relation de parallélisme. Ainsi, nous constatons une diversité des significations abordées, le caractère implicite d'une grande partie d'entre elles, mais également un passage de l'une à l'autre laissé, là encore, à la charge de l'enseignant (et peut-être des élèves !).

Enfin, la grille d'analyse permet de mettre en lumière de manière fine l'accompagnement de l'enseignant par le manuel. Dans *MHM, CM1-CM2*, nous constatons très peu d'apports didactiques ainsi que des éléments d'explicitation limités. L'auteur insiste bien sur la nécessité pour les enseignants d'avoir des connaissances didactiques mais il ne les apporte pas : « L'appropriation et la compréhension ne sont pas automatiques, les enseignants les plus efficaces sont ceux qui ont des connaissances didactiques » (Pinel, 2018, p. 71), « La méthode demande aux enseignants de se mettre à jour de leurs connaissances didactiques » (p. 163). En outre, l'auteur met en exergue « un rôle pédagogique de l'enseignant réaffirmé » (p. 71). Le guidage pédagogique n'est cependant pas conçu pour fournir une aide mathématique, pédagogique et didactique « efficace » pour une mise en œuvre satisfaisante des activités.

Références bibliographiques

Sources

ERMEL (2006). *Apprentissages géométriques et résolution de problèmes*. Éditions Hatier.

Pinel, N. (2018). *La Méthode Heuristique de Mathématiques* (deuxième édition). Les éditions du net.

Bibliographie

Bartolini Bussi, M.-G. & Mariotti, M.-A. (2008). Semiotic mediation in the mathematics classroom: artifacts and signs after a Vygotskian perspective. In L. English, M. Bartolini Bussi, G. Jones, R. Lesh, & D. Tirosh (Ed.), *Handbook of International Research in Mathematics Education* (second revised edition, pp. 746-805). Lawrence Erlbaum.

Douady, R. (1986). Jeux de cadres et dialectique outil-objet. *Recherches en Didactique des Mathématiques*, 7(2), 5-31.

Dussuc, M-P., Gerdil-Margueron, G. & Mante, M. (2006). Parallélisme au cycle 3. In *Actes du 32e colloque COPIRELEM (Strasbourg, 30-30 mai et 01 juin 2005)* (pp. 1-15). IREM de Strasbourg.

Guille-Biel Winder, C. & Petitfour, E. (2018). L'enseignement des notions de perpendicularité et de parallélisme dans le manuel « Méthode de Singapour ». *Grand N*, 102, 5-40.

Guille-Biel Winder, C. & Petitfour, E. (2019). Enseignement-apprentissage des notions de perpendicularité et de parallélisme en CM1 : que proposent les manuels ? In *Actes du 45e colloque COPIRELEM (Blois, 12-14 juin 2018)* (pp. 147-197). ARPEME.

Houdement, C. (2019). Le spatial et le géométrique, le yin et le yang de l'enseignement de la géométrie. In S. Coppé & E. Roditi (Ed.), *Actes de la 19e école d'été de l'ARDM*. La Pensée Sauvage.

MEN (2018). Programmes du cycle 3, en vigueur à compter de la rentrée de l'année scolaire 2018-2019. *Bulletin Officiel de l'Éducation Nationale n° 30 du 26 juillet 2018*. Ministère de l'éducation nationale, France.

Mounier, E. & Priolet, M. (2015). Les manuels scolaires de mathématiques à l'école primaire – De l'analyse descriptive de l'offre éditoriale à son utilisation en classe élémentaire. *Rapport présenté lors de la conférence de consensus. Nombres et opérations : premiers apprentissages à l'école primaire*. CNESCO / IFÉ-ENS.

Petitfour, E. (2017). Outils théoriques d'analyse de l'action instrumentée, au service de l'étude de difficultés d'élèves dyspraxiques en géométrie. *Recherches en Didactique des Mathématiques, 37*(2-3), 247-288.

Petitfour, E. (2018). Quel accompagnement en géométrie pour des élèves dyspraxiques ? *Grand N, 101*, 45-70.

Perrin-Glorian, M.-J. & Salin, M.-H. (2010). Didactique de la géométrie. Peut-on commencer à faire le point ? In L. Coulange & C. Hache (Ed.), *Actes du séminaire national de didactique des mathématiques de 2009* (pp. 47-81). IREM Paris, ARDM.

Reymonet, C. (2004). Un cadre expérimental pour l'étude de la géométrie au cycle 3 : le cas du parallélisme. *Grand N, 73*, 33-48.

Soury-Lavergne, S. & Maschietto, M. (2019). Connaissances géométriques et connaissances spatiales dans les situations didactiques avec la technologie. In S. Coppé & E. Roditi (Ed.), *Actes de la 19e école d'été de l'ARDM (Paris, 20-26 août 2017)* (pp. 87-115). La Pensée Sauvage.

Villani, C., Torossian, C.& Dias, T. (2018). *21 mesures pour l'enseignement des mathématiques*. Ministère de l'Education Nationale. Repéré à https:// cache.media.education.gouv.fr/file/Fevrier/19/0/Rapport_Villani_Torossian_21_mesures_pour_enseignement_des_mathematiques_ 896190.pdf

Céline Camusson

QUELS SUPPORTS ET QUELLES RESSOURCES POUR ENSEIGNER/APPRENDRE ?

« Les formes, les supports et la matérialité même de l'écrit influent sur les manières de penser et de produire les connaissances, de transmettre celles-ci et d'interpréter les textes » (Ferone, Richard-Principalli & Crinon, 2016, p. 367). Les supports, leur composition, leur organisation ont une influence sur les apprentissages des élèves, sur la manière de construire des savoirs mais aussi sur les manières d'enseigner. Le support de classe est au cœur des apprentissages et de l'enseignement, au cœur de l'école. L'introduction du numérique donnant accès à une multitude de ressources (sites et blogs de collègues, sites d'Eduscol Cd-rom, Clef-USB…) étend, tous les jours un peu plus, la palette de supports[1] possibles. L'enseignant peut, pour faire acquérir un savoir aux élèves, projeter un manuel numérique, faire utiliser une double page de manuel papier, donner une fiche photocopiée issue d'internet, etc. Le support, qui peut revêtir des formes multiples et complexes, est au centre de notre problématique de recherche. Avec un regard sociologique outillé de connaissances didactiques et psychologiques, nous nous demandons : quels supports et quels usages des supports accroissent ou réduisent les inégalités scolaires ? Et, puisque l'enseignant en France est libre de choisir ces supports, nous nous interrogeons sur l'impact de ces choix sur les apprentissages des élèves. Grâce à notre premier recueil de données issu d'un questionnaire auprès d'enseignants, nous apportons, à travers cette contribution, quelques éléments sur les facteurs qui influencent les choix de supports.

Pour commencer, nous expliquerons succinctement la méthodologie de la première partie de la recherche[2]. Nous étudierons, par la suite, la place du manuel (numérique et papier) parmi l'ensemble des choix possibles de supports et les critères de choix de supports déclarés et conscientisés par les enseignants. Enfin, à travers l'analyse de deux supports très contrastés, un guide

---

1 Les supports sont des « instruments écrits omniprésents dans les classes : manuels, fiches…. Ils mettent en scène les savoirs et des formes de raisonnement pour les "apprendre" » (Bonnéry, 2015, p. 12).
2 Thèse commencée en septembre 2018.

pédagogique[3] et un support fabriqué par l'enseignante, nous verrons que les facteurs de choix de supports peuvent être liés au profil de l'enseignant et son contexte d'exercice. Cela nous conduira alors à poursuivre la recherche autour de la question : en quoi la complexité du support choisi ou construit est-elle liée aux caractéristiques de l'enseignant ?

La méthodologie de recherche

Le choix des ressources et les supports appartiennent à la face cachée du travail de l'enseignant et donc difficilement visible (Coppe, Colognesi, Decuypere & März, 2019 ; Gueudet & Trouche, 2008). C'est à travers un questionnaire que nous proposons de les étudier dans un premier temps. Nous interrogeons les enseignants sur les supports et les ressources[4] matérielles et immatérielles (formations, parcours scolaire…) qui pourraient orienter le choix et la construction des supports.

Le contenu du questionnaire

Afin d'objectiver notre étude, nous avons ciblé notre recherche sur deux niveaux, le CM1 et le CM2, (où davantage de réflexions et d'analyses des documents sont attendues), et sur deux disciplines, l'orthographe et l'histoire, deux disciplines aux enjeux différents pour les enseignants et pour lesquelles les offres de ressources/supports divergent (notamment celles des éditeurs).

L'objectif premier du questionnaire est de savoir quelles sont les logiques d'emprunts des enseignants selon leur contexte d'exercice et leur profil ; « Qui emprunte quoi ? Pour en faire quoi ? ». Ce questionnaire est structuré en cinq parties. La première partie permet d'obtenir des informations générales sur le contexte d'exercice de l'enseignant. La deuxième partie se concentre sur le(s) support(s) utilisé(s) par les élèves pour la première séance de l'année portant sur l'accord sujet-verbe et la troisième partie reprend les mêmes questions pour une séance en histoire (de préférence sur « le temps des rois » en CM1 et sur « le temps de la République » en CM2). Pour ces séances, les enseignants doivent préciser quelles ressources ils ont utilisées et ce qui les a motivés dans leur(s)

---

3 Le guide pédagogique prend, de plus en plus, la forme d'un ouvrage qui comprend des pages à photocopier pour élèves et des points méthodologiques pour l'enseignant (« Comprendre le monde », Retz ; « Histoire à revivre », Accès ; « La grammaire au jour le jour », Nathan…).

4 Les ressources sont « tout ce qui est susceptible de ressourcer, de nourrir, l'activité du professeur » (Gueudet, 2012, p. 2).

choix. Dans ces deux parties du questionnaire les enseignants joignent le (ou les) support(s) utilisé(s) par les élèves pour ces apprentissages, ce qui ajoute de la complexité au recueil mais qui permet de pouvoir analyser ces documents. Le corpus des manuels étudiés dépend donc de ceux qui sont indiqués (en citant les références), téléchargés (sur le questionnaire en ligne) ou envoyés (par mail ou par courrier postal sous forme de photocopie) par les répondants du questionnaire. L'enjeu n'est pas d'analyser des supports disjoints de leurs usages mais d'analyser les manuels, les éléments des manuels ou d'autres supports réellement utilisés en classe par les élèves et les enseignants. La partie suivante du questionnaire concerne l'accès et l'utilisation du numérique dans la vie personnelle et professionnelle des répondants puisque nous faisons l'hypothèse que l'habileté (ou non) avec le numérique influence le choix du support. Pour finir, la dernière partie permet d'obtenir des informations sur le profil de l'enseignant (sexe, expérience, formation…).

Les répondants

Notre échantillon est constitué de 508 enseignants interrogés. Il représente assez bien l'ensemble des enseignants de France. Il comprend ainsi 84 % de femmes (exactement comme dans l'enquête de la DEPP 2018), 97,5 % de professeurs des écoles (98,3 % étaient comptés en 2018 par la DEPP), plus d'un tiers d'enseignants de classes multiniveaux (DEPP, 2018) et nous comptons une minorité d'enseignants (environ 20 %) ayant suivi un cursus universitaire scientifique (Villani, Torossian & Dias, 2018). Quatre-vingt-cinq enseignants sur 508 exercent dans une école en REP ou REP+, ce qui permet d'avoir un regard plus précis sur les élèves de milieu populaire. Nous avons trop de directeurs parmi les répondants. 34 % des interrogés sont des directeurs d'école alors qu'il n'y en a que 14 % sur l'ensemble des professeurs des écoles en France (DEPP, 2018). Cela s'explique par un effet de biais de sélection. Le questionnaire a été diffusé essentiellement par un lien envoyé sur les boites mail des écoles. Le premier réceptionneur du courriel est donc le directeur qui, par la suite, le fait suivre aux enseignants de cours moyens. Nous avons tenté de limiter cet effet de biais en nous déplaçant dans les écoles et en diffusant le questionnaire par d'autres moyens (des groupes Facebook, des IEN, des conseillers pédagogiques…) mais cela n'a pas été suffisant en l'état actuel du recueil, le corpus devant ultérieurement être ajusté.

Les résultats du questionnaire peuvent cependant être exploités et ils permettent aujourd'hui de repérer quelques grandes tendances en ce qui concerne le ou les supports choisis par les enseignants et les critères de choix de ces supports.

Les choix de supports et les critères de choix

Parce que nous faisons l'hypothèse que les enseignants peuvent accroitre la complexité des supports qu'ils font utiliser à leurs élèves en classe en imbriquant des éléments de ressources différentes ou encore en modifiant la ou les ressources, nous leur avons demandé comment ils avaient choisi ou construit le support utilisé par les élèves (tableau 1).

Tableau 1. Pour faire ou choisir ce support, vous utilisez … . Cette question ainsi que celles qui suivent n'ont été posées qu'aux répondants déclarant utiliser un support pour les savoirs visés.

	Orthographe	Histoire
Une seule ressource que vous avez présentée telle quelle aux élèves	35,73%	34%
Plusieurs ressources différentes que vous avez présentées telles quelles aux élèves	13,6%	18,86%
Une seule ressource que vous avez modifiée	22,67%	15,14%
Plusieurs ressources que vous avez modifiées	28%	32%
	100% (375)	100% (403)

Il s'avère que, dans les deux disciplines, plus d'un tiers des professeurs des écoles utilisent une ressource telle quelle sans la modifier. Nombreux d'entre eux utilisent aussi plusieurs ressources qu'ils vont modifier pour construire un support. Pour ces deux catégories de réponses, les plus fréquemment données, nous allons regarder de plus près ce que mobilisent les enseignants. Nous constatons alors que le manuel garde une place principale en tant que ressource.

Le manuel une ressource essentielle/une source d'inspiration

Lorsque la ressource est reprise telle quelle, nous retrouvons les mêmes préférences des enseignants dans les deux disciplines choisies. Le manuel papier[5]

---

5 À la différence de certaines recherches (Borne, 1998 ; Mounier & Priolet, 2015 ; Priolet & Mounier, 2018), nous avons fait le choix, dans un souci de précision, de

est le plus souvent cité. 50 % des enseignants l'utilisent en orthographe et 31 % d'entre eux l'utilisent en histoire. Le guide pédagogique est la deuxième réponse la plus fréquemment donnée. Plus d'un quart des enseignants le font utiliser à leurs élèves sans le modifier. Cela conforte ce que disaient notamment Métoudi et Duchauffour (2001), dans les disciplines fondamentales (comme l'orthographe), les enseignants ont besoin de sécurité. Les manuels et les guides garantissent le suivi du programme. Les sites et les blogs, en troisième position, sont utilisés par 14 % des enseignants en orthographe et 25 % en histoire. Dans cette dernière discipline, les enseignants aiment, notamment, faire regarder aux élèves des extraits de films historiques ou des documentaires ou encore les faire travailler sur des documents téléchargés sur des sites ou des blogs de collègues. Enfin, nous constatons que les manuels numériques sont peu cités (3,7 % des enseignants les utilisent tels quels en orthographe et 4,4 % en histoire). Cela confirme certaines observations de terrain, le manuel numérique est peu utilisé en classe (Delaubier, Braun, Favey, Perez, Poncelet, Rehel & Richet, 2015 ; Leroy, 2012). De plus, nos enquêtés déclarant utiliser ce support le font en complément d'un support papier, ce qui rejoint l'enquête faite en lycée des éditeurs d'éducation (2018)[6].

Les ressources modifiées et combinées par les enseignants en histoire comme en orthographe proviennent principalement de sites et de blogs, de manuels papier et de guides pédagogiques. 85 % des enseignants s'inspirent, entre autres, de sites et de blogs en histoire alors qu'en orthographe, ils sont 75 % (soit 10 % de moins) à recourir à cette ressource. Le manuel est essentiel à leur combinaison de ressources pour construire un support dans les deux disciplines choisies : en orthographe 77 % des enseignants y empruntent des éléments et en histoire ils sont 72 %.

Ces premiers résultats montrent que le manuel papier (modifié ou non) est, quelle que soit la discipline, une ressource principale pour les enseignants, leur permettant de proposer des supports de classe aux élèves. Cependant, tous les élèves n'ont pas forcément le manuel entre les mains pour apprendre.

---

    différencier les manuels papier des fichiers élèves (appelés aussi cahiers d'élèves), des guides pédagogiques et des manuels numériques.
6 https://www.opinion-way.com/fr/sondage-d-opinion/sondages-publies/search-result.html?filter_search=manuels%20imprim%C3%A9s&layout=table&show_category=0

Sur la table de l'élève : la photocopie d'abord

Si nous regardons la forme que le support revêt en classe, alors le manuel est devancé dans les deux disciplines par les photocopies et les projections collectives (tableau 2). L'enseignant projette, le plus souvent, à toute la classe, le support sur lequel les élèves travaillent individuellement ou alors, il montre des documents (textes, images, vidéo...) en complément du cours d'histoire (Delaubier *et al.*, 2015). Ce qui surprend surtout c'est la domination de la reprographie en classe.

Tableau 2. Les formes des supports. Plusieurs réponses à cette question étaient possibles.

	Orthographe	Histoire
Manuel ou fichier sur table	47,47%	31,02%
Photocopie(s)	62,93%	77,92%
Tablette ou ordinateur	6,13%	8,19%
Tableau classique / traditionnel	23,73%	7,44%
Projection collective	59,47%	75,68%

Plusieurs raisons peuvent être données pour expliquer la place de la photocopie et de la projection en classe au détriment du manuel. Tout d'abord, environ 30 % des enseignants utilisant le manuel papier comme ressource se servent du spécimen[7] en le photocopiant pour que chaque élève dispose d'un support. Le manque de manuels dans les classes empêche un usage individualisé des élèves. Le budget alloué par les communes aux enseignants ne permet pas toujours d'acheter des manuels pour tous, surtout quand le programme change très souvent. Ce dernier point est cependant à relativiser car peu d'enseignants déclarent le coût comme étant un élément essentiel dans le choix du support (tableau 3).

Les critères de choix de supports

L'enseignant cherche une ressource flexible/souple qui s'adapte à ses besoins (Boutonnet, 2015).

---

7 Exemplaire unique de manuel donné gratuitement aux enseignants.

Tableau 3. Ce qui a été prioritaire dans le choix ou la construction de ce(s) support(s). Le répondant pouvait donner jusqu'à trois réponses possibles.

	Orthographe	Histoire
Les exercices et les documents (leurs qualités, leur diversité, leur nombre, ...)	59,47%	59,55%
La démarche pédagogique	63,2%	51,12%
La conformité aux programmes	40,53%	36,97%
L'inscription dans une progression / une programmation	30,41%	25,31%
Le gain de temps pour le maitre	15,47%	18,61%
L'esthétisme, la structure, la mise en page	13,33%	23,82%
Les explications en lien avec ce(s) support(s) (livre des maitres, explicitation sur un site, ...)	11,2%	13,4%
Le coût financier	6,4%	8,19%
L'évaluation / l'auto-évaluation	9,33%	4,96%
La pluridisciplinarité	4,27%	7,2%
L'éditeur / la collection / l'auteur	4,27%	3,97%

Recherche d'un support flexible

Le support choisi par les professeurs doit correspondre aux programmes et la quantité d'exercices ainsi que leur niveau de difficulté doivent être modulables. Pour près de 40 % des enseignants, la conformité aux programmes est essentielle aux choix de supports, constat convergeant avec Leroy (2012). Ainsi, une série de manuels a plus de difficulté à s'adapter aux changements de programmes réguliers. Pour les autres ressources, l'adaptation est plus simple. Il suffira, par exemple, d'un avenant à télécharger pour le guide pédagogique.

Une grande majorité des enseignants (60 %) priorise aussi un support avec des exercices/documents (leurs qualités, leur diversité, leur nombre...) qui leur conviennent. Nous élargissons à d'autres disciplines donc ce qui a été établi par Mounier et Priolet (2015) : « les principaux déterminants mis en avant par les enseignants pour choisir les manuels de mathématiques sont liés à leur contenu avec une préférence à la fois pour ceux qui contiennent une base volumineuse d'exercices et pour ceux qui associent aux exercices des indices de niveau de difficulté » (p. 6). Ces constats se font de la même manière en orthographe alors qu'en histoire, il semble que les professeurs des écoles cherchent à limiter le nombre de documents afin d'écourter la séance proposée.

Importance de la démarche pédagogique

Grâce aux récoltes de données issues du questionnaire, nous savons que, pour plus de la moitié des enquêtés, la démarche pédagogique proposée par le support est une priorité. Différents travaux montrent que les manuels sont utilisés en amont de la classe pour structurer les savoirs et comme soutien théorique ou mine didactique (Bucheton, 1999 ; Horsley, 2005 ; Reuter, 1999) surtout si l'enseignant n'est pas spécialiste de la discipline (Métoudy & Duchauffour, 2001). Le guide pédagogique est très souvent accompagné d'explications sur la démarche, ce qui pourrait expliquer l'engouement pour cette ressource/ce support. Pourtant, pour la plupart des répondants, la présence ou non d'ouvrages accompagnant les supports et les explications en lien avec le support ne sont pas prioritaires dans leur(s) choix. Cela donne l'impression que ce n'est pas la démarche du support qui doit convaincre l'enseignant mais plutôt le support qui doit correspondre à la démarche pédagogique des enseignants. Le professeur des écoles semble déclarer qu'il est le chef du navire et qu'il veut exercer sa liberté pédagogique à laquelle il est attaché (Boutonnet, 2015 ; Métoudi & Duchauffour, 2001 ; Séré & Bassy, 2010).

Pour conclure cette deuxième partie, nous pouvons affirmer que les manuels papier ont une place essentielle hors de la classe, mais aussi dans la classe. Leurs contenus sont très souvent sollicités par les enseignants afin d'être totalement ou partiellement le support de la pensée des élèves. Les critères de choix de supports/de manuels évoqués par certaines recherches (Métoudi & Duchauffour, 2001 ; Mounier & Priolet, 2015) ou observations de terrain (Borne, 1998 ; Delaubier et al., 2015 ; Leroy, 2012 ; Séré & Bassy, 2010) étaient tellement nombreux qu'il était difficile d'y voir clair. Aujourd'hui, nous savons que les professeurs des écoles choisissent leurs supports par rapport aux programmes, à la démarche pédagogique et aux exercices/documents proposés mais nous savons aussi que les facteurs de choix des ressources peuvent être plus profonds et peu conscientisés par les enseignants. Nous faisons l'hypothèse que ces choix peuvent être liés aux caractéristiques du professeur.

Des facteurs plus profonds : exemples de cas très contrastés

Nous proposons, dans cette dernière partie, d'étudier deux cas très contrastés, et ce sur deux points : les supports utilisés par les élèves ont des degrés de complexité différents et les profils des enseignants qui ont choisi ou construit ces supports sont sur certains points divergents.

Des supports très différents

Les enseignants, libres de choisir, confrontent leurs élèves à des supports aux complexités sémiotiques et discursives différentes (Bautier, Crinon, Delarue-Breton & Marin, 2012; Bautier, Kakpo & Bonnéry, 2015 ; Bonnéry, 2012 ; Ferone, Richard-Principalli & Crinon, 2016). Le support (parmi d'autres éléments du dispositif pédagogique) ainsi que le cadrage (le guidage au sens de Bernstein, 2007) des activités intellectuelles qu'il suppose peuvent être facteurs d'inégalités d'apprentissages (Bonnéry, 2011). Parmi les supports joints au questionnaire, nous avons sélectionné ceux que deux enseignantes de CM2 distribuent à leurs élèves en histoire : dans le premier cas, ils sont fabriqués par la maîtresse et étayent peu les activités intellectuelles de l'élève et dans le deuxième, ils sont issus d'un guide pédagogique au cadrage moins diffus. Il nous a semblé intéressant de prendre en exemple un guide pédagogique car, comme nous l'avons montré précédemment, il a été très souvent utilisé en classe.

Description et caractéristiques sémiotiques et discursives

La première enseignante propose trois supports (deux photocopies et une double page de manuel) intitulés « la première République ». Au cours de cette séance, l'élève doit observer cinq documents dans un manuel puis neuf autres issus de sites, blogs et manuels papier que l'enseignante a collés et imbriqués sur une feuille (recto-verso). Des textes d'époque ou d'aujourd'hui (de narrateurs de manuels), des peintures, des gravures se juxtaposent et exposent le serment de fidélité à la Nation de Lafayette, la capture et le retour de Louis XVI à Paris, l'attaque du peuple aux Tuileries, la création de l'hymne national, les paroles de la Marseillaise, etc. Le dernier support est une page reprographiée proposant un travail individuel autour de deux types d'activités. Dans un premier temps, l'élève doit dire « oui » ou « non » après dix phrases relatant des faits historiques (tels que « le 14 juillet, le roi jure d'être fidèle à la Nation et à la loi »). Il cherche ces informations dans l'ensemble des documents sur la première photocopie et dans le manuel. Puis, dans une seconde partie, l'élève doit repérer les documents historiques[8] et les récits « d'un auteur de notre époque »[9]. Les supports proposés par cette enseignante sont très complexes. Du point de vue sémiotique, les titres et les sous-titres sont de typographies différentes, les

---

[8] Il est précisé dans la consigne entre des parenthèses « les gravures et textes de l'époque ».
[9] « D'un auteur de notre époque » est écrit dans la consigne entre des parenthèses.

documents sont très nombreux et de nature très diversifiée, les neuf documents sur la reprographie sont visibles uniquement en noir et blanc et leur qualité graphique est médiocre (ce qui complique l'identification des drapeaux, des personnages, etc.). Enfin, du point de vue discursif, il y a de multiples énonciateurs (les rédacteurs de manuels, un témoin de la scène de l'époque, Rouget de l'Isle…) qui sont difficilement identifiables.

La deuxième enseignante utilise un guide pédagogique qu'elle va présenter tel quel aux élèves en classe (Bouteville & Falaize, 2017). Cette séance est construite en plusieurs étapes. Les deux premières étapes se font à l'oral : les élèves regardent les portraits de trois rois qui sont datés (Louis XVIII en 1815, Charles X en 1821 et Louis-Philippe en 1830) puis ils écoutent un récit (en lien avec les trois portraits) lu par l'enseignant. Ensuite, les élèves travaillent individuellement sur deux pages sur lesquelles nous allons mettre la focale. Chacune des deux pages est intitulée : « Pourquoi les rois ne peuvent-ils plus gouverner comme avant ? ». L'une présente deux documents : une peinture (« la liberté guidant le peuple » de Delacroix) et une affiche d'Adolphe Thiers explicitant la solution qu'offre Louis Philippe s'il était au pouvoir. Sur l'autre page figure une dizaine de questions. Les cinq premières questions encouragent à comprendre les intentions de l'auteur de l'affiche (« Pourquoi l'auteur… ») et à restituer ses dires dans un contexte historique plus général (« À quelle période de l'histoire… »). Les questions suivantes portent sur le tableau de Delacroix. Il s'agit de comprendre les intentions du peintre et se mettre à la place des personnages du tableau. Les documents sont donnés aux élèves par vague selon le moment de la séance. Trois d'entre eux doivent être observés en collectif dans la première partie à l'oral et ils sont de même nature (ce sont trois tableaux) puis deux documents sont à travailler sur un support individuel. Les titres et les sous-titres ont une typographie stable. Enfin, les énonciateurs (Delacroix et A. Thiers) sont peu nombreux et clairement identifiables.

Des supports qui ne supposent pas les mêmes aptitudes chez l'élève

Si, dans nos deux exemples, les différents supports ont pour but « de mettre en scène une démarche d'investigation » (Bonnéry, 2012, p. 44), il semble que certains d'entre eux soient plus exigeants que d'autres. Dans notre premier cas, l'élève peut être désorienté face à la multitude de documents (14). Il se trouve face à des savoirs peu hiérarchisés et noyés dans un grand nombre d'informations (Ferone, Richard-Principalli & Crinon, 2016). On peut faire l'hypothèse[10]

---

10 Hypothèse qu'une phase ultérieure de la recherche, qualitative, explorera.

qu'il aura plus de difficultés à traiter l'hétérogénéité sémiotique des supports, c'est-à-dire qu'il est plus difficile d'avoir les moyens et les stratégies pour lire et comprendre chaque document, de distinguer l'essentiel de l'accessoire, de formuler des conclusions intermédiaires, de mettre en relation les textes et les documents hétérogènes et donc il est compliqué pour l'élève de construire un tout homogène, le savoir, et de conscientiser cette construction (Bautier *et al.*, 2012 ; Bautier *et al.*, 2015 ; Bonnéry, 2011, 2012 ; Ferone, Richard-Principalli & Crinon, 2016). Les documents poussent les élèves à accéder directement à la réalité et les consignes les invitent à être dans une démarche informative (Cariou, 2016). Or, tous les élèves sont capables de chercher des informations ponctuelles/explicites (Ferone, Richard-Principalli & Crinon, 2016). Nous supposons que certains élèves (issus de familles les plus éloignées de la culture scolaire) auront plus de difficulté à s'engager dans un processus de construction des savoirs historiques. Ils resteront probablement dans ce qu'ils savent faire : dans la tâche et les faits.

Les prérequis exigés par le support semblent moins importants dans le deuxième cas. Les documents sont moins nombreux (5) et donnés au fur et à mesure de l'avancée de la séance. Les signes envoyés aux lecteurs sont stables (typographie identique pour un même niveau d'information et récurrence du titre principal) et les documents projetés en couleur permettent d'identifier certains éléments essentiels à la notion en jeu (le drapeau, les républicains et les royalistes). À travers le titre écrit en gros et en gras (« Pourquoi les rois ne peuvent-ils plus gouverner comme avant ? »), le cadrage est plus étroit, et on peut faire l'hypothèse que l'élève peut comprendre qu'il est dans une position de chercheur. Les activités et les documents favorisent « la démarche indiciaire » (Cariou, 2016) puisqu'il s'agit de comprendre les intentions des auteurs des documents (d'Adolphe Thiers et de Delacroix), de relever des indices dans l'affiche et la peinture pour se faire une interprétation de la réalité et resituer ces documents dans leur contexte historique. Dans ce deuxième cas, le guide pédagogique encourage un mode de lecture proche d'une démarche savante (Cariou, 2016). Il invite à comprendre un processus de construction, une période temps qui s'écoule et donc « l'évolution d'un régime politique » (Ferone, Richard-Principalli & Crinon, 2016, p. 378).

Les supports de nos deux cas se différencient dans les exigences qu'ils requièrent ainsi que dans la démarche qu'ils encouragent (démarche indiciaire/savante ou démarche informative). Nous faisons l'hypothèse que le fait d'imbriquer différents éléments, de composer avec diverses ressources peut accroître le caractère complexe du support. La présentation de ces deux exemples de supports très contrastés nous amène à la question centrale de notre recherche : quelles différences y a-t-il entre cette enseignante qui propose une double page d'un guide pédagogique à ses élèves et celle qui propose un support fabriqué avec de nombreux éléments issus de ressources différentes ? Observe-t-on des variations de complexité de supports en fonction du profil du professeur ou de son contexte d'exercice ?

Corrélation choix de support / enseignant

Il s'agit d'étudier les différences entre nos deux enseignantes qui pourraient expliquer les choix de supports contrastés. Peu de différences existent entre elles. Professeures des écoles depuis près de 20 ans, elles ont suivi la même formation pour être enseignante (IUFM sans master). Elles enseignent en cours moyen depuis plus de dix ans. Leur habileté avec le numérique est de niveau proche. Elles n'appartiennent à aucun courant pédagogique. Les exercices et les documents (leurs qualités, leur diversité, leur nombre…) sont une de leurs priorités lors du choix des supports en histoire. Ces supports correspondent à leur démarche pédagogique et elles les ont choisis seules. Si les points communs sont nombreux, cela nous pousse à être très attentif aux différences. Ces enseignantes n'ont pas la même représentation du niveau de leurs élèves et leur parcours scolaire est différent.

La représentation des enseignants du niveau de leurs élèves

Même si elles enseignent toutes les deux dans des écoles situées hors REP, l'enseignante 1[11] considère que le niveau de ses élèves est majoritairement bon alors que l'enseignante 2[12] estime que leur niveau est très hétérogène. Nous pouvons donc nous demander si la représentation des enseignants du niveau de leurs élèves influence le choix et la complexité des supports. L'enseignante 1 propose-t-elle un support complexe car elle considère que tous les élèves sont capables d'accéder aux savoirs visés ? Et inversement, l'enseignante 2 préfère-t-elle faire utiliser des supports assez simples dans leur hétérogénéité discursive et sémiotique car le niveau de ses élèves est très varié ? Le tri croisé entre les catégories de support[13] et la représentation du niveau des élèves (tableau 4) permet de constater qu'il n'y a pas de corrélation simple entre les enseignants considérant

---

11   Du cas 1 utilisant un support complexe / peu cadrant.
12   Du cas 2 utilisant le guide pédagogique cadrant les activités intellectuelles de l'élève.
13   Support issu d'une seule ressource présentée telle quelle, support issu de plusieurs ressources présentées telles quelles, support issu d'une ressource modifiée, support issu de plusieurs ressources modifiées.

le niveau de leurs élèves très hétérogène (cas 2) et les catégories de supports puisque la moitié de ces enseignants choisit une ou plusieurs ressources sans les modifier et l'autre moitié choisit d'utiliser une ou plusieurs ressources en les modifiant pour construire un support.

Tableau 4. Tri croisé entre catégorie de support et représentation par les enseignants du niveau de leurs élèves

		Vous définissez le niveau de vos élèves			
		Majoritairement faible	Majoritairement moyen	Majoritairement bon	Très hétérogène
En histoire Pour faire ou choisir ce support vous utilisez	Une seule ressource présentée telle quelle	19,35 %	39,82 %	34,17 %	32,37 %
	Des ressources présentées telles quelles	12,9 %	16,81 %	23,33 %	17,99 %
	Une seule ressource modifiée	22,58 %	15,37 %	10,83%	16,55 %
	Des ressources modifiées	45,17 %	28 %	31,67 %	33,09 %
Total		100 %	100 %	100 %	100 %

Par contre, ce qui semble significatif c'est que près de la moitié des enseignants considérant que leurs élèves ont un niveau faible modifient plusieurs ressources différentes. 68 % d'entre eux modifient une ou plusieurs ressources. Le but de notre recherche est de comprendre cette corrélation. Les premiers résultats permettent de constater quelques grandes tendances dans les modifications des ressources en histoire : les enseignants considèrent notamment que la séance prévue par la (les) ressource(s) est trop longue. Alors certains d'entre eux proposent de retirer des documents et d'autres de limiter l'écrit. Quels documents sont retirés ? Sont-ils essentiels à la construction du savoir ? Cela ne risque-t-il pas de déconstruire la cohérence interne pensée par le concepteur de la ressource ? L'élève (considéré de bas niveau) ne risque-t-il pas de passer à côté du savoir en jeu ?

Ce premier exemple de tri croisé nous amène à penser que l'étude statistique entre les supports et la représentation du niveau de l'élève, ou encore les supports et le contexte d'exercice (REP, REP+, hors REP) sont des pistes à explorer de plus près. Mais les déterminants des choix pédagogiques des enseignants ne tiennent pas qu'à leur vision des élèves.

Le parcours scolaire des enseignants

Le parcours scolaire n'est pas le même pour les deux répondantes choisies. L'enseignante 1 a un cursus scientifique (bac S et licence de mathématiques) et l'enseignante 2 a un parcours littéraire (bac L et un master en droit). Cela signifie-t-il qu'une enseignante ayant un parcours scientifique fait utiliser à ses élèves, lors de l'enseignement de disciplines littéraires (comme en histoire), des supports complexes parce qu'elle ne maitrise pas tous les rouages didactiques de cette discipline ? Lorsque nous étudions la corrélation entre le bac obtenu par l'enseignante et les catégories de supports utilisés par les élèves en histoire, nous relevons deux éléments importants (tableau 5).

Tableau 5. Tri croisé entre catégories de support et baccalauréat des enseignants

		Vous avez un BAC				
		ES	L	S	Professionnel	Technologique
En histoire Pour faire ou choisir ce support vous utilisez	Une seule ressource présentée telle quelle	33,64 %	33,64 %	32,53 %	33,33%	52,63 %
	Des ressources présentées telles quelles	25,23 %	21,5 %	13,86 %	33,33%	10,53 %
	Une seule ressource modifiée	10,13 %	17,76 %	17,47 %	0%	10,53 %
	Des ressources modifiées	31 %	27,1 %	36,14 %	33,33 %	26,3 %
Total		100 %	100 %	100 %	100 %	100 %

Les professeurs des écoles ayant un baccalauréat scientifique sont plus nombreux à modifier les supports d'histoire que les enseignants ayant obtenu un autre bac. En effet, 54 % d'entre eux utilisent une ou plusieurs ressources qu'ils modifient alors que les enseignants ayant un autre bac sont au minimum 55 % à prendre une ou plusieurs ressources telles quelles. Lorsque nous poussons un peu ces premières analyses, il est même relevé que ceux qui ont obtenu un diplôme universitaire scientifique (orienté en mathématiques, en physique ou en chimie) préfèrent modifier plusieurs ressources. En effet, nous comptons

50 % des enseignants ayant effectué des études universitaires en mathématiques et 54 % des enseignants ayant un diplôme universitaire en physique/chimie procédant ainsi pour construire un support. Sur le tableau 5, nous constatons aussi qu'une grande partie (plus de 63 %) des enseignants ayant effectué un bac professionnel ou technologique choisissent une ou des ressources à utiliser telles quelles avec leurs élèves. Pourquoi ces derniers modifient-ils moins les ressources que les autres enseignants ? Se sentent-ils moins légitimes ? Est-ce que l'origine sociale des professeurs, souvent corrélée avec le type de bac qu'ils ont obtenu, expliquerait ce constat ?

Conclusion : de la complexité à l'usage des supports : un vaste chantier

Ainsi, ces tris croisés amènent de nombreuses questions. Il s'agira d'y répondre mais aussi d'identifier d'autres facteurs influençant le choix des supports. Un double ou un simple niveau de classe, l'aisance avec l'outil numérique, le contexte d'exercices (REP ou hors REP), etc., sont-ils liés aux choix de supports ? Il conviendra donc de faire une analyse de correspondance multivariée afin de mesurer les forces de liaison entre plusieurs variables qualitatives, et d'approfondir par une enquête qualitative par observations et entretiens.

À travers cette contribution, nous voulons montrer ce qui influence, de façon consciente ou non, le choix des supports. Les professeurs des écoles déclarent que la conformité aux programmes, la démarche pédagogique et les documents et exercices proposés par les supports sont une préoccupation dominante et centrale pesant sur leur choix. L'exemple de deux enseignantes et de supports qu'elles ont choisis pour enseigner l'histoire poussent à croire que d'autres facteurs peuvent être déterminants. Il ne s'agit pas de montrer, à travers ces deux exemples, que les ressources prises telles quelles sont meilleures pour les élèves que celles qui sont modifiées et fabriquées par les enseignants. Nombre de recherches (notamment du laboratoire CIRCEFT-ESCOL) montrent que les manuels peuvent aussi être des supports complexes. Les fiches proposées par les sites et blogs d'enseignants sont aussi, très souvent, le fruit de montages pas toujours très cohérents et complexes. C'est pourquoi, il sera nécessaire d'étudier la complexité de chacun des supports envoyés par les répondants en histoire et en orthographe et, par la suite, de la mettre en corrélation avec le parcours de l'enseignant, la représentation des enseignants du niveau de leurs élèves et d'autres facteurs liés à l'enseignant et son contexte d'exercice. Enfin, au cours de cette recherche, il sera aussi essentiel d'aller dans les classes pour tenter d'expliquer ces corrélations mais aussi pour observer l'usage des différents supports en classe car « ce n'est pas l'usage ou non des manuels, leur qualité, leur lisibilité, leur nouveauté même, qui font leur efficacité, mais bien plus la qualité et la nature des interactions langagières orales et écrites qui les accompagnent » (Bucheton, 1999, p. 42).

Références bibliographiques

Bautier, É., Crinon, J., Delarue-Breton, C. & Marin, B. (2012). Les textes composites : des exigences de travail peu enseignées ? *Repères. Recherches en didactique du français langue maternelle, 45,* 63-79.

Bautier, É., Kakpo, S. & Bonnéry, S. (2015). D'hier à aujourd'hui les manuels à l'école élémentaire et au collège. In S. Bonnéry (Ed.), *Supports pédagogiques et inégalités scolaires. Études sociologiques* (pp 25-58). La Dispute.

Bernstein, B. (2007). *Pédagogie, contrôle symbolique et identité.* Les Presses de l'Université Laval.

Bonnéry, S. (2011). Les définitions sociales de l'apprenant : approche sociologique, interrogations didactiques. *Recherches en didactiques, 12*(2), 65-84. doi : 10.3917/rdid.012.0065.

Bonnéry, S. (2012). Les exigences intellectuelles des manuels scolaires. *La pensée, 372,* 37-50.

Borne, D. (1998). *Le manuel scolaire.* (Rapport Juin 1998). La documentation française. Repéré à https://www.ladocumentationfrancaise.fr/var/storage/rapports-publics/994000490.pdf

Bouteville, E. & Falaize, B. (2017). *Histoire CM2 Comprendre le monde.* Retz.

Boutonnet, V. (2015). Typologie des usages des ressources didactiques par des enseignants d'histoire au secondaire du Québec. *Canadian Journal of Education, 38*(1), 1-24.

Bucheton, D. (1999). Les manuels : un lien entre l'école, la famille, l'élève et les savoirs. In S. Plane (Ed.), *Manuels et enseignement du français* (pp. 41-50). CRDP de Basse Normandie.

Cariou, D. (2016). Information ou indice ? Deux lectures d'une image en classe d'histoire. *Revue française de pédagogie, 4,* 63-77.

Coppe, T., Colognesi, S., Decuypere, M. & März, V. (2019, juillet). *Cache-cache dans l'invisible du travail enseignant : Ce qui amène les enseignants à construire ou utiliser un type de support de cours plutôt qu'un autre.* Communication présentée au Congrès international d'Actualité de la Recherche en Éducation et en Formation (AREF), Bordeaux, France.

Delaubier, J.-P., Braun, G., Favey, E., Perez, M., Poncelet, Y., Rehel, C. & Richet, B. (2015). *L'utilisation pédagogique des dotations en numériques (équipements et ressources) dans les écoles* (Rapport n° 2015-070). La documentation française. Repéré à https://www.ladocumentationfrancaise.fr/var/storage/rapports-publics/154000834.pdf

DEPP (2018). *Repères et références statistiques : enseignements, formation, recherche.* Repéré à https://cache.media.education.gouv.fr/file/RERS_2018/28/7/depp-2018-RERS-web_1075287.pdf

Ferone, G., Richard-Principalli, P. & Crinon, J. (2016). Les supports numériques pour enseigner, quels obstacles ? Littératie numérique scolaire et pratiques enseignantes. In M.-F. Morin, D. Alamargot & C. Gonçalves (Ed.), *Perspectives actuelles sur l'apprentissage de la lecture et de l'écriture. Contributions about learning to read and write* (pp. 364–383). Les Éditions de l'Université de Sherbrooke.

Gueudet, G. & Trouche, L. (2008). Du travail documentaire des enseignants : genèses, collectifs, communauté – Le cas des mathématiques. *Éducation & didactique, 2(3)*, 7–34.

Gueudet, G. (2012). Ressources et documents dans l'enseignement : le cas des mathématiques. *Actes du séminaire La translittératie en débat : regards croisés des cultures de l'information (infodoc, médias, informatique) et des disciplines (Rennes, 7 septembre 2012).* Repéré à https://archivesic.ccsd.cnrs.fr/sic_01476966/document

Horsley, M. (2005). Les manuels scolaires en Australie et dans le Pacifique sud : continuités et changements. In E. Bruillard (Ed.), *Manuels scolaires, regards croisés* (pp. 251–269). CRDP de Basse Normandie.

Leroy, M. (2012). *Les manuels scolaires : situation et perspective* (Rapport n° 2012-036). Ministère de l'Éducation nationale, de la jeunesse et de la vie associative. Repéré à https://cache.media.education.gouv.fr/file/2012/07/3/Rapport-IGEN-2012-036-Les-manuels-scolaires-situation-et-perspectives_225073.pdf

Métoudi, M. & Duchauffour, H. (2001). *Des manuels et des maîtres.* Cahiers de Savoir-Livre / Belin.

Mounier, E. et Priolet, M. (2015). *Les manuels scolaires de mathématiques à l'école primaire. De l'analyse descriptive de l'offre éditoriale à son utilisation en classe élémentaire.* Note de synthèse pour la conférence de consensus "Les apprentissages de la numération". Repéré à http://cpd67.site.ac-strasbourg.fr/ed_prioritaire/wp-content/uploads/2015/03/Manuels.pdf

Priolet, M. & Mounier, É. (2018). Le manuel scolaire : une ressource au « statut paradoxal » : Rapport de l'enseignant au manuel scolaire de mathématiques à l'école élémentaire. *Education & didactique, 12(1)*, 79–100.

Reuter, Y. (1999). Quelques questions à propos des manuels. In S. Plane (Ed.), *Manuels et enseignement du français* (pp. 249–252). CRDP de Basse Normandie.

Séré, A., & Bassy, A.-M. (2010). *Le manuel scolaire à l'heure du numérique : Une « nouvelle donne » de la politique des ressources pour l'enseignement* (Rapport n° 2010-087). La documentation française. Repéré à https://www.ladocumentationfrancaise.fr/var/storage/rapports-publics/114000048.pdf

Villani, C., Torossian, C. & Dias, T. (2018). *21 mesures pour l'enseignement des mathématiques*. Ministère de l'Education Nationale. Repéré à https://cache.media.education.gouv.fr/file/Fevrier/19/0/Rapport_Villani_Torossian_21_mesures_pour_enseignement_des_mathematiques_896190.pdf

Auteurs

Céline Camusson est enseignante en école primaire, spécialisée dans la difficulté scolaire (maître E dans un RASED), membre associée du CIRCEFT-ESCOL (Centre interdisciplinaire de recherche « culture, éducation, formation, travail » – Éducation et Scolarisation), Université de Paris 8. Doctorante en CIFRE (avec les Éditeurs d'éducation), sa recherche s'intéresse aux choix de supports des enseignants et à leurs effets en classe.

Aurélie De Mestral est post-doctorante à l'Université de Genève et la Haute école pédagogique du canton de Vaud, en histoire de l'éducation et en didactique de l'histoire. Ses travaux se centrent sur des questions tant historiques qu'actuelles, notamment celles du rôle de la discipline de l'histoire et de ses savoirs scolaires dans leurs fonctions sociales et leurs rapports aux sociétés.

Nathalie Denizot est professeure des universités en littérature (didactique du français) à Sorbonne Université – Inspé de Paris, et membre du laboratoire CELLF (UMR 8599). Ses travaux interrogent la scolarisation de la littérature et des corpus littéraires, et s'intéressent plus largement à la question de la discipline scolaire et de la culture scolaire, notamment dans une perspective épistémologique et historique.

Renaud d'Enfert est professeur en sciences de l'éducation à l'université de Picardie Jules Verne, membre du CURAPP-ESS. Ses recherches portent sur l'histoire de l'enseignement scientifique et technique aux 19e et 20e siècles, notamment en direction des milieux populaires. Il a publié ou co-dirigé plusieurs volumes sur l'enseignement des mathématiques et du dessin et plus généralement des disciplines scolaires.

Claire Guille-Biel Winder, Maîtresse de Conférences en didactique des mathématiques, Laboratoire Apprentissage, Didactique, Éducation, Formation (ADEF, UR 4671), Aix-Marseille Université. Thématiques de recherche : enseignement de la géométrie à l'école primaire, pratiques enseignantes, formation des professeurs d'écoles, ressources pour l'enseignement et la formation.

Rebecca Laffin est agrégée d'allemand et docteure en études germaniques, actuellement attachée temporaire d'enseignement et de recherche à l'Université de Lille et membre associée de l'UMR 5317 IHRIM – ENS de Lyon. Sa thèse, rédigée en coopération avec le DIPF / Leibniz-Institut für Bildungsforschung und Bildungsinformation, analyse l'évolution du fait culturel dans les manuels d'allemand de Terminale entre 1999 et 2017. Ses recherches portent sur la mise en œuvre des programmes scolaires, les méthodologies de l'enseignement des langues et la représentation de l'Allemagne dans les manuels.

Giorgia Masoni, PhD. Après des études d'histoire et d'italien à l'Université de Lausanne, avec un travail de maîtrise sur la création des identités nationales, Giorgia Masoni a réalisé une thèse de doctorat en histoire contemporaine à l'Université de Lausanne (« Rhapsodie des savoirs scolaires : l'histoire du manuel scolaire et de ses acteurs dans le canton du Tessin (1830-1914) »). Depuis 2019, chargée d'enseignement à la HEP Vaud, elle intervient sur les questions relatives à l'interculturalité et le genre, à l'histoire de l'éducation, à l'identité des enseignant·e·s et à la gestion de classe.

Laetitia Perret est maitresse de conférences en littérature (didactique du français) à l'université de de Poitiers, Inspé, au sein du laboratoire Forellis. Ses recherches portent sur les processus de légitimation de la littérature dans l'institution scolaire, dans une perspective historique et méthodologique à travers notamment la constitution du corpus littéraire scolaire dans les programmes, les manuels du 19e au 21e siècle.

Édith Petitfour, est maîtresse de conférences en didactique des mathématiques, Normandie Univ, UNIROUEN, Université de Paris, Univ Paris Est Créteil, CY Cergy, Paris Université, Univ. Lille, LDAR, 76000 Rouen, France. Thématiques de recherche : enseignement de la géométrie à la transition école-collège, dimension sémiotique de l'activité mathématique dans le contexte de l'adaptation scolaire, formation des enseignants et des formateurs, ressources pour la formation.

Xavier Riondet est professeur des universités en sciences de l'éducation à l'université Rennes 2. Il est membre du CREAD et chercheur associé de l'équipe ERHISE de l'université de Genève. Une partie de ses recherches portent sur l'évolution des normes et des valeurs éducatives. Entre 2019 et 2021, sa recherche sur « La fabrique du commun dans les manuels scolaires de la IIIe république » a été accueillie au département « Philosophie, Histoire, Sciences de l'homme » (PHS) de la Bibliothèque Nationale de France dans le cadre d'un appel à chercheurs associés.

Auteurs

Marie-France Rossignol est maîtresse de conférences en Sciences du langage à l'Institut National du Professorat et de l'Éducation de l'Université Paris Est Créteil. Elle est affiliée à l'axe Éducation Scolarisation (ESCOL) du laboratoire EA 4384 Centre Interdisciplinaire de Recherche « Culture, Éducation, Formation, Travail » (CIRCEFT). Ses recherches s'organisent autour de deux axes : la didactique du français et de la bivalence dans l'enseignement professionnel ; la construction de l'identité professionnelle des enseignants du secondaire et les dispositifs de formation qui l'accompagnent.

Viviane Rouiller est post-doctorante à l'Université de Genève, membre de l'Équipe de Recherche en Histoire Sociale de l'Éducation (ERHISE). Ses recherches couplent une approche transnationale et historico-didactique ; elles portent sur l'histoire sociale et culturelle de l'enseignement des langues étrangères et de l'espéranto aux 19e et 20e siècles.

Sylviane Tinembart, PhD, est professeure ordinaire et responsable de l'Unité d'enseignement et de recherche AGIRS à la Haute école pédagogique Vaud après avoir été enseignante dans les degrés primaire et secondaire durant plus de 20 ans. Ses champs d'investigation se focalisent sur les savoirs scolaires, leurs contextes d'émergence, leurs transformations, les pratiques des différent·e·s actrices·teurs en présence et les moyens d'enseignement (manuels scolaires et plans d'études) dans une perspective socio-historique.

Sylvain Wagnon est agrégé et docteur en Histoire. Professeur des universités en sciences de l'éducation, il dirige le Cedrhe (centre d'étude, de documentation et de recherche en histoire de l'éducation). Il enseigne à la faculté d'éducation de l'Université de Montpellier. Ses recherches et travaux explorent l'histoire de l'éducation nouvelle et libertaire, des outils scolaires ainsi que les pédagogies alternatives actuelles.

Résumés

Première partie : manuels, disciplines scolaires et culture scolaire

Les manuels de littérature et la fabrication d'une culture scolaire (1880-2000) : l'exemple de Montaigne

Nathalie Denizot, Université CY Cergy Paris Université et Laetitia Perret, Université de Poitiers

Cette contribution vise à interroger la fabrication de la « culture scolaire » à travers les manuels scolaires, en analysant plus spécifiquement les relations qu'entretiennent les exercices et les extraits dans les manuels de littérature du lycée, depuis les réformes républicaines de la fin du 19e siècle jusqu'aux années 2000. En centrant l'étude sur Montaigne, personnage emblématique des manuels scolaires depuis la Troisième République, il s'agit donc d'interroger la manière dont les manuels, dans diverses configurations disciplinaires, scolarisent une œuvre et/ou un auteur, en analysant les exercices et les extraits comme des procédés mêmes de cette scolarisation. Nous le ferons à travers un corpus raisonné de manuels de différents types (manuels de textes, de composition, de méthodes, etc.), en usage dans les classes de lycée depuis les années 1880.

Les manuels scolaires et l'histoire des disciplines : enjeux et problèmes.

Renaud d'Enfert, Université d'Amiens

L'objectif de cette contribution est double. D'une part, et ce sera l'objet de la première partie, elle vise à interroger la contribution des manuels scolaires et de leurs auteurs à la fabrication des normes disciplinaires, mais aussi à leur renouvellement ou à leur transgression. D'autre part, alors que bien souvent l'histoire des manuels scolaires se concentre exclusivement sur leurs contenus textuels, elle se veut une invitation à porter davantage l'attention sur ces acteurs essentiels de la fabrication des normes disciplinaires que sont les auteurs de manuels, dans une perspective d'histoire sociale – et pas seulement culturelle – des disciplines. Aussi la deuxième partie de cette contribution s'attachera-t-elle à montrer à la fois les enjeux et les bénéfices d'une telle approche. Pour cela, on s'appuiera à chaque fois sur des exemples ou des travaux relevant essentiellement de l'histoire de l'enseignement des mathématiques.

Romantisme et réalisme dans les manuels de français de seconde professionnelle (2009-2019)

Marie-France Rossignol, Université de Paris 8 Vincennes-Saint-Denis

Quelle « manuélisation » de l'histoire littéraire au lycée professionnel (LP) ? La question mérite d'être étudiée à plus d'un titre. L'histoire littéraire, jusque-là hors champ des curricula de la filière professionnelle, s'est invitée dans les programmes de français de 2009 : les problématiques soulevées par sa transposition didactique pour le public des séries générales et technologiques touchent désormais les lycéens de baccalauréat professionnel, pour la plupart issus des classes populaires, peu familiers des exigences de la littératie scolaire en général, et du patrimoine littéraire en particulier. En outre, dans un contexte où la discipline « français » en LP ne fait encore l'objet que de recherches émergentes, l'analyse des manuels en usage dans ce segment scolaire constitue une entrée privilégiée pour appréhender les configurations disciplinaires construites durant la décennie qui borne la réforme de 2009.

SECONDE PARTIE : LES MANUELS SCOLAIRES ET L'ÉVOLUTION DE LA FORME SCOLAIRE

Ouvrages et manuels scolaires dans la constitution de la discipline « français » (1830-1910)

Anouk Darme-Xu, Université de Genève

Cet article s'intéresse au rôle des ouvrages et manuels pour l'enseignement de la langue dans l'émergence du dispositif disciplinaire *Français* au cours de la deuxième moitié du 19ᵉ siècle. Posant la focale sur l'enseignement/apprentissage de la grammaire, il met en évidence comment la constitution de la discipline scolaire « Français » se matérialise dans les ouvrages pour l'enseignement/apprentissage de la langue au cours de cette période et corollairement, comment ces ouvrages participent à la disciplinarisation du *Français* en devenant progressivement des « manuels scolaires ».

Enseignants, concepteurs de manuels et artisans de la forme scolaire

Aurélie De Mestral et Viviane Rouiller, Université de Genève

Cette contribution interroge le rôle joué par des enseignants suisses romands dans l'évolution de la forme scolaire entre la deuxième moitié du 19ᵉ et la première partie du 20ᵉ siècle, en tant que concepteurs de moyens d'enseignement.

En prenant comme exemple les disciplines de l'allemand et de l'histoire, nous éclairons leur contribution à la concrétisation et à la matérialisation de la forme scolaire ainsi qu'au renouvellement et à l'évolution de chacune des deux disciplines à travers l'élaboration de nouveaux manuels voués à susciter davantage l'intérêt des élèves. Bien qu'il s'agisse de deux disciplines distinctes, nous identifions un même processus dont nous dévoilons quelques ressorts. Ainsi, sur la base d'un corpus constitué de manuels scolaires d'histoire et d'allemand et d'articles de revues pédagogiques, nous nous attachons à démontrer que la forme scolaire, loin de n'être que la résultante de l'État-enseignant et de ses diverses législations, est également façonnée par une multitude d'acteurs pédagogiques dont les enseignants, notamment comme auteurs de manuels, qui participent au renouvellement des objets d'enseignement et des pratiques.

Les acteurs de l'édition scolaire, chevilles ouvrières de la forme scolaire

Sylviane Tinembart et Giorgia Masoni, HEP Vaud

Au travers de l'étude des trajectoires de deux instituteurs-libraires, l'un Tessinois et l'autre Vaudois, cet article montre le développement du marché de l'édition scolaire en Suisse, mais également comment des acteurs issus du monde pédagogique ont participé à la mise en place de la forme scolaire moderne. En effet, pour satisfaire la demande des enseignants et des autorités scolaires, ils proposent des ouvrages qui participent au processus de disciplinarisation des matières d'enseignement et didactisation des savoirs scolaires.

TROISIÈME PARTIE : MANUELS ET NORMES SCOLAIRES

Les tâches finales dans trois manuels d'allemand de terminale : perspective actionnelle et normes disciplinaires

Rebecca Laffin, ENS Lyon

Qu'attend-on de l'enseignement scolaire d'une langue étrangère ? Que les élèves apprennent à lire, écrire, comprendre et parler cette langue. Ces quatre activités langagières correspondent à l'objectif communicationnel qui peut être considéré comme une norme disciplinaire à la fois du point de vue de la didactique des langues, du point de vue institutionnel et comme pratiques partagées. Dans ce contexte, les manuels scolaires, intermédiaires entre les prescriptions officielles, les théories et les pratiques, ont pour fonction, d'après deux des quatre fonctions essentielles distinguées par Alain Choppin de fournir les supports documentaires des activités de compréhension (textes, enregistrements sonores, vidéos...) et de proposer des activités de production orale et écrite à partir de ces supports.

Il s'agit ici d'analyser, par l'étude des manuels d'allemand de terminale, les tâches finales de ces manuels dans une démarche comparative pour comprendre dans quelle mesure leurs constituants correspondent aux normes institutionnelles, mais aussi pour mesurer l'inclusion des activités langagières dans ces nouveaux projets.

Normes disciplinaires, scolaires et sociales : valoriser la coopération par les manuels scolaires pendant l'Entre-deux-guerres ?

Xavier Riondet, Université de Rennes

Ce texte cherche à observer comment les manuels scolaires, en particulier d'histoire et de géographie, sont traversés par des relations complexes et ambiguës entre normes disciplinaires, normes scolaires et normes sociales. Pour traiter cette question proprement philosophique des normes, nous l'abordons à partir d'un cas concret à l'œuvre dans les archives de l'UNESCO, lorsqu'il s'est agi, de 1925 à 1939, de réviser les manuels scolaires au prisme du pacifisme pendant l'Entre-deux-guerres.

Notre contribution interroge le processus de révision des manuels scolaires tel qu'il est mis en œuvre dans le cadre de la *Coopération Intellectuelle* pendant l'Entre-deux-guerres, en décryptant le *modus operandi* à l'œuvre, de manière à questionner dans un second temps les relations entre « normes », « forme scolaire » et « manuels scolaires », ainsi que les limites des stratégies mises en place dans ce contexte.

Analyse de propositions d'enseignement de notions géométriques dans les manuels scolaires

Claire Guille-Biel Winder, Université de Rouen et Édith Petitfou, Université d'Aix-Marseille

Cette contribution a pour objet les propositions d'enseignement de notions géométriques faites dans les manuels scolaires dans le cadre des programmes français d'enseignement à l'école primaire. L'importance de cet enseignement dans la scolarité obligatoire est soulignée dans les travaux en didactique notamment par sa double finalité : donner des moyens de contrôler l'espace dans lequel nous vivons et traiter des problèmes spatiaux, favoriser l'apprentissage du raisonnement. Notre problématique porte sur la manière dont les manuels scolaires visent à fournir un accès aux savoirs géométriques. Puisque le cycle 3 est une période importante du développement des apprentissages géométriques, nous avons choisi de nous intéresser au niveau CM1, première année de ce cycle. Nous centrons notre étude sur l'enseignement du thème « perpendicularité et parallélisme » en CM1, au moment où ces notions sont introduites. Nous interrogeons les choix didactiques et pédagogiques des auteurs en lien avec le savoir mathématique à enseigner.

Quels supports et quelles ressources pour enseigner/apprendre ?

Céline Camusson, Université de Paris 8 Vincennes-Saint-Denis

Les supports, leur composition, leur organisation ont une influence sur les apprentissages des élèves, sur la manière de construire des savoirs mais aussi sur les manières d'enseigner. L'introduction du numérique donnant accès à une multitude de ressources étend la palette de supports possibles. Le support qui peut revêtir des formes multiples et complexes est au centre de notre problématique de recherche. Avec un regard sociologique, nous préciserons quels sont les supports et leurs usages. Grâce à un premier recueil de données issu d'un questionnaire auprès d'enseignants, nous apportons, à travers cette contribution, quelques éléments sur les facteurs qui influencent les choix de supports.

Exploration

Ouvrages parus

Education: histoire et pensée

- Cristian Bota: *Pensée verbale et raisonnement. Les fondements langagiers des configurations épistémiques.* 260 p., 2018.
- Catherine Bouve: *L'utopie des crèches françaises au XIXe siècle. Un pari sur l'enfant pauvre. Essai socio-historique.* 308 p., 2010.
- Pierre Caspard : *La famille, l'école, l'État. Un modèle helvétique, XVIIe-XIXe siècles.* 236 p., 2021.
- Loïc Chalmel: *La petite école dans l'école – Origine piétiste-morave de l'école maternelle française.* Préface de J. Houssaye. 375 p., 1996, 2000, 2005.
- Loïc Chalmel: *Jean Georges Stuber (1722-1797) – Pédagogie pastorale.* Préface de D. Hameline, XXII, 187 p., 2001.
- Loïc Chalmel: *Réseaux philanthropinistes et pédagogie au 18e siècle.* XXVI, 270 p., 2004.
- Nanine Charbonnel: *Pour une critique de la raison éducative.* 189 p., 1988.
- Marie-Madeleine Compère: *L'histoire de l'éducation en Europe. Essai comparatif sur la façon dont elle s'écrit.* (En coédition avec INRP, Paris). 302 p., 1995.
- Jean-François Condette, *Jules Payot (1859-1940). Education de la volonté, morale laïque et solidarité. Itinéraire intellectuel et combats pédagogiques au coeur de la IIIe République.* 316 p., 2012.

- Lucien Criblez, Rita Hofstetter (Ed./Hg.), Danièle Périsset Bagnoud (avec la collaboration de/unter Mitarbeit von): *La formation des enseignant(e)s primaires. Histoire et réformes actuelles / Die Ausbildung von PrimarlehrerInnen. Geschichte und aktuelle Reformen.* VIII, 595 p., 2000.
- Daniel Denis, Pierre Kahn (Ed.): *L'Ecole de la Troisième République en questions. Débats et controverses dans le* Dictionnaire de pédagogie *de Ferdinand Buisson.* VII, 283 p., 2006.
- Marcelle Denis: *Comenius. Une pédagogie à l'échelle de l'Europe.* 288 p., 1992.
- Joëlle Droux & Rita Hofstetter (Éd.): *Internationalismes éducatifs entre débats et combats (fin du 19ᵉ – premier 20ᵉ siècle).* 304 p., 2020.
- Patrick Dubois: *Le Dictionnaire de Ferdinand Buisson. Aux fondations de l'école républicaine (1878-1911).* VIII, 243 p., 2002.
- Marguerite Figeac-Monthus: *Les enfants de l'*Émile*? L'effervescence éducative de la France au tournant des XVIIIᵉ et XIXᵉ siècles.* XVII, 326 p., 2015.
- Nadine Fink: *Paroles de témoins, paroles d'élèves. La mémoire et l'histoire de la Seconde Guerre mondiale de l'espace public au monde scolaire.* XI, 266 p., 2014.
- Philippe Foray: *La laïcité scolaire. Autonomie individuelle et apprentissage du monde commun.* X, 229 p., 2008.
- Jacqueline Gautherin: *Une discipline pour la République. La science de l'éducation en France (1882-1914).* Préface de Viviane Isambert-Jamati. XX, 357 p., 2003.
- Daniel Hameline, Jürgen Helmchen, Jürgen Oelkers (Ed.): *L'éducation nouvelle et les enjeux de son histoire.* Actes du colloque international des archives Institut Jean-Jacques Rousseau. VI, 250 p., 1995.
- Béatrice Haenggeli-Jenni: *L'Éducation nouvelle : entre science et militance. Débats et combats au prisme de la revue* Pour l'Ère Nouvelle *(1920-1940).* VIII, 361 p., 2017.
- Rita Hofstetter: *Les lumières de la démocratie. Histoire de l'école primaire publique à Genève au XIXᵉ siècle.* VII, 378 p., 1998.
- Rita Hofstetter, Charles Magnin, Lucien Criblez, Carlo Jenzer (†) (Ed.): *Une école pour la démocratie. Naissance et développement de l'école primaire publique en Suisse au 19ᵉ siècle.* XIV, 376 p., 1999.
- Rita Hofstetter, Bernard Schneuwly (Ed./Hg.): *Science(s) de l'éducation (19ᵉ-20ᵉ siècles) – Erziehungswissenschaft(en) (19.–20. Jahrhundert). Entre champs professionnels et champs disciplinaires Zwischen Profession und Disziplin.* 512 p., 2002.
- Rita Hofstetter, Bernard Schneuwly (Ed.): *Passion, Fusion, Tension. New Education and Educational Sciences – Education nouvelle et Sciences de l'éducation. End 19th – middle 20th century Fin du 19ᵉ – milieu du 20ᵉ siècle.* VII, 397 p., 2006.
- Rita Hofstetter, Bernard Schneuwly (Ed.), avec la collaboration de Valérie Lussi, Marco Cicchini, Lucien Criblez et Martina Späni: *Emergence des sciences de l'éducation en Suisse à la croisée de traditions académiques contrastées. Fin du 19ᵉ – première moitié du 20ᵉ siècle.* XIX, 539 p., 2007.
- Rita Hofstetter & Érhise (Éd.) : *Le Bureau international d'éducation, matrice de l'internationalisme éducatif. (premier 20ᵉ siècle) Pour une charte des aspirations mondiales en matière éducative.* 650 p., 2022.
- Jean Houssaye: *Théorie et pratiques de l'éducation scolaire (1): Le triangle pédagogique.* Préface de D. Hameline. 267 p., 1988, 1992, 2000.
- Jean Houssaye: *Théorie et pratiques de l'éducation scolaire (2): Pratique pédagogique.* 295 p., 1988.

- Alain Kerlan: *La science n'éduquera pas. Comte, Durkheim, le modèle introuvable.* Préface de N. Charbonnel. 326 p., 1998.
- Francesca Matasci: *L'inimitable et l'exemplaire: Maria Boschetti Alberti. Histoire et figures de l'Ecole sereine.* Préface de Daniel Hameline. 232 p., 1987.
- Pierre Ognier: *L'Ecole républicaine française et ses miroirs.* Préface de D. Hameline. 297 p., 1988.
- Annick Ohayon, Dominique Ottavi & Antoine Savoye (Ed.): *L'Education nouvelle, histoire, présence et devenir.* VI, 336 p., 2004, 2007.
- Johann Heinrich Pestalozzi: *Ecrits sur l'expérience du Neuhof.* Suivi de quatre études de P.-Ph. Bugnard, D. Tröhler, M. Soëtard et L. Chalmel. Traduit de l'allemand par P.-G. Martin. X, 160 p., 2001.
- Johann Heinrich Pestalozzi: *Sur la législation et l'infanticide. Vérités, recherches et visions.* Suivi de quatre études de M. Porret, M.-F. Vouilloz Burnier, C. A. Muller et M. Soëtard. Traduit de l'allemand par P.-G. Matin. VI, 264 p., 2003.
- Viviane Rouiller: «*Apprendre la langue de la majorité des Confédérés». La discipline scolaire de l'allemand, entre enjeux pédagogiques, politiques, pratiques et culturels (1830–1990).* XII, 390 p., 2020.
- Martine Ruchat: *Inventer les arriérés pour créer l'intelligence. L'arriéré scolaire et la classe spéciale. Histoire d'un concept et d'une innovation psychopédagogique 1874–1914.* Préface de Daniel Hameline. XX, 239 p., 2003.
- Jean-François Saffange: *Libres regards sur Summerhill. L'oeuvre pédagogique de A.-S. Neill.* Préface de D. Hameline. 216 p., 1985.
- Michel Soëtard, Christian Jamet (Ed.): *Le pédagogue et la modernité. A l'occasion du 250ᵉ anniversaire de la naissance de Johann Heinrich Pestalozzi (1746-1827).* Actes du colloque d'Angers (9-11 juillet 1996). IX, 238 p., 1998.
- Alain Vergnioux: *Pédagogie et théorie de la connaissance. Platon contre Piaget?* 198 p., 1991.
- Alain Vergnioux (éd.): *Grandes controverses en éducation.* VI, 290 p., 2012.
- Marie-Thérèse Weber: *La pédagogie fribourgeoise, du concile de Trente à Vatican II. Continuité ou discontinuité?* Préface de G. Avanzini. 223 p., 1997.
- L. S. Vygotskij: *Imagination. Textes choisis. Avec des commentaires et des essais sur l'imagination dans l'œuvre de Vygotskij.* Édité par Bernard Schneuwly, Irina Leopoldoff Martin, Daniele Nunes Henrique Silva. 600 p., 2022.
- L.S. Vygotskij: *La science du développement de l'enfant. Textes pédologiques 1931-1934 de L.S. Vygotskij.* Traduits par Irina Leopoldoff Martin. Édités et introduits par Irina Leopoldoff Martin et Bernard Schneuwly. 432 p. 2018.

Recherches en sciences de l'éducation

- Sandrine Aeby Daghé: *Candide, La fée carabine et les autres. Vers un modèle didactique de la lecture littéraire.* IX, 303 p., 2014.
- Linda Allal, Jean Cardinet, Phillipe Perrenoud (Ed.): *L'évaluation formative dans un enseignement différencié.* Actes du Colloque à l'Université de Genève, mars 1978. 264 p., 1979, 1981, 1983, 1985, 1989, 1991, 1995.

- Claudine Amstutz, Dorothée Baumgartner, Michel Croisier, Michelle Impériali, Claude Piquilloud: *L'investissement intellectuel des adolescents. Recherche clinique.* XVII, 510 p., 1994.
- Bernard André: *S'investir dans son travail: les enjeux de l'activité enseignante.* XII, 289 p., 2013
- Guy Avanzini (Ed.): *Sciences de l'éducation: regards multiples.* 212 p., 1994.
- Daniel Bain: *Orientation scolaire et fonctionnement de l'école.* Préface de J. B. Dupont et F. Gendre. VI, 617 p., 1979.
- Jean-Michel Baudouin: *De l'épreuve autobiographique. Contribution des histoires de vie à la problématique des genres de texte et de l'herméneutique de l'action.* XII, 532 p., 2010.
- Véronique Bedin & Laurent Talbot (éd.): *Les points aveugles dans l'évaluation des dispositifs d'éducation ou de formation.* VIII, 211 p., 2013.
- Ana Benavente, António Firmino da Costa, Fernando Luis Machado, Manuela Castro Neves: *De l'autre côté de l'école.* 165 p., 1993.
- Jean-Louis Berger: *Apprendre : la rencontre entre motivation et métacognition. Autorégulation dans l'apprentissage des mathématiques en formation professionnelle.* XI, 221 p., 2015
- Bertrand Bergier: *Retours gagnants. De la sortie sans diplôme au retour diplômant.* 234 p., 2022.
- Denis Berthiaume & Nicole Rege Colet (Ed.): *La pédagogie de l'enseignement supérieur: repères théoriques et applications pratiques. Tome 1: Enseigner au supérieur.* 345 p., 2013.
- Anne-Claude Berthoud, Bernard Py: *Des linguistes et des enseignants. Maîtrise et acquisition des langues secondes.* 124 p., 1993.
- Anne-Claire Blanc, Vincent Capt (Ed.): *La tête et le texte. Formation initiale des enseignants primaires en didactique de la lecture et de l'écriture.* 242 p., 2020.
- Pier Carlo Bocchi: *Gestes d'enseignement. L'agir didactique dans les premières pratiques d'écrit .* 378 p., 2015.
- Cecilia Brassier-Rodrigues & Pascal Brassier (Ed.): *Internationalisation at Home. A collection of pedagogical approaches to develop students' intercultural competences.* 240 p., 2021
- Dominique Bucheton: *Ecritures-réécritures – Récits d'adolescents.* 320 p., 1995.
- Melanie Buser: *Two-Way Immersion in Biel/Bienne, Switzerland: Multilingual Education in the Public Primary School Filière Bilingue (FiBi). A Longitudinal Study of Oral Proficiency Development of K-4 Learners in Their Languages of Schooling (French and (Swiss) German).* 302 p., 2020.
- Sandra Canelas-Trevisi: *La grammaire enseignée en classe.* Le sens des objets et des manipulations. 261 p., 2009.
- Vincent Capt, Mathieu Depeursinge et Sonya Florey (Dir.): *L'enseignement du français et le défi du numérique.* VI, 134 p., 2020.
- Jean Cardinet, Yvan Tourneur (†): *Assurer la mesure. Guide pour les études de généralisabi lité.* 381 p., 1985.
- Felice Carugati, Francesca Emiliani, Augusto Palmonari: *Tenter le possible. Une expérience de socialisation d'adolescents en milieu communautaire.* Traduit de l'italien par Claude Béguin. Préface de R. Zazzo. 216 p., 1981.
- Evelyne Cauzinille-Marmèche, Jacques Mathieu, Annick Weil-Barais: *Les savants en herbe.* Pré face de J.-F. Richard. XVI, 210 p., 1983, 1985.
- Vittoria Cesari Lusso: *Quand le défi est appelé intégration. Parcours de socialisation et de personnalisation de jeunes issus de la migration.* XVIII, 328 p., 2001.

- Nanine Charbonnel (Ed.): *Le Don de la Parole. Mélanges offerts à Daniel Hameline pour son soixante-cinquième anniversaire.* VIII, 161 p., 1997.
- Gisèle Chatelanat, Christiane Moro, Madelon Saada-Robert (Ed.): *Unité et pluralité des sciences de l'éducation. Sondages au coeur de la recherche.* VI, 267 p., 2004.
- Florent Chenu: *L'évaluation des compétences professionnelles. Une mise à l'épreuve expérimentale des notions et présupposés théoriques sous-jacents.* 347 p., 2015.
- Christian Daudel: *Les fondements de la recherche en didactique de la géographie.* 246 p., 1990.
- Bertrand Daunay: *La paraphrase dans l'enseignement du français.* XIV, 262 p., 2002.
- Jean-Marie De Ketele: *Observer pour éduquer.* (Epuisé)
- Jean-Louis Derouet, Marie-Claude Derouet-Besson (Ed.): *Repenser la justice dans le domaine de l'éducation et de la formation.* VIII, 385 p., 2009.
- Ana Dias-Chiaruttini: *Le débat interprétatif dans l'enseignement du français.* IX, 261 p., 2015.
- Joaquim Dolz, Jean-Claude Meyer (Ed.): *Activités métalangagières et enseigne ment du français. Actes des journées d'étude en didactique du français (Cartigny, 28 février – 1 mars 1997).* XIII, 283 p., 1998.
- Pierre Dominicé: *La formation, enjeu de l'évaluation.* Préface de B. Schwartz. (Epuisé)
- Pierre Dominicé, Michel Rousson: *L'éducation des adultes et ses effets. Problématique et étude de cas.* (Epuisé)
- Pierre-André Doudin, Daniel Martin, Ottavia Albanese (Ed.): *Métacognition et éducation.* XIV, 392 p., 1999, 2001.
- Andrée Dumas Carré, Annick Weil-Barais (Ed.): *Tutelle et médiation dans l'éducation scientifique.* VIII, 360 p., 1998.
- Jean-Blaise Dupont, Claire Jobin, Roland Capel: *Choix professionnels adolescents. Etude longitudinale à la fin de la scolarité secondaire.* 2 vol., 419 p., 1992.
- Vincent Dupriez, Jean-François Orianne, Marie Verhoeven (Ed.): De l'école au marché du travail, l'égalité des chances en question. X, 411 p., 2008.
- Raymond Duval: *Sémiosis et pensée humaine – Registres sémiotiques et apprentissages intellectuels.* 412 p., 1995.
- Eric Espéret: *Langage et origine sociale des élèves.* (Epuisé)
- Jean-Marc Fabre: *Jugement et certitude. Recherche sur l'évaluation des connaissances.* Préface de G. Noizet. (Epuisé)
- Georges Felouzis et Gaële Goastellec (Éd.): *Les inégalités scolaires en Suisse. École, société et politiques éducatives.* VI, 273 p., 2015.
- Barbara Fouquet-Chauprade & Anne Soussi (Ed.): *Pratiques pédagogiques et éducation prioritaire.* VIII, 218 p., 2018.
- Monique Frumholz: *Ecriture et orthophonie.* 272 p., 1997.
- Pierre Furter: *Les systèmes de formation dans leurs contextes.* (Epuisé)
- Monica Gather Thurler, Isabelle Kolly-Ottiger, Philippe Losego et Olivier Maulini, *Les directeurs au travail. Une enquête au coeur des établissements scolaires et socio-sanitaires.* VI, 318 p., 2017.
- André Gauthier (Ed.): *Explorations en linguistique anglaise. Aperçus didac tiques.* Avec Jean-Claude Souesme, Viviane Arigne, Ruth Huart-Friedlander. 243 p., 1989.
- Marcelo Giglio & Francesco Arcidiacono (Ed.): *Les interactions sociales en classe: réflexions et perspectives.* VI, 250 p., 2017.

- Patricia Gilliéron Giroud & Ladislas Ntamakiliro (Ed.): *Réformer l'évaluation scolaire: mission impossible*. 264 p. 2010.
- Michel Gilly, Arlette Brucher, Patricia Broadfoot, Marylin Osborn: *Instituteurs anglais instituteurs francais. Pratiques et conceptions du rôle*. XIV, 202 p., 1993.
- André Giordan: *L'élève et/ou les connaissances scientifiques. Approche didactique de la construction des concepts scientifiques par les élèves*. 3ᵉ édition, revue et corrigée. 180 p., 1994.
- André Giordan, Yves Girault, Pierre Clément (Ed.): *Conceptions et connaissances*. 319 p., 1994.
- André Giordan (Ed.): *Psychologie génétique et didactique des sciences*. Avec Androula Henriques et Vinh Bang. (Epuisé)
- Corinne Gomila: *Parler des mots, apprendre à lire. La circulation du métalangage dans les activités de lecture*. X, 263 p. 2011.
- Armin Gretler, Ruth Gurny, Anne-Nelly Perret-Clermont, Edo Poglia (Ed.): *Etre migrant. Approches des problèmes socio-culturels et linguistiques des enfants migrants en Suisse*. 383 p., 1981, 1989.
- Francis Grossmann: *Enfances de la lecture. Manières de faire, manières de lire à l'école maternelle*. Préface de Michel Dabène. 260 p., 1996, 2000.
- Michael Huberman, Monica Gather Thurler: *De la recherche à la pratique. Eléments de base et mode d'emploi*. 2 vol., 335 p., 1991.
- Jean-Marc Huguenin et Georges Solaux: *Évaluation partenariale des politiques publiques d'éducation. L'expérience d'un dispositif d'évaluation du fonctionnement de l'enseignement primaire*. 139 p., 2017.
- Institut romand de recherches et de documentation pédagogiques (Neuchâtel): Connaissances mathématiques à l'école primaire: J.-F. Perret: *Présentation et synthèse d'une évaluation romande*; F. Jaquet, J. Cardinet: *Bilan des acquisitions en fin de première année*; F. Jaquet, E. George, J.-F. Perret: *Bilan des acquisitions en fin de deuxième année*; J.-F. Perret: *Bilan des acquisitions en fin de troisième année*; R. Hutin, L.-O. Pochon, J.-F. Perret: *Bilan des acquisitions en fin de quatrième année*; L.-O. Pochon: *Bilan des acquisitions en fin de cinquième et sixième année*. 1988-1991.
- Daniel Jacobi: *Textes et images de la vulgarisation scientifique*. Préface de J. B. Grize. (Epuisé)
- Marianne Jacquin, Germain Simons, Daniel Delbrassine (Ed.): *Les genres textuels en langues étrangères : entre théorie et pratique*. 372 p, 2019
- René Jeanneret (Ed.): *Universités du troisième âge en Suisse*. Préface de P. Vellas. 215 p., 1985.
- Samuel Johsua, Jean-Jacques Dupin: *Représentations et modélisations: le «débat scientifique» dans la classe et l'apprentissage de la physique*. 220 p., 1989.
- Constance Kamii: *Les jeunes enfants réinventent l'arithmétique*. Préface de B. Inhelder. 171 p., 1990, 1994.
- Helga Kilcher-Hagedorn, Christine Othenin-Girard, Geneviève de Weck: *Le savoir grammatical des élèves. Recherches et réflexions critiques*. Préface de J.-P. Bronckart. 241 p., 1986.
- Georges Leresche (†): *Calcul des probabilités*. (Epuisé)
- Francia Leutenegger: *Le temps d'instruire. Approche clinique et expérimentale du didactique ordinaire en mathématique*. XVIII, 431 p., 2009.
- Even Loarer, Daniel Chartier, Michel Huteau, Jacques Lautrey: *Peut-on éduquer l'intel li gence? L'évaluation d'une méthode d'éducation cognitive*. 232 p., 1995.

- Brigitte Louichon, Marie-France Bishop, Christophe Ronveaux (Ed.): *Les fables à l'école. Un genre patrimonial européen ?* VII, 279 p., 2017.
- Georges Lüdi, Bernard Py: *Etre bilingue.* 4ᵉ édition. XII, 223 p., 2013.
- Valérie Lussi Borer: *Histoire des formations à l'enseignement en Suisse romande.* X, 238 p., 2017.
- Pierre Marc: *Autour de la notion pédagogique d'attente.* 235 p., 1983, 1991, 1995.
- Jean-Louis Martinand: *Connaître et transformer la matière.* Préface de G. Delacôte. (Epuisé)
- Jonas Masdonati: *La transition entre école et monde du travail. Préparer les jeunes à l'entrée en formation professionnelle.* 300 p., 2007.
- Marinette Matthey: *Apprentissage d'une langue et interaction verbale.* XII, 247 p., 1996, 2003.
- Paul Mengal: *Statistique descriptive appliquée aux sciences humaines.* VII, 107 p., 1979, 1984, 1991, 1994, 1999 (5ᵉ + 6ᵉ), 2004.
- Isabelle Mili: *L'oeuvre musicale, entre orchestre et écoles.* Une approche didactique de pratiques d'écoute musicale. X, 228 p., 2014.
- Henri Moniot (Ed.): *Enseigner l'histoire. Des manuels à la mémoire.* (Epuisé)
- Cléopâtre Montandon, Philippe Perrenoud: *Entre parents et enseignants: un dialogue impossible?* Nouvelle édition, revue et augmentée. 216 p., 1994.
- Christiane Moro, Bernard Schneuwly, Michel Brossard (Ed.): *Outils et signes. Perspectives actuelles de la théorie de Vygotski.* 221 p., 1997.
- Christiane Moro & Cintia Rodríguez: *L'objet et la construction de son usage chez le bébé. Une approche sémiotique du développement préverbal.* X, 446 p., 2005.
- Lucie Mottier Lopez: *Apprentissage situé. La microculture de classe en mathématiques.* XXI, 311 p., 2008.
- Lucie Mottier Lopez & Walther Tessaro (éd.): *Le jugement professionnel, au coeur de l'évaluation et de la régulation des apprentissages.* VII, 357 p., 2016.
- Gabriel Mugny (Ed.): *Psychologie sociale du développement cognitif.* Préface de M. Gilly. (Epuisé)
- Romuald Normand: *Gouverner la réussite scolaire. Une arithmétique politique des inégalités.* XI, 260 p., 2011.
- Sara Pain: *Les difficultés d'apprentissage. Diagnostic et traitement.* 125 p., 1981, 1985, 1992.
- Sara Pain: *La fonction de l'ignorance.* (Epuisé)
- Christiane Perregaux: *Les enfants à deux voix. Des effets du bilinguisme successif sur l'apprentissage de la lecture.* 399 p., 1994.
- Jean-François Perret: *Comprendre l'écriture des nombres.* 293 p., 1985.
- Anne-Nelly Perret-Clermont: *La construction de l'intelligence dans l'interaction sociale.* Edition revue et augmentée avec la collaboration de Michèle Grossen, Michel Nicolet et Maria-Luisa Schubauer-Leoni. 305 p., 1979, 1981, 1986, 1996, 2000.
- Edo Poglia, Anne-Nelly Perret-Clermont, Armin Gretler, Pierre Dasen (Ed.): *Pluralité culturelle et éducation en Suisse. Etre migrant.* 476 p., 1995.
- Jean Portugais: *Didactique des mathématiques et formation des enseignants.* 340 p., 1995.
- Laetitia Progin: *Devenir chef d'établissement. Le désir de leadership à l'épreuve de la réalité.* 210 p., 2017.
- Nicole Rege Colet & Denis Berthiaume (Ed.): *La pédagogie de l'enseignement supérieur: repères théoriques et applications pratiques. Tome 2. Se développer au titre d'enseignant.* VI, 261 p., 2015

- Yves Reuter (Ed.): *Les interactions lecture-écriture.* Actes du colloque organisé par THÉODILE-CREL (Lille III, 1993). XII, 404 p., 1994, 1998.
- Philippe R. Richard: *Raisonnement et stratégies de preuve dans l'enseignement des mathématiques.* XII, 324 p., 2004.
- Marielle Rispail et Christophe Ronveaux (Ed.): *Gros plan sur la classe de français. Motifs et variations.* X, 258 p., 2010.
- Yviane Rouiller et Katia Lehraus (Ed.): *Vers des apprentissages en coopération: rencontres et perspectives.* XII, 237 p., 2008.
- Guy Rumelhard: *La génétique et ses représentations dans l'enseignement.* Préface de A. Jacquard. 169 p., 1986.
- El Hadi Saada: *Les langues et l'école. Bilinguisme inégal dans l'école algérienne.* Préface de J.-P. Bronckart. 257 p., 1983.
- Jean-Pascal Simon, Francis Grossmann (Ed.): *Lecture à l'Université. Langue maternelle, seconde et étrangère.* VII, 289 p., 2004.
- Muriel Surdez: *Diplômes et nation. La constitution d'un espace suisse des professions avocate et artisanales (1880-1930).* X, 308 p., 2005.
- Marc Surian: *Didactique du français et accueil des élèves migrants. Objets d'enseignement, obstacles et régulation des apprentissages.* 242 p., 2018.
- Valérie Tartas: *La construction du temps social par l'enfant.* Préfaces de Jérôme Bruner et Michel Brossard XXI, 252 p., 2008.
- Joris Thievenaz, Jean-Marie Barbier et Frédéric Saussez (Dir.): *Comprendre/Transformer.* 292 p., 2020.
- Sabine Vanhulle: *Des savoirs en jeu aux savoirs en «je». Cheminements réflexifs et subjectivation des savoirs chez de jeunes enseignants en formation.* 288 p., 2009.
- Gérard Vergnaud: *L'enfant, la mathématique et la réalité. Problèmes de l'enseignement des mathématiques à l'école élémentaire.* V, 218 p., 1981, 1983, 1985, 1991, 1994.
- Joëlle Vlassis: *Sens et symboles en mathématiques. Etude de l'utilisation du signe «moins» dans les réductions polynomiales et la résolution d'équations du premier degré à inconnue.* XII, 437 p., 2010.
- Sylvain Wagnon: *Le manuel scolaire, objet d'étude et de recherche : enjeux et perspectives.* X, 310 p., 2019.
- Sylvain Wagnon (Éd.): *Normes, disciplines et manuels scolaires.* 232 p., 2022.
- Nathanaël Wallenhorst: *L'école en France et en Allemagne. Regard de lycéens, comparaison d'expériences scolaires.* IX, 211 p., 2013.
- Jacques Weiss (Ed.): *A la recherche d'une pédagogie de la lecture.* (Epuisé)
- Martine Wirthner: *Outils d'enseignement : au-delà de la baguette magique. Outils transformateurs, outils transformés dans des séquences d'enseignement en production écrite.* XI, 259 p., 2017.
- Richard Wittorski, Olivier Maulini & Maryvonne Sorel (Ed.): *Les professionnels et leurs formations. Entre développement des sujets et projets des institutions.* VI, 237 p., 2015.
- Tania Zittoun: *Insertions. A quinze ans, entre échec et apprentissage.* XVI, 192 p., 2006.
- Marianne Zogmal: *«Savoir voir et faire voir». Les processus d'observation et de catégorisation dans l'éducation de l'enfance.* 258 p., 2020.

www.peterlang.com

www.ingramcontent.com/pod-product-compliance
Lightning Source LLC
Chambersburg PA
CBHW070238240426
43673CB00044B/1835